L. O. L. Wirag

Der HERR des CRINGE

riva

Bibliografische Information der Deutschen Nationalbibliothek
Die Deutsche Nationalbibliothek verzeichnet diese Publikation in der Deutschen Nationalbibliografie. Detaillierte bibliografische Daten sind im Internet über http://dnb.d-nb.de abrufbar.

Für Fragen und Anregungen
info@rivaverlag.de

Wichtiger Hinweis
Ausschließlich zum Zweck der besseren Lesbarkeit wurde auf eine genderspezifische Schreibweise sowie eine Mehrfachbezeichnung verzichtet. Alle personenbezogenen Bezeichnungen sind somit geschlechtsneutral zu verstehen.

Originalausgabe
1. Auflage 2022

Türkenstraße 89
80799 München
Tel.: 089 651285-0
Fax: 089 652096

Umschlaggestaltung: Manuela Amode
Umschlagabbildung: Shutterstock.com/Nok Lek, Rudolph Kollewe, sergo1972
Abbildung Innenteil: shutterstock.com/Irina Qiwi
Satz: Achim Münster, Overath
Druck: CPI books GmbH, Leck
Printed in the EU

ISBN Print 978-3-7423-2193-0
ISBN E-Book (PDF) 978-3-7453-1958-3
ISBN E-Book (EPUB, Mobi) 978-3-7453-1959-0

Wir produzieren nachhaltig
www.m-vg.de

Weitere Informationen zum Verlag finden Sie unter
www.rivaverlag.de
Beachten Sie auch unsere weiteren Verlage unter www.m-vg.de

Für Zucker, Abrahams & Zucker

Erstes und einziges Kapitel

Ganjalf der Gilbe saugte die Lippen noch einmal tief in das Bienenwachs-Mundstück, um einen Zug aus seinem elbfischen Kampf-Didgeridoo zu nehmen. Er schmatzte zufrieden, erneut erfreut darüber, dass er sein mickriges Tonpfeifchen bei seinem letzten Besuch in den Wäldern von Klólóchrien gegen das dampfende Didge eingetauscht hatte. Es ging mindestens das Zehnfache hinein!

Zufrieden war er auch mit der – wie könnte man es nennen? – erlesenen Sélection eigener Manufaktur – klang doch gut! – aus urkischem Schädelsprenger und getrockneter Simbelmynë, die in der armlangen Röhre aus Entholz glomm. Sie füllte die Lungenbläschen erst wie zerfließende Marshmallows, bevor sie (zum Beispiel gerade jetzt) mit erfrischendem Prickeln über die Nebenhöhlen ins Gehirn aufstieg.

Der Zauberer freute sich darauf, seinen alten Freund wiederzusehen. Zumal Ganjalf etwas im Gepäck hatte, dass Bibbo Beuteschema sicher interessieren würde: viel, viel Geld. Oder, um ehrlich zu sein, die Aussicht auf viel, viel Geld.

Viel, viel Geld?

Ach was: viel, viel, VIEL Geld!

Ganjalf lachte furchterregend und erhob sich mit einem Ruck, den Kopf durch die eigene Rauchwolke stoßend, als sei er der Gipfel der Wetterspitze. Ein kurzer Schwindel erfasste ihn, der nichts mit dem urkischen Tabak oder dem schnellen Aufstehen zu tun hatte. Er hatte lediglich noch einmal an den genauen Betrag gedacht. Ob man ihn in elbfisches Ethereum umrechnete, in mördörsche Lewonzen, in Monopoly-Geld oder einfach in gängige Silbereisen: Es blieb – wie ging die albionische Redensart? – eine Fickladung von Geld. Er streichelte den Gedanken zärtlich wie ein heißes Lembas-Croissant. Sein Kopf war jetzt wieder klar. Und fast am Ziel war er zum Glück auch schon.

Hastig klopfte Ganjalf das dampfende Didge an der Rinde des nächsten Baumes aus, und glühender Tabak regnete auf die Wurzeln herab. Als der Baum eine Viertelstunde später erst einen langen, tiefen Schmerzensschrei und dann einen noch längeren und noch tieferen Fluch ausstieß, war der Zauberer schon über alle Berge: Berge, die langsam in wellenförmige Hügel übergingen, denn Ganjalf hatte gerade die Grenze zum Aualand überschritten, wo die Hiphops wohnten.

Die Sonne hatte sich bereits zu Nikotingelb herabgedimmt, aber der späte Himmel war trotzdem noch kirschblütenblau und fast leer gefegt, abgesehen von vier, fünf Wolkenfetzen, die sich tief im Westen polyamourös vereinigten und wieder trennten. Als Ganjalf so dahinschritt, fühlte er sich frei und beschwingt – was auch damit zu tun hatte, dass er unter seiner psychedelisch gebatikten Robe vollkommen nackt war.

Der Zauberer konnte nun schon die ersten Hiphop-Behausungen sehen. Unverkennbar waren die markanten kreisrunden Eingangstüren, die aus riesigen schwarzen Schellack-Scheiben bestanden. Aus der Ferne wirkten sie bedrohlich, als würden die Hügel einen mit riesigen schwarzen Pupillen anstarren, aber Ganjalf wusste, wie harmlos die Wesen waren, die dahinter hausten. Er folgte einem Pfad aus gelben Steinen, der ihn jetzt an einem niedrigen Gartenzaun aus geflochtenen Mikrofonkabeln vorbeiführte.

Als er das Gartentor passierte, kamen drei kleine Hiphops an den Zaun gelaufen und staunten den Fremden aus sicherer Entfernung an. Ganjalf lächelte. Die Kleinen waren noch keine 42 oder 48 Jahre alt, nicht viel größer als drei Milcherzeugnisse und so ungewaschen wie er. Sie hatten vielleicht noch nie einen Menschen gesehen, geschweige denn einen Thetan der 10. Stufe wie Ganjalf. Der Zauberer winkte den Kindern im Vorbeischreiten zu, unbeholfen winkten sie zurück, wobei sie sich mit ihren Patschehändchen gegenseitig ins Gesicht schlugen. Ganjalf spürte einen Stich in der Brust, merkte dann aber, dass es nur die Nadel der Brosche war, die seinen Umhang zusammenhielt. Und doch: Niedlich waren sie anzusehen, die Kleinen in ihrer traditionellen Tracht, fast vollständig in ihren XXL-Trikots versunken. Der Bub glotzte Ganjalf durch eine Raster-Sonnenbrille aus Plastik an, die sein ganzes Gesicht bedeckte, eines der Mädchen lächelte mit glitzernden Zahnaufsätzen, das andere trug einen durchsichtigen Kopfstrumpf über ihren Cornrows. Und natürlich hatten alle drei gigantische Sneakers mit Fat Laces an den Füßen.

»Hast du Tnaller für uns, Uncle G.?«, fragte das Mädchen mit dem Kopfstrumpf.

»Ihr kennt mich?«, fragte Ganjalf und blieb stehen.

»Jeder im Tal weiß, dass du der Original Gangsta bist, Uncle G.«, sagte das Mädchen, »und dass du die besten Feuerwerke abfackelst.«

»Feuerwerk, sagst du?«, fragte Ganjalf und tat, als müsse er nachdenken, indem er wiederholt an seinem Bart zog. »Was war das noch mal?«

»Wenn man Ringe in allen Farben sieht, sogar in Oktarin!«, erklärte das Mädchen und begann, in seinen Riesensneakers auf und ab zu hüpfen. »Wenn es sich so anfühlt, als ob einem ein Vulkan im Magen explodiert und die Feuerfontäne bis zur Schädeldecke schießt.«

»Du kennst dich erstaunlich gut aus«, gab sich Ganjalf beeindruckt.

»Ich bin ja auch schon 38«, sagte die Kleine. »Mein Onkel hat gesagt, das letzte Feuerwerk, das du ihm gegeben hast, hat drei Tage und drei Nächte gedauert. Seither liegt er nur noch auf den Kanapees.«

»Auf dem Kanapee, meinst du?«, fragte Ganjalf.

»So belegte Schnittchen meine ich«, sagte das Mädchen. »Man kriegt ihn nicht mehr von der Anrichte runter. Seit Neuestem wälzt er sich auch in Russischen Eiern. Tante hat ihn völlig aufgegeben.«

»Tnaller«, sagte der Bub, der etwas langsamer war. Das zweite Mädchen schwieg, was wahrscheinlich an ihren Grillz lag, die aus zehnkarätigem Blei mit kindgerechten Quecksilber-Verzierungen bestanden.

»Also, kriegen wir jetzt was von deinem Stash, Uncle G.?«, fragte das Mädchen mit dem Kopfstrumpf und streckte die Ärmchen durch den Kabelzaun. »Das wäre sooo dope.«

»Habt ihr denn auch eure Eltern gefragt, ob ihr vor 18 Uhr schon ballern dürft?«, fragte Ganjalf schmunzelnd.

»Unsere Eltern sind tot«, sagte das Mädchen mit den Grillz auf einmal bestimmt und streckte ebenfalls die Hände aus. »When do we want it?«, skandierte sie. »Now!«

»Tnaller«, sagte der Bub, der jetzt ein wenig sabberte.

»Na dann wollen wir doch mal schauen«, schmunzelte Ganjalf und sprach jedes Wort langsam und genüsslich aus. Er hob mit reichlich Geschnauf seinen Seesack von der Schulter, stellte ihn ab, ging umständlich in die Knie, befasste sich dann eingehend damit, die Verschnürung aufzuziehen, und steckte endlich seinen Arm in den Sack, während die Kinder jeder seiner Bewegungen mit gebannten Blicken folgten.

Kurz blitzte das Bild eines übergewichtigen alten Mannes mit weißem Bart vor Ganjalfs innerem Auge auf, der in einem roten Gewand mit weißem Pelzbesatz über den Himmel schoss, aber er hielt es für einen Flashback.

»Mach hin, Alter, oder ich stech dich«, meldete nun das Mädchen mit den Cornrows sittsam sein Begehr bzgl. einer Beschleunigung der ganjalfschen Aktivitäten an, und wie auf ein Stichwort holte der Zauberer etwas aus dem Seesack und hielt es hoch. Es war eine Suppenterrine aus Rohirrim-Porzellan mit einem Sprung in der Schüssel. Ganjalf hätte schwören können, dass er sie zum ersten Mal sah.

»Kein Feuerwerk«, sagte er und warf das Porzellan über den Rücken. Es klirrte, und die Kinder kicherten.

Als Nächstes zog der Zauberer ein Paar stocksteife Unterbuxen aus dem Seesack, die vielleicht einmal schießer-weiß gewesen waren, aber jetzt eher nach Jackson Pollock aussahen.

»Auch kein Feuerwerk«, sagte Ganjalf und warf die U-Hosen hinter sich. Es klirrte, als sie zerbrachen.

Die Kinder kicherten noch einmal, aber schon verhaltener, und Ganjalf merkte, dass sie langsam ungeduldig wurden; vor allem daran, dass das Mädchen mit dem Durag auf einmal ein niedliches Butterfly hervorgezaubert hatte, dessen pinkfarbene Klinge sie jetzt in erstaunlicher Geschwindigkeit um ihren Mittelfinger rotieren ließ. Der kleine Junge zückte einen Fidget Spinner, schnitt sich aber beim Versuch, ihn anzutreiben, gleich in den Finger. Ganjalf beschloss, die Racker nicht länger auf die Folter zu spannen.

»Da haben wir es doch!«, rief er deshalb, zog einen schwarzen Aktenkoffer aus dem Sack und ließ ihn mit sattem Sounddesign aufschnalzen.

»Zwei Beutel Gras«, zitierte Ganjalf murmelnd und kreiste mit dem Finger über dem Inhalt, »75 Kügelchen Meskalin, fünf Löschblätter extrastarkes Acid, ein Salzstreuer Kokain und ein Spektrum farbenfroher Upper, Downer, Heuler, Lacher …«

Die Kinder fielen fast über den Zaun beim Versuch, einen Blick in den Koffer zu werfen, aber der Inhalt blieb ihnen tarantino.

Bis Ganjalf behutsam zwei bläulich schimmernde, glitzernde Lollipops aus dem Aktenkoffer hob, so groß und so rund wie die Augen der Kleinen, die jetzt staunend auf die Köstlichkeiten starrten. Das Butterfly wirbelte davon und blieb in einer Weinbergschnecke stecken.

»Die Elbfen nennen es kristallenes Met«, sagte Ganjalf und kam langsam auf die Kinder zu. Er drehte die Stiele zwischen Daumen- und Zeigefinger, sodass die Kristalllutscher funkelten wie kleine Discokugeln. »Die Elbfen behaupten, wenn man an diesen Metscheiben leckt, kann man sich aus drei Perspektiven gleichzeitig sehen: von oben, von mittelinksunten und durch eine Glasscheibe aus fließender Milch, über die jemand ein Leberwurstbrot reibt«, raunte Ganjalf. »Mit Gürkchen.«

Er drückte den Mädchen je einen Lolli in die entgegengereckten Hände, und die Kinder machten sich sofort über die blauen Schleckstängel her, als wären es koreanische Zuckerplätzchen, von denen ihr Leben abhing.

Ganjalf betrachtete lächelnd ihr zufriedenes Schmatzen, während er in seinen Bart murmelte: »Man wird allerdings auch sofort abhängig davon. Dann folgt: Beschaffungskriminalität, Entzugsklinik, Rückfall, Alien-Hand-Syndrom, Zungenreden. Und in spätestens hundert Jahren: Bahnhofsklo, Goldener Schleck, Himmelsbestattung.« Ganjalf hörte nicht auf zu lächeln, und die Mädchen waren zu beschäftigt, um ihm zuzuhören.

»Tnaller.« Eine Hand zupfte an Ganjalfs Robe.

Er hätte fast den Bub vergessen.

»Kommt sofort«, rief der Zauberer gut gelaunt und bückte sich noch einmal über seinen Aktenkoffer, dem er einen rot glänzenden, zylinderförmigen Gegenstand entnahm, etwa so lang wie ein Mittelfinger und an einem Ende mit einem schwarzen Drehrad versehen.

»Das ist der Shit der Firma Pritt«, reimte Ganjalf, nahm höflich den Deckel von der Hülse und drehte ein paar Zentimeter der weißen Masse ins Freie.

»Schön langsam lutschen«, ermahnte er und überreichte dem Kleinen den Klebestift. »Und wenn nichts mehr kommt, einfach weiterdrehen, gut? Ach so: Das Gefühl, die Zähne nicht mehr auseinanderzubekommen, ist ganz normal. Oder der Eindruck, dass deine Zungenspitze am Gaumenzäpfchen festhängt«, lachte Ganjalf.

»Tnaller«, sagte der Bub, biss einmal kräftig von dem Pritt-Stift ab, steckte sich den Rest ins linke Nasenloch und fiel um.

»Ausgezeichnet!«, freute sich Ganjalf, der es genauso gemacht hätte.

Er winkte den Kindern zum Abschied, die aber keine Notiz mehr von ihm nahmen, und rief noch einmal: »Zu Risiken und Nebenwirkungen fragen Sie Ihren Arm oder Außenminister oder das, was Sie dafür halten.« Es war schön, dachte der Zauberer, der Gemeinschaft etwas zurückgeben zu können. Dann schulterte er seinen Seesack, strich die Krempe seines Klappzylinders gerade, griff nach seinem Zanderstab – ein Zauberstab, der auch als Wanderstab diente – und setzte seinen Weg fort.

Es war nicht mehr weit zu Bibbos »Krippe«, wie dieser seine Behausung in der Hiphoppinger Mundart nannte. Nach einigen Minuten hatte der Zauberer das Zentrum des Marktfleckens passiert, wo sich auch die wichtigsten Bauwerke des Orts befanden: die öffentliche Beat-Schmiede, die CD-Brennerei des alten Funk, die Metzgerei des noch nicht so alten Disstrek, in der es ausschließlich Beef gab, sowie die Hausarzt-Praxis Dr. Dreh. Und natürlich die Raps-Mühle, die unablässig Verse drosch, in der man sich aber auch Pflanzenöl pressen lassen konnte, wenn man unbedingt wollte. Auf dem Marktplatz stand das offene Mikrofon, das jetzt, gegen Mittag, noch verwaist war, und am Rand des Platzes dampfte friedlich die Kläranlage, die man mit dem kleinen Atomkraftwerk zusammengelegt hatte, als jemandem aufgefallen war, dass man die Abwässer der Einwohner auch gleich als Kühlwasser für die Brennstäbe nutzen konnte.

Von hier aus musste Ganjalf nur noch seinem inneren Navigationsgerät folgen, das ihn 300 Meter die Hauptstraße hinunterschickte, dann auf der mittleren Spur – es gab ohnehin nur eine – rechts abbiegen, was ihm zu Fuß mühelos gelang, nach 150 Metern links abbiegen, bitte wenden (er war natürlich wieder zu früh abgebogen!), dann links und noch mal links. Sie haben Ihr Ziel erreicht.

Er erkannte Bibbos Tür sofort wieder, obwohl es sich um eine der traditionellen schwarzen Rundpforten handelte, die überall im Aualand gleich aussahen. Die Hiphops behaupteten, dass ihre Türen in Wahrheit gigantische Schallplatten waren, die ihre Vorfahren den Steintrollen direkt vom Grammophonteller geklaut hatten, als diese gerade zu McTolkien's gefahren waren. Aber das war natürlich gelogen. Jeder wusste, dass Trolle MiniDisc hörten.

Dass Ganjalf die Tür sofort wiedererkannte, lag vielmehr daran, dass auf einem Schild neben der Tür unmissverständlich der Name »Bibbo Beuteschema« zu lesen war, zumindest dann, wenn es einem gelang, die Salzteig-Buchstaben im Bubble-Style zu entziffern, die in ungesunden Lebensmittelfarben glänzten.

Und natürlich daran, dass Ganjalf das magische Zeichen wiedersah, das er damals ins Türblatt geritzt hatte. Er blickte auf die Einkerbungen im Lack und musste sich eingestehen, dass er nicht mehr wusste, was sie zu bedeuten hatten. War es ein Abwehrzauber gewesen, das Haus vor Schaden zu schützen? Eine Elbfen-Rune, die er auf seinen Reisen erlernt und wieder vergessen hatte? Ein Gaunerzinken, der dem Kundigen mitteilte, dass es hier einen Teller Suppe gab, wenn man so tat, als sei man schwerhörig auf dem linken Fuß?

Ganjalf musterte noch einmal das Symbol, das so eindeutig seine Handschrift trug: die längliche Form in der Mitte, die kraftvoll nach oben strebte, darunter die zwei Halbkreise, die eher schlaff und …

»Den Dödel, den du da reingekratzt hast, hab ich nie wieder rausbekommen«, unterbrach eine Stimme seine Gedanken. »Gar nicht so lustig, wenn man wieder nüchtern ist, gell? Ich muss die ganze Tür neu machen, hat der Plattenbauer gesagt. Wäre sowieso besser, weil: Dann soll ich gleich auf Polyvinylchlorid umsteigen, wegen der Dämmung.« Die Stimme kam aus dem Nichts. »War mir dann aber zu teuer.« Wobei mit Nichts das suppentellergroße Loch gemeint war, das sich genau in der Mitte der kreisrunden Tür geöffnet hatte.

»Bibbo, alter Kriegsverbrecher!«, rief der Zauberer erfreut und äugte ins Loch, hinter dem allerdings kaum etwas zu erkennen war. »Herrscher der hundert Handschmeichler! Schau mal, wer auf einen kleinen Talk, Walk and Smoke bei dir vorbeischaut.« Ganjalf zeigte mit beiden Daumen schwungvoll auf sein Gesicht und bohrte sich dabei versehentlich den rechten Daumen ins Auge.

»Du kommst hier nicht rein«, sagte das Loch.

»Bibbo, alter Ulknudelsalat!« Ganjalf lachte eine Nuance zu laut und wedelte mit dem Zeigefinger vor dem Loch herum, das international anerkannte Zeichen für Du-kleiner-Scherzkeks-du. »Lustig, wirklich lustig. Zum Willkommen. Ein lustiger Willkommensjokus. Tritt die Tür ein, bring Freude rein. Hoho.« Er machte eine kleine Pause. »Aber jetzt mach mal auf hier, bitte. Ich hab dir auch was mitgebracht.«

»Du kommst hier nicht rein«, wiederholte das Loch, jedes Wort betonend, vor allem aber die Worte »hier«, »du«, »rein«, »kommst« und »nicht«.

»Gilt das auch für alte Freunde?«, schmeichelte Ganjalf und bemühte sich, seiner Stimme einen warmen Ton zu geben.

»Wo siehst du hier einen alten Freund?«, fragte das Loch.

»Du hast mir auch gefehlt, gerade noch gefehlt!«, nahm Ganjalf einen neuen Anlauf. »Apropos kleiner Scherz: Wie sagt der Zwerg aus dem Erzgebirge, wenn er draußen im Kalten steht, einen weiten Weg hinter sich hat und es gleich dunkel wird?« Für die Auflösung imitierte Ganjalf den erzgebirgischen Dialekt: »Er fragt: Gänsefleisch ma de Diere uffmachn? Nu? Gänse?«

»Gar nicht schlecht gespielt der Witz«, gab das Loch zu. »Er geht aber noch weiter. Die Tür sagt nämlich: Du kommst hier nicht rein.«

»Ey, Bibbo, Spaß am Dienstag mal beiseite hier«, sagte Ganjalf und trat näher an das Loch heran, hinter dem er aber kaum mehr wahrnehmen konnte als einen Hauch *Head Accident by Capital Bra*. »War ein echt langer Weg jetzt. Bin extra von, Dings«, er knetete seinen Bart, »aus dem Langsamen See hergekommen. Hergeschwommen. Nur um dich zu sehen. Brudi.« Er pausierte. »Bro.« Pausierte noch mal. »Bra.« Es wurde nicht besser.

»Mir voll egal«, sagte das Loch. »Du bist hier nicht mehr willkommen. Und du weißt auch genau, warum.«

»Nee, weiß ich jetzt nicht mehr so genau«, log Ganjalf, »hab ich vergessen. In meinem Alter, weißt du, da vergisst man sogar manchmal, vor dem Pinkeln die Hose aufzumachen, weißt du. Fatal am Urinal. Können wir das nicht drinnen besprechen?«

»Will dir mal auf die Sprünge helfen«, sagte das Loch. »Weil: Bin ich nett.«

Hinter der Tür begann es zu rascheln. Dann erschien ein schmales Stück Papier in der Öffnung, das mit winzigen Zahlen bedruckt war, schob sich hindurch und wurde dabei immer länger und länger, wie eine weiße Zunge, die sich langsam entrollte. Erst als das Ende des Papierbands den Boden erreichte, hielt es inne.

»Weißt du, was das ist?«, fragte Bibbo an der Zettelschlange vorbei durch das Loch.

»Sieht nach Papier aus«, antwortete Ganjalf. »Ich dachte erst: vielleicht ein Duschvorhang oder Pizzateig, aber jetzt sehe ich: Nope, eindeutig Papier. Ist es ne sehr breite Luftschlange? Feierst du da drin gerade ne Party? Lädst du mich ein?«

»Das ist eine Reisekostenabrechnung.«

»Oh, die bösen Reisekosten, grrr, die hinterfotzigen«, empörte sich Ganjalf und wedelte mit dem Zanderstab, »du solltest dringend mit ihnen abrechnen! Was haben Sie dir nur angetan, o zärtlicher Bibbo mein? Soll ich ihnen eine Lektion im Kieferbruchrechnen erteilen?«

»Es reicht völlig, wenn du bezahlst, was du versprochen hast: dass du bezahlst.«

»Ich habe –?«

»Tu nicht so blöd. Bevor wir losgezogen sind, hast du klar und deutlich gesagt, dass alle Reisekosten auf dich gehen. Haben alle gehört.«

»Sogar Taubnús, Sohn von Ôrwachs?«

»Sogar der.«

»Reisekosten, Reisekosten«, gab sich Ganjalf nachdenklich. »Wer kann schon sagen, was eine Reise wirklich kostet? Was ein einzelnes Reiskorn kostet?« Er jonglierte die Argumente: „Beziehungsweise, was sind schon die monatelangen Strapazen, die fünfundzwanzigstündigen Tagesmärsche, die kleinen und großen Stichwunden, letztlich auch die finanziellen …«, er suchte ein positives Synonym, »… Investitionen einer gemeinsamen Reise, eines gemeinsamen Abenteuers, im Vergleich zu dem unermesslichen immateriellen Gewinn, den man daraus zieht? Der ja mit Geld überhaupt nicht aufzuwiegen ist? Den man in Lewonzen oder Streuseltalern noch nicht einmal denken kann …« Der Zauberer zögerte – dann legte er nach: »Ohne gleich total raffgierig rüberzukommen, gigantisch geldgeil.«

»Mir total egal, 82231 Silbereisen macht das«, sagte das Loch total raffgierig und gigantisch geldgeil. »Die 78 Egli hinter dem Komma erlasse ich dir. Plus die Kosten für die neue Tür. Wenn ich den KVA wiedergefunden habe.«

»Aber Bibbo, lieber guter Bibbo! Bimbolf!«, Ganjalf klang plötzlich flehentlich, »wo soll ich denn jetzt 82 Silbereisen …«

»82231«, verbesserte ihn Bibbo.

»… 82 und noch mal 231 Silbereisen hernehmen? Ich bin doch extra hergekommen, weil ich kein –«, hätte Ganjalf sich fast verplappert, »ich meine, extra hergekommen, weil ich dir deine Spesen endlich zurückzahlen will. Genau! Weil du ja so recht hast. Mit allem. Mit Zinsen!«

»Na, dann ist ja alles gut.« Bibbo klang komischerweise wenig überzeugt. »Dann mal her damit.« Im Loch erschien eine stark behaarte Handfläche.

»Das Problem ist nur, ich habe den Schulranzen mit dem Geld …«

»Den Schulranzen mit dem Geld«, wiederholte Bibbo ausdruckslos.

»... im Hotel gelassen. Im Hotelsafe. Und der hat eine Zeitschaltuhr. Der Safe. Deshalb komme ich erst morgen wieder ran an das Geld.« Ganjalf schüttelte eine zürnende Faust. »Du, das tut mir voll leid jetzt. Sonst hätten wir das gleich hier beglichen. Ehrlich jetzt.«

»In welchem Hotel bist du denn abgestiegen?«

»In dem … mit dem Dach. Und den Fenstern. Die nach draußen zeigen.«

»Die *Alte Feuerwache* meinst du? Gleich am Marktplatz? Mit der Rutschstange, die direkt ins Frühstückszimmer führt?«

»Ja, genau die«, behauptete Ganjalf.

»Ist abgebrannt, die *Alte Feuerwache.* Hatten ironischerweise keine Brandschutzanlage«, sagte Bibbo und zog die Hand schon mal zurück.

»O nein, dann ist mein schöner Schulranzen vielleicht auch abgebrannt!«, rief Ganjalf dramatisch und rang die Hände. »Mit deinem Geld drin!«

»Ist aber schon letztes Jahr abgebrannt, das Hotel«, sagte Bibbo.

»Vielleicht bin ich ja schon letztes Jahr da abgestiegen?«, riet Ganjalf, nahm den Klappzylinder ab und kratzte sich am Kopf, in dem schon ein neuer Hirnfurz gärte. »Als ich sagte, dass du dein Geld natürlich mit Zinsen bekommst, hab ich da erwähnt, dass die elbfische Notenbank ihren Leitzins inzwischen ins Negative gesenkt hat? 99,9 Prozent ins Negative, wenn ich die ›Finanz-Nachrichten aus Durchschnittserde‹ richtig gelesen habe«, improschauspielerte Ganjalf weiter und zeichnete mit dem Zanderstab eine absteigende Linie in die Luft. »Das hat natürlich zur Folge, was mir echt unglaublich leidtut, dass deine Reisekostenabrechnung jetzt, wo ich sie dir gerade …«

Bibbo hörte nicht mehr hin. Er trat einen Schritt von der Tür zurück, senkte den Kopf und starrte auf seine Sneaker. Er seufzte tief. Es hatte ja keinen Zweck, dachte der Hiphop. Sein Geld würde er ohnehin nicht wiedersehen. Nicht, dass er auch nur einen Moment daran geglaubt hatte. Dann konnte er sich genauso gut anhören, welchen Wahnsinnsplan Ganjalf diesmal verfolgte.

Als der Zauberer das letzte Mal vor seiner Tür aufgekreuzt war – wie lange war das jetzt her? Erst ein Jahr? –, hatte er Bibbo und einen Batzen gemischter Zwerge monatelang in einen solch ohrenbetäubenden Unsinn verwickelt, dass sie alle fast mit dem Leben dafür bezahlt hätten. Ein Unsinn, der ihm noch dazu keinen schnöden Silbereisen eingebracht hatte. Gut, immerhin hatte er das –

»Ey, Bibbo, ey!«, zischte es direkt vor ihm. Der Hiphop fuhr zusammen. Ein kreisrunder Ausschnitt aus Ganjalfs Gesicht, der von den Brauen bis zur Unterlippe reichte, grinste ihn durch das Türloch an.

»Sprichst du jetzt mit dir selbst? Kann sehen, wie sich deine Lippen bewegen«, sagte der Ausschnitt. »Bist du high, oder was? Wenn nicht, kann ich helfen.«

Ganjalf gluckste und schielte mit einem Auge nach rechts oben und mit dem anderen nach links unten, und Bibbo hatte die unschöne Gelegenheit, das Gesicht des Zauberers aus der Nähe zu studieren: die tiefen Tränensäcke, die bis auf die Mundwinkel hingen; die dritten Zähne, krumm und braun wie die Latten eines Jägerzauns; die große Nase, von dicken Adern umspannt, wie ein Butternusskürbis in einem Gemüsenetz.

»Ich hab ne Idee, wie wir unfassbar viel Moola machen«, sagte der Ganjalf-Gesichtsausschnitt jetzt und ließ seine Pupillen in die Augenmitte zurückspringen. »Komm, mach einfach die Tür auf, füll den Teekessel mit Wick Vaporub und Fanta, und ich erklär dir alles, ist quasi schon abgezapft und originalverkorkt, so easy wird das, und nachher machen wir fifty-fifty«, behauptete der Zauberer kühn.

Das wird ein schöner Scheißdreck werden, dachte Bibbo unter seiner gelb getönten Sonnenbrille. Wenigstens hatte er den Alten zur Strafe etwas im Kalten stehen lassen. Dann atmete er noch mal tief ein, tief wieder aus, und entsperrte schließlich den schweren, gut einszwanzig langen Tonarm, der die schallplattene Tür verriegelte.

Fünf Sekunden später standen sich Ganjalf der Gilbe und Bibbo Beuteschema zum ersten Mal seit Monaten wieder gegenüber.

»MC Bibbo in dem Haus!«, rief Ganjalf und breitete die Arme aus.

»Salve, alter Elbfenschänder«, nickte Bibbo und musste jetzt doch grinsen, »du bist ja noch hässlicher geworden. Dachte, das geht nicht. Trittst du schon auf deine Falten, alter Mann?«

Dann griff er Ganjalf erst mal tüchtig an die Nüsse, sodass der Zauberer gackernd zusammenfuhr.

Der dunkle Herrscher saß auf dunklem Thron und las in einer dunklen Schriftrolle. Er furchte die dunklen Augenbrauen unter seinem dunklen Helm, aber es half nichts. Er konnte nichts erkennen. Es war einfach viel zu dunkel.

»Mach doch mal einer Licht an!«, befahl Sausack.

Einer, der sich in einen alten Spüllappen gewickelt hatte, huschte aus den Schatten hervor, die den Thron umgaben, und machte, *knipps*, das Licht an, genauer: die Leuchte Bausträla, ein darmgeblasenes Einzelstück aus urkischer Hornhaut, das über dem Kopf des dunklen Herrschers baumelte. Sausack hatte es dort hängen lassen.

Einer verbeugte sich stumm und zog sich lautlos ins Dunkel zurück.

Bei Licht betrachtet, saß Sausack jetzt auf seinem schon viel helleren Thron und konnte endlich auch die Schriftrolle entziffern.

Das war also die Rohfassung von »Der Herr des Cringe«, ein Buch, das in Sausacks ruchlosem Riva-Verlag erscheinen sollte. Das verwerfliche Verlagshaus gehörte ebenso zum miesen Medienimperium des dunklen Herrschers wie die fiesen Fachzeitschriften »Men's Sickness«, »Hörzu oder stirb« und »11 Feinde«.

Und da Sausack ein Verleger in der Tradition großer Geister wie Axel Springer oder Hubert Burda war, ließ er es sich nicht nehmen, alle Publikationen, die sein Haus verließen, persönlich zu verschlechtern. Deshalb zückte der dunkle Herrscher jetzt einen blutgefüllten Flipchart-Marker und eine schwere Tipp-Ex-Maus und machte sich damit über den »Herr des Cringe« her, dass die Satzzeichen flogen.

Schon nach wenigen Minuten hatte das Manuskript stark an Qualität verloren, weil Sausack es mit windigen Witzchen aus dem Weltbild-Worstseller »Die 101 besten Dad Jokes« angereichert hatte. Außerdem war es ihm gelungen, zwei Plotlöcher in die Handlung zu graben und einen Kontinuitätsfehler im Buch unterzubringen, der dafür sorgte, dass eine brennende Kerze plötzlich *länger* wurde, nachdem man umgeblättert hatte. Nach weiteren zehn Minuten beschloss er, dass das Werk jetzt abominabel genug sei, um in den Druck zu gehen, und nahm sich außerdem vor, im dunklen Duden nachzusehen, ob das Wort »abominabel« wirklich bedeutete, was er glaubte.

Halt, eins fehlte noch! Er, Sausack, kam ja selbst in dem Buch vor, in mindestens fünf Kapitellen oder wie das hieß. Er griff erneut zum Flipchart-Marker und schüttelte ihn, um das Blut in Wallung zu bringen.

Der UNFASSBAR GUT AUSSEHENDE UND VOLL SYMPATHISCHE dunkle Herrscher, DER AUCH RIESIG MÄCHTIG UND KRASS STARK WAR, machte noch einige REIN STILISTISCHE Verbesserungen im Manuskript, bevor er die Schriftrolle zusammenschnalzen ließ. UNHEIMLICH REICH WAR ER AUCH!!!

»Nimm doch mal einer das Gedöns hier«, rief Sausack und winkte mit dem Manuskript.

Einer kam erneut aus den Schatten gekrochen, nahm das Gedöns und kriegte zum Dank die Tipp-Ex-Maus an den Kopf geworfen.

»Was steht denn als Nächstes auf der To-do-Liste?«, fragte der dunkle Fürst.

»Meinen eure nokturnale Niederträchtigkeit die *To-do*-Liste oder die *Tod-oh*-Liste?«, fragte einer.

»Ich habe eine Tod-oh-Liste?«, fragte Sausack, ehrlich überrascht.

»Da stehen alle drauf, die versehentlich und unerwartet eines grausamen Todes sterben werden«, sagte einer, »zum Beispiel Nenn-Großtante Karlheinze.«

»Ich habe eine Nenn-Großtante Karlheinze?«, fragte Sausack, ehrlich überrascht.

»Seit gestern nicht mehr«, sagte einer und strich den Namen durch. »Ist von einem Klavier überfahren worden, o Khan aller Khane.«

»Überraschend, denke ich mal?«

»Vollkommen überraschend«, sagte einer. »In ihrer Badewanne.«

»Oh, äh, ausgezeichnet«, sagte Sausack, »wunderbar niederträchtig. Genau, was ich wollte. Schickt einen Kranz, auf dem steht: Hier kompostiert eine Portion Tote Oma.«

»Köstlich, ganz köstlich, eure Pestilenz.«

»Man muss halt Blutwurst, Leberwurst *und* Zwiebeln mögen«, sinnierte Sausack. »Wo war ich? Ach so, Tod-oh-Liste schön und gut, aber To-do-Liste war natürlich gemeint.« Er klackte mit langen, dünnen Fingern auf die Armlehne seines Throns, aber nicht, um ungeduldig zu wirken, sondern einfach, weil er das Geräusch von Metall auf Holz mochte.

»Selbstverständlich, o Cäsar der Cenobyten«, schmeichelte einer. »Sie gestatten, dass ich vorlese? Punkt eins: Zähne putzen, Zahnzwischenräume säubern, Zunge schrubben.«

»Das verschieben wir mal auf später«, winkte der dunkle Lord ab.

»Ihr Befehl ist mein Wunsch«, sagte einer, »Dentalhygiene ist wie immer verschoben.« Was einer nicht sagte: Dass ganz Mördör wusste, dass Sausacks Mund eine Kauleiste ihr Eigen nannte, die denken ließ, man habe das Bernsteinzimmer wiederentdeckt.

»Punkt zwei«, fuhr einer fort, »Augentropfen, wegen der schweren Bindehautentzündung. Sieht doch furchtbar aus, wenn Ihr Auge so rot und brennend in Ihrem Leuchtturm hängt, meine Abscheulichkeit, nicht wahr? Wäre es nicht schön, wenn alle sehen könnten, was für strahlende blaue Augen sie eigentlich haben?«

»Nääääh«, murrte Sausack, der nicht gern den Helm abnahm, und klackerte weiter auf seiner Lehne. »Verschieben. Hat die Liste meine Frau geschrieben?«

Einer zog es vor, nicht zu antworten, sondern fuhr fort: »Ist verschoben. Punkt drei: Das Handtuchregal im elbfischen Seniorenstil, das so steht, dass man das Badezimmerfenster nie richtig aufbekommt.«

»Verschieben«, stöhnte Sausack.

»Wohin?«

»Ins …«, Sausack dachte kurz nach, »... Häkelzimmer.«

»Wird verschoben, Ihro Ungnaden«, buckelte einer. »Item vier: Tarifverhandlungen mit der IG metallverarbeitende Urks.« Bevor Sausack etwas erwidern konnte, hatte einer schon »Verschieben?« vorgeschlagen.

»Wart ma. Haben wir noch diese Trolle?«, fragte Sausack. »Die Streikbrecher?«

»Wir haben noch die Bande Steintrolle, die sich ›Die Herren der Schlagringe‹ nennen«, sagte einer. »Sind allerdings keine Streikbrecher, sondern Streikendenzerbrecher.«

»Umso besser«, knurrte Sausack. »Schickst du die zu den ›Verhandlungen‹.« Er machte sich nicht einmal die Mühe, die Anführungszeichen anzudeuten.

»Wird erledigt, o Kalif anstelle des Kalifen«, bestätigte einer. »Punkt fünf: Nächste Woche ist Hochzeitstag, und wir brauchen noch ein Geschenk für die werte Gattin.«

Sausack erschauderte kurz, während sich das Klackern seiner Finger intensivierte. Hinter jedem mächtigen Mann stand bekanntlich eine unsympathische Frau. Eine Frau, die dafür sorgte, dass der Mann möglichst wenig Zeit zu Hause und möglichst viel Zeit mit seinem Beruf (Macht) und seinen Hobbies (Machtausbau) verbrachte.

»Was gab's noch mal zum letzten Hochzeitstag?«

»Zehn Tage im Kerker, in Ketten, bei nassem Toastbrot, mit Vegemite, in Einzelhaft«, sagte einer. »Abgesehen von den Ratten«, fuhr einer fort, »bis Sie auch die Ratten in Ketten legen ließen, o Erniedriger der Entengrütze.«

»Sie hatte sich doch Urlaub an einem einsamen Ort gewünscht«, murrte Sausack, erhob sich und fing an, seinen Thron zu umrunden. Einer folgte ihm eilfertig mit der To-do-Liste.

»Worüber würde sie sich besonders freuen?«, grübelte Sausack. »Was würde ihre Augen zum Leuchten bringen?«

»Ein niedlicher kleiner Warg?«, schlug einer vor. »Mit extrafluffigem Fell und einer Schleife um den Hals?«

»Ausgezeichnet! Dann schenken wir ihr das genaue Gegenteil!«, rief der dunkle Herrscher und lachte. »Treib mir so'nen ausgemusterten Kampfelefant aus dem Tierheim auf, okay? Am besten kurz vor Olifantenfriedhof. Oh, und auf keinen Fall stubenrein.«

»Sehr wohl«, bestätigte einer, korrigierte den Sitz seines Spüllappens und schluckte. Jetzt kam ein kritischer Punkt, und einer versuchte, so nebensächlich wie möglich zu klingen: »TOP sechs: Zum Hochzeitstag wird auch Frau Schwiegermutter erwartet, o Schah der Schaben.«

Sausack erstarrte. Hinter jedem mächtigen Mann stand bekanntlich eine unsympathische Frau, hinter der eine noch viel, viel unsympathischere Frau stand, was dazu führte, dass der Mann noch viel, viel mehr

Zeit in seinem kombinierten Thronsaal-Büro mit Macht und -ausbau verbrachte.

Anderswo wäre so eine Aussage übrigens als sexistisch wahrgenommen worden, aber in Durchschnittserde wurde nie viel Wert auf differenzierte Frauenrollen gelegt.

»Faaaaack!«, ordnete Sausack seine Gefühle. »Das bedeutet bestimmt, dass wir den ganzen Plunder wieder rausholen müssen, den sie uns geschenkt hat.« Er stöhnte.

»Das Porträt des Hochzeitspaars aus Bügelperlen«, fing einer an, aufzuzählen. »Die Vase in anatomischer Herzform. Der Schokospringbrunnen für den Vorgarten.« Sausack machte bei jedem Begriff übertriebene Stöhn- und Sterbegeräusche. »Pat, der Keramikhund. Der Klodeckel mit dem ironischen Spruch.«

»›Eigentlich ist es ja keine Klobrille, sondern ein Klomonokel‹«, erinnerte sich Sausack an die Inschrift.

»Der Eierschalensollbruchstellenverursacher«, fuhr einer fort. »Das Bling-Bling –«

»Halt mal«, unterbrach Sausack. »Was war das noch?«

»Eine Art … Schmuck?«, sagte einer vorsichtig. Es war nicht leicht zu beschreiben. »Sie hat es selbst gemacht. War sehr stolz darauf. Eure Hinterfotzigkeit haben vor einigen Monaten extra die Geister abgeordnet, es auf keinen Fall aus den Augen –«

»Ach so, ach so, weiß schon«, winkte Sausack ab, dem es tatsächlich gelungen war, den Gedanken an die peinigende Preziose erfolgreich zu verdrängen. »Das muss auf jeden Fall wieder in die Vitrine gegenüber von der Eingangstür. Gab auch noch so'nen rotierenden Präsentierteller dazu. Am besten gleich.«

Das viele Entscheiden, Erinnern und Delegieren hatte Sausack hungrig gemacht. Er legte ein paar Schritte zum eiskalten Büfett zurück, das natürlich so dermaßen im Dunkeln lag, dass er kaum erkennen konnte, was es gab. Sausack glaubte, angebrütetes Schnabeltierei entdecken zu können und Muttermilchmozzarella. Und war das Walnusseis vom lebenden Blauwal?

Er hob ein Schnabeltierei hoch und schnupperte durch den Helm daran, aber roch natürlich nichts.

»Warum sagst du denn nichts mehr?«, fragte Sausack und schob sich ein Ei unter den Helm, ohne es zu schälen.

»Weil … es gibt da ein bisschen ein Problem«, fing einer an.

»Wn-a-n-onmmm?«, fragte Sausack, der gerade den Mund voll hatte.

»Also, das Bling. Das hat schon länger keiner mehr gesehen.«

»Hä-wm?«, machte Sausack und spuckte Schnabeltierbröckchen gegen die Innenseite seines Helms. »Waf haft du ge'ade gefagt?«

»Dass eure Düsternis extra die Geister abgeordnet hat, das Bling auf keinen Fall aus den Augen zu –«

»Nein, danach!«

»Dass es da ein bisschen ein Problem gibt.«

»Nein, noch danacher!«

»Dass das Bling schon länger keiner mehr gesehen hat.«

»Das habe ich verstanden! Was soll das heißen, länger? Wie lang denn nicht?«

»So … sechs Monate?«, riet einer.

Der dunkle Lord stand plötzlich genau vor einem und sah einen aus feuerumrandeten, lidlosen Augen an, deren schwarze Pupillenschlitze sich öffneten wie Fenster zum Nichts – zumindest hätte er das getan, wenn Sausack endlich mal den beschissenen Helm abgenommen hätte. Einer wünschte sich nicht zum ersten Mal, er hätte mehr anzuziehen als einen Spüllappen.

»Nashgûlash!«, befahl Sausack, und einer meinte, einen Hauch von Furcht in der Stimme des dunklen Herrschers zu verspüren. »Die Nashgûlash her – und zwar ey-ess ey-pi. Ich will Antworten!«

»Werde sofortige Kümmerung einleiten, o Baron der böswilligen Belastungen.«

»Gut, gut«, machte Sausack, der immer gerne mit neuen Amtstiteln bedacht wurde; eine Schwäche, die einer kannte und ausnutzte.

Sodass einer eine halbe Stunde später vermeldete: »Die Blinggeister sind jetzt hier, oh Verfechter der unguten neuen Unsitten.«

»Sehr gut«, klackerte Sausack, der sich wieder auf seinen Thron zurückgezogen hatte. »Soll'n nur reinkommen.«

Ganjalf schlug die Augen auf. Als Erstes sah er eine Art Zimmerdecke, was schon mal ein gutes Zeichen war. Und als er an sich herunterblickte, zwei junge Hiphops.

Der erste kniete neben ihm auf dem Boden und war so vertieft darin, seinen Bauch mit einem Edding zu bemalen, dass er nicht bemerkte, dass der Zauberer schon wach war. Wobei mit ›seinem‹ Ganjalfs Bauch gemeint war, der weiß, knochig und erratisch behaart aus einer Lücke in seiner Robe schimmerte. Der Filzstift kitzelte ein wenig, und als Ganjalf noch einmal die Augen schloss, meinte er, zu erkennen, dass der Junge die vertrauten Umrisse der Rune nachzeichnete, die der Zauberer damals in Bibbos Haustür geritzt hatte.

Der zweite junge Hiphop war damit beschäftigt, Ganjalfs Zehennägel rot zu lackieren, praktischerweise gleich mit einer Spraydose.

Ganjalf begann, sich zu regen und zu räuspern – und sofort kreischten die jungen Hiphops auf, ließen klackernd Stift und Spraydose fallen und stürmten davon, dass die Türe schlug.

Apropos Türe – wo war er noch mal? Ach ja, in einem begehbaren Kleiderschrank. Ein Kleiderschrank, der ausschließlich mit Sneakers gefüllt war, von denen einige sogar noch das Preisschild trugen. Offensichtlich hatte er hier geschlafen, stellte der Zauberer zufrieden fest, während seine rechte Hand nach dem Tabak suchte.

Vielleicht hatte er nachts einen Schuhladen geerbt? Oder jemand hatte ihn mit einem Schuhlöffel verwechselt?

Solche Gedanken gingen Ganjalf nach dem Aufwachen häufig durch den Kopf, allerdings auch vor dem Einschlafen und in der Zeit dazwischen. Plötzlich fiel dem Zauberer wieder ein, wo er war: bei seinem alten Freund Bibbo. Das war fast noch besser!

Er kroch auf die Schranktür zu. Und wer waren die zwei Kleinen gewesen? Bibbo hatte nie erwähnt, dass er Kinder hatte. Vielleicht waren es aber auch gar keine kleinen Hiphops gewesen, grübelte Ganjalf, sondern verzauberte Riesen-Erdnüsse, die sich Pappmaché-Köpfe gebastelt hatten, um ihn mit dem Enkeltrick reinzulegen? Es waren solche herausragenden Theorien, mit denen Ganjalf bei Fremden regelmäßig auf Ablehnung und Fußtritte stieß, allerdings auch bei Bekannten. Der Zauberer drückte den Schrank auf, tapste voran – und fand sich mit einem schrecklichen Anblick konfrontiert: Direkt vor ihm schwebte auf Gesichtshöhe das stark behaarte Maurerdekolleté von Bibbo Beuteschema. Die Ritze lugte aus einem Paar Boxershorts aus frechem Feinripp, das seinerseits unter großzügig verschnittenen Baggy Pants steckte. Und als wäre das noch nicht genug, entrang sich Bibbos Hinterleib genau in diesem Moment ein apokalyptisches Knattern, Quietschen und Stöhnen, das sich mit solch flatulenter Wucht im Gesicht des Zauberers entlud, dass ihm die Tränensäcke um die Ohren schlackerten. Dann war es still.

»Entschuldige, mein Lieber!« Bibbo wandte sich zu dem Zauberer um, der nach Luft rang, und sprühte ihm etwas Textil-Erfrischer aufs Nasenbein. »Das war nicht gegen dich gerichtet, geschätzter Gast und Homie. Hier geht es ausschließlich um die Zielgruppe der 8- bis 14-Jährigen. Die Marktforschung hat herausgefunden, dass die jungen Leute Bücher eigentlich nur kurz auf Seite 24 aufschlagen und dort Zeile acht bis 15 lesen, bevor sie eine Kaufentscheidung treffen. Deswegen der bedauerliche Furzwitz. Ist mir zutiefst peinlich. Word!«

»Das ist ja ekelhaft«, brachte Ganjalf hervor und fuhr sich mit den Fingernägeln über die Zunge, um den Geschmack loszuwerden. »Widerlich. Abscheulich.«

»Schon, aber so ist er eben, unser Literaturbetrieb«, sagte Bibbo, zuckte mit den Achseln und fuhr dann fort, die Tupac-Gedenkteller auf dem Tisch zu verteilen, während er gut gelaunt eine kleine Melodie beatboxte.

Ganjalf schüttelte sich noch einmal und kam dann langsam auf die Füße. Zufrieden stellte er fest, dass ihn eine Frühstückstafel mit allen drei Mikronährstoffen erwartete, die der gesunde Körper brauchte: Fett, Zucker und zu viel Salz.

»Steht dir, die Brille«, sagte Bibbo und bot dem Zauberer einen Stuhl an. »Und die Augenklappe.«

Verwirrt fuhr sich Ganjalf mit der Hand ins Gesicht, aber das war keine Brille. Dann kniff er probeweise abwechselnd das linke und das rechte Auge zusammen, aber er konnte aus beiden so gut sehen wie immer, nämlich nicht so gut. Da war also auch keine Augenklappe.

»Die Narbe auf der rechten Backe ist vielleicht etwas drastisch«, fuhr Bilbo fort, während er ihnen aus einem Pitcher einen schönen Schuss Schmalz eingoss, darauf achtend, den Zuckerrand der Gläser nicht zu zerstören. »Ebenso die Runde Tic-Tac-Toe auf der linken.«

»Hat jemand was auf mein Gesicht gemalt?«, fragte Ganjalf.

»Jetzt, wo du's sagst«, nickte Bibbo. »Dann nehme ich mal stark an, dass du die Kleinen auch schon kennengelernt hast?« Er streute etwas Zucker auf den gebratenen Speck. »Waren gestern Abend schon in der Heia. Auf deine Stirn haben sie übrigens das Wort ›Stirn‹ geschrieben«, sagte der Hiphop. »In dem Alter kommt man auf die wildesten Ideen.« Er stach die Gabel in ein Nutellaschnitzel.

»Die Kleinen?«, forschte Ganjalf und schob sich eine frittierte Milchschnitte auf den Teller.

»Mein Neffe Frolic und sein Bruder Scam«, schmatzte Bibbo. »Die beiden wohnen bei mir, seit ihre Eltern von dem, dessen Name nicht genannt werden darf, umgebracht wurden.«

»Wieso darf der Name nicht genannt werden?«, kaute Ganjalf und nahm einen tiefen Schluck Schmalz.

»Copyright«, rülpste Bibbo und fischte seine Goldkette aus der Tasse, weil sie ihm in den Kaffee aus unfair behandelten Düsterwald-Bohnen gerutscht war. »Wenn man von der Teufelsaustreibung spricht – da sind die Racker ja!« Und wirklich kamen in diesem Augenblick die zwei jungen Hiphops in den Raum gerollt und näherten sich neugierig der Frühstückstafel.

»Sagt artig ›Hallo‹ zu unserem Gast!«, orderte Bibbo.

»Aaaaasch-llooooch«, krähten die beiden unisono, was sich aber erstaunlich wie »Hallo« anhörte, wenn man die Vokale nur lang genug zog, dabei grinste und winkte. Ganjalf, der ohnehin nicht mehr so gut hörte, nickte lächelnd.

Der eine Junge war erstaunlich großgewachsen, spindeldürr und verschwand vollkommen in einem riesigen Umhang. Fasziniert betrachtete Ganjalf die Beine des Jungen, die so schmal, hart und braun waren, als bestünden sie aus Holz.

»Du bist bestimmt Frolic, stimmt's? Der mir heute Morgen dieses wundervolle Make-up spendiert hat?«, versuchte der Zauberer, das Eis zu brechen.

»Das ist der Garderobenständer«, korrigierte Bibbo. »Frolic steht rechts davon.«

»Pardonbleu«, machte Ganjalf, drehte den Kopf ein wenig weiter und sah jetzt etwas, das zweifelsfrei die beiden kleinen Hiphops waren. Der erste sah aus, wie junge Leute halt so aussahen – Hoodie, Basecap, zwei Arme, scheiße halt –, der zweite hatte einen Umfang, als hätte er einen Wasserball verschluckt, und erinnerte auch sonst an Ed Sheeran.

»Dufte, euch kennenzulernen, meine ethnischen Brüder«, versuchte der Zauberer, das zu imitieren, was er für Jugendsprache hielt. »Steiler Rave hier in eurer Gruft. Echt oberaffentittengeil.«

Bibbo verdrehte die Augen und schickte die Jungs mit der Ansage »Chillt mal bitte im Backyard, hier ist jetzt erst mal Parley für Grown-ups« raus zum Spielen, wobei sich Scam noch eine rohe, ungeschälte Zwiebel vom Tisch schnappte und beim Hinauseilen krachend hineinbiss.

»Wir gehen in ein Palais?«, fragte Ganjalf, der sich wieder dem Teller zugewandt hatte und futterte wie ein Müllwagen.

»Unterredung bedeutet das«, sagte Bibbo. »Ich habe da noch ein paar Fragen.« Er legte Messer und Gabel nieder. »Zu denen wir gestern nicht mehr gekommen sind.«

Bibbo wandte sich in seinem Stuhl um und zeigte stumm in Richtung der Chill-out-Area vor dem Pelletofen. Auf dem Fliesentisch stand noch der Kürbis, den Ganjalf gestern mit wenigen Handgriffen in eine – mit eigenen Worten – »vegane Bong mit vielen gesunden ungesättigten Fettsäuren« verwandelt hatte. Darum herum verstreuten sich die üblichen leeren Flaschen, Chipstüten und ausgebrannten Gehirnzellen.

»Ach so?«, gab sich Ganjalf neugierig und begann, seinen Bart mit dem Tischstaubsauger zu bearbeiten. »Welche denn?«

»Du hast etwas von einer Nachricht erwähnt, die du mir unbedingt zeigen wolltest.« Bibbo musste fast schreien, um den Sauger zu übertönen. »Aber irgendwann nach Mitternacht hast du angefangen, dich mit drei Bibbos gleichzeitig darüber zu streiten, wie viele Erdnuss-Flips man sich gleichzeitig in den Mund stecken kann. Als jeder von euch bei 42 war, bin ich ins Bett gegangen.«

»Wir vier hatten noch einen hervorragenden Abend ohne dich«, behauptete Ganjalf. »Wo sind die drei überhaupt? Hab mich gar nicht verabschiedet.«

»Ganjalf!« Bibbos Gesicht stand jetzt direkt vor seinem, sodass er die roten Äderchen in den Augen seines alten Freundes sehen konnte. »Die Nachricht!«

»Wo du gerade von einer Nachricht sprichst«, sagte der Zauberer, »fällt mir ein, dass ich dir gestern Abend noch zeigen wollte, warum ich überhaupt hier bin.«

»Ist es eine Nachricht?«

»Woher ...«, fing Ganjalf an, winkte dann aber ab und griff in die rechte Brusttasche seiner psychedelisch gebatikten Robe. »Hier!«, sagte er und hielt Bibbo einen Zettel unter die Nase, der aussah, als sei er aus einer Zeitung ausgerissen worden.

»Erfolgreicher Geschäftsmann sucht für seine Tochter, Mitte 20, 170 cm, BWL/Master, sportlich«, las der Hiphop vor, »zwecks Familiengründung charmanten Mann, ab 180 cm, ohne Anhang, aus Paritätsgründen ebenfalls aus Unternehmerfamilie.« Er stockte. »Vielleicht haben Sie einen passenden Enkel oder Sohn, der meine Tochter ›zufällig‹ kennenlernen möchte?«

»Falscher Zettel!«, rief Ganjalf, stopfte das Blättchen zurück und förderte – diesmal aus der linken Brusttasche – erneut einen Ausriss zutage.

»Gesucht«, las Bibbo jetzt vor, »sehr seltener Gegenstand – 15 cm Umfang – Kruppstahl mit Mithril-Legierung«, er huschte über die Beschreibung, »zwiegemuffte Vakuumflanschen – 1,2 Kilokarat – Einkaufs-Chip-

Halter – Abdeckung im Hello-Kitty-Design – spritzwassergeschützt – siehe Abbildung.« Er hielt inne. »Bei Abgabe zu zahlen.« Seine Lippen murmelten eine Zahl. Er schob sich die gelbe Brille auf die Stirn. »Holla, die Waldfee!«

»Ach, die? Der bin ich letzten Monat zufällig über den Weg gelaufen«, warf Ganjalf ein, »beim Pilzesammeln im Alten Wald. Holla says Hello, soll ich dir ausrichten.« Er winkte dem Hiphop zu. »Leider ist sie immer noch voll auf Feenstaub.«

Bibbo tat, was bei Ganjalf eigentlich immer half: Er hörte nicht hin und ging nicht darauf ein.

»Denkst du, was ich denke?«, fragte er stattdessen.

»Wenn du daran denkst, dich mit Bratensoße zu übergießen, vor dem Kamin in einer Schlüssel zu wälzen und dabei immer wieder ›Ich bin ein kleines, geiles Spanferkel!‹ zu rufen, dann denke ich, was du denkst«, antwortete Ganjalf und hielt nach einer Kelle Ausschau.

»Nicht ganz, ich denke, dass wir genau wissen, was da gesucht ist«, sagte Bibbo und tippte auf den Zeitungsausriss. »Wofür jemand das viele Geld zahlen will. Schau dir mal die Abbildung an. Das sieht doch genau aus wie –«

»Das Bling-Bling! Deshalb bin ich doch hier!« Ganjalf sprang von seinem Stuhl auf, schlug sich den Kopf an der niedrigen Decke an, dass es knackte (im Kopf, nicht in der Decke), und fiel wieder auf den Sitz zurück. »Ich bin doch hergekommen, weil ich dir diesen Zeitungsausschnitt zeigen wollte!«, ereiferte er sich. »Den ich aus einer Zeitung ausgerissen habe. Da sucht jemand das Bling-Bling, für unfassbar viel Moola. Deshalb bin ich doch überhaupt erst hergekommen. Schau dir nur mal die Abbildung an.« Ganjalf legte den Zettel, den er immer noch vor Bibbos Gesicht hielt, auf den Tisch und tastete seine Robe ab. »Wo hab ich nur diesen Ausschnitt? Egal, viel wichtiger: Hast du das noch, das Bling? Haste?«

Bibbo schwieg und lehnte sich zurück. Interessant, dachte er, und: Gut gemacht. Weil er damals, als sie mit den Zwergen den abseitigen Berg erforscht hatten, offensichtlich als Einziger etwas hatte mitgehen lassen, das sich jetzt als wertvoll herausstellte. Dann dachte er noch kurz an eine revolutionäre Mischung aus Torte und Suppe. Tuppe?

»Ob die Zwerge sich sehr geärgert haben?«, fragte Ganjalf, als hätte er die erste Hälfte von Bibbos Gedanken gelesen. Hinter dem Zauberer kam Scam angeschlichen, ohne Zweifel, um eine frisch gespritzte Zitrone vom Tisch zu stibitzen.

»Wie meinst du, geärgert?«, fragte Bibbo zurück.

»Na ja«, meinte der Zauberer, machte eine ausholende Geste und klatschte dabei Scam den Handrücken ins Gesicht. »Verzeihung, Kleiner! Ich meine, ich hab euch durch halb Durchschnittserde geschleppt, nur um dann nachher in einer ›Schatzkammer‹ voller Freundschaftsbänder, Makramee-Eulen und Silly Bandz zu stehen.«

»Und dem Bling.«

»Und dem Bling-Bling.«

Sie schwiegen für einen Moment, unterbrochen nur durch das Splittern und Schmatzen, das Scam erzeugte, der jetzt eine Handvoll ungeöffneter Pistazien kaute, die er auf dem Boden gefunden hatte.

»Du hattest uns einen Goldschatz versprochen.«

»Ich wusste, dass der Drache Schmuck sammelt, ich wusste nur nicht, dass er selbst gebastelten Modeschmuck sammelt!«, verteidigte sich der Zauberer. »Mein Informant war eine Fledermaus. Die sprechen Ultraschall. Und noch dazu auf dem Kopf! Seid froh, dass ich wenigstens das Wichtigste richtig verstanden habe.«

»Das Wichtigste? Du hattest uns nicht nur einen Schatz versprochen, sondern auch einen richtigen Drachen«, knurrte Bibbo. »Smog, der Abgasfarbene, hast du ihn genannt!«

»Ja! Und? Hast du etwa keinen Drachen bekommen?«

»Ich habe ein Holzkreuz bekommen, das du mit einem schmutzigen Bettlaken bespannt hast«, schnappte Bibbo, »mit einem Schweif mit kleinen Papierdreiecken dran und einer ganz langen Schnur zum Ziehen.«

»Das ist genau das, was im Wörterbuch unter ›Drachen‹ steht!«, rief Ganjalf und wurde laut.

»Er ist nicht mal geflogen!«, rief Bibbo und wurde ebenfalls laut.

»An dem Tag war kein guter Wind!«, rief Ganjalf und wurde lauter. »Außerdem wollte Snoring sein Bettlaken zurückhaben.«

»Du hast uns eine Reisekostenabrechnung versprochen!«, rief Bibbo und wurde ebenfalls lauter.

»Das war gelogen!«, rief Ganjalf am lautesten, sprang wieder von seinem Stuhl auf, schlug sich wieder den Kopf an und fiel wieder auf seinen Sitz zurück. Der Zauberer tastete seine Schädeldecke ab.

»Anscheinend hab ich mir den Kopf angeschlagen«, meinte er mit schwacher Stimme und blinzelte verwirrt.

»Ja, das hast du«, seufzte Bibbo, der plötzlich keine Lust mehr hatte, sich zu streiten, sondern Mitleid.

»Wo denn?«

»Am Kopf«, sagte Bibbo und erhob sich, um einen Eisbeutel zu holen.

»Dann ist ja alles gut«, nickte Ganjalf, lächelte das milde Lächeln, das seinem zerknitterten Gesicht so gut stand, und tastete nach seinem Tabak. Er hatte offensichtlich schon wieder vergessen, wovon sie gerade gesprochen hatten, warum er hier war, vielleicht sogar, wo er war oder was. Bibbo, der schon in der Küchentür stand, seufzte noch einmal.

Da rumste es von der Glastür zum Garten, und Ganjalf, Scam und Bibbo blickten hinüber. Es war Frolic, der hineinwollte, aber vergessen hatte, wie eine Tür funktioniert. Die drei anderen beobachteten fasziniert, wie Frolic erst ein-, dann zwei-, dann dreimal gegen die Scheibe wämste, anstatt einfach die Klinke zu drücken. Dann wandten sie sich wieder ab.

Ganjalf hatte indessen mit Daumen und Ringfinger der linken Hand ein perfektes tabakhaltiges Erfrischungsstäbchen zum Rauchverzehr gedreht, das er nun zufrieden begutachtete. Er riss ein Streichholz an, doch anstatt die Zigarette direkt anzuzünden, setzte er erst eine Kerze in Brand und hielt den Tabakzylinder dann in die Kerzenflamme.

»Wieder einer hops«, kicherte er gehässig, »Matrosen sind das Letzte.«

Bibbo kam mit einem Eisbeutel zurück und reichte ihn Ganjalf.

»Sehr zuvorkommend«, sagte der Zauberer, klemmte sich die brennende Zigarette zwischen die Lippen, riss den Eisbeutel auf, ließ den Inhalt in sein Glas fallen und goss noch mal Schmalz nach. »Sag mal, diese Kerze hier – war die nicht eben noch sieben Zentimeter kürzer?«

»Noch mal zum Bling«, sagte Bibbo, bemüht, seine Prioritäten in Ordnung zu bringen. »Scam?« Er wandte sich an seinen Neffen, der gerade unter dem Tisch hervorgekrochen kam, Krümel und Wollmäuse noch in den Mundwinkeln. »Erinnerst du dich, wo ich das, äh«, das Bling war nicht leicht zu beschreiben, »wo ich so ein Schmuckstück hinhabe? Etwa so groß«, er deutete die Breite einer Lauchstange an, »aber mit Doppelmuffen an jeder Seite –«

»Und Punzen!«, rief Ganjalf, der wieder ins Thema zurückgefunden hatte, »perennierend pentizikulöse Punzen.«

»Genau, Muffen und Punzen«, Bibbo versuchte, die Form des Blings mit den Händen nachzuzeichnen, während Scam mit halboffenem Mund zusah, »und eine Art Nabelstecker, nicht wahr, Ganjalf? Und diese ... Krokodilklemmen.«

Der Zauberer nickte energisch und nahm einen extratiefen Lungenbläschenzug. Ganjalf war einer der wenigen, die Tabakrauch einatmen konnten, ohne ihn wieder ausatmen zu müssen, weil sein Körper gelernt hatte, Teer in Energie umzuwandeln.

»Versteht du, was wir suchen?«, fragte Bibbo.

»Meinst du das, Onkel?«, nickte Scam eifrig und zeigte auf einen Dieter-Nuhr-Armleuchter aus dem I-don't-KARE-Katalog. »Ist das das Bling?« Der Armleuchter stand ein gutes Stück in der rechten Ecke. Die Birne, die einmal recht hell gewesen war, leuchtete nur noch schwach.

»Nein, das – ist eine Lampe«, sagte Bibbo und war wieder einmal verblüfft, wie dumm seine Neffen waren. Vielleicht waren sie bei der Geburt beschädigt worden?

»Dann ist es vielleicht da drin, Onkel?«, fragte Scam und zeigte auf einen Stapel Quatsch, den Bibbo in einem Anfall von Wahnsinn in der Hiphoppinger Manukactum-Filiale gekauft, aber in einem Anfall von Klarsicht nie ausgepackt hatte. Die Kartons enthielten laut Aufschrift eine »Glow-in-the-Dark-Sonnenbrille«, ein »DVD-Zurückspulgerät in handgefertigter Optik« sowie »zeitlose, hochwertige Gummistiefelsandalen mit Farbverlauf«.

»Meinst du das?«, fragte Scam und wies noch mal auf die Kartons.

»Nein, das meine ich auch nicht«, sagte Bibbo. »Das ist … um ehrlich zu sein, weiß ich auch nicht, was das ist. Das ist das, was Lebewesen einander antun, wenn Kapitalismus ist. Das Bling-Bling ist eine Art Schmuck.«

»Ach so! Meinst du vielleicht das, Onkel?«, fragte Scam, zog den Ärmel hoch und zeigte Bibbo sein knallhartes, stark entzündetes Triceratops-Tattoo, das er sich selbst in den Oberarm gestochen hatte. »Voll gangsta, hä?«

»Nein und nein«, sagte Bibbo und verzog das Gesicht. »Das scheidet völlig aus.«

»Meinst du dann das, Onkel?«, fragte Scam und zeigte schon zum zweiten Mal auf den Dieter-Nuhr-Armleuchter, neben dem komischerweise eine extratrübe Lisa-Eckhart-Funzel aufgetaucht war. »Ist das das Bling?«

»Nein, das meine ich immer noch nicht«, stöhnte Bibbo. Er bekam langsam schlechte Laune, zumal jetzt auch noch Frolic zu quäken anfing, weil er in der Katzenklappe stecken geblieben war. Mein Gott, die beiden waren wirklich durch den dicken Pulli gestillt worden.

»Hier, Onkel Bibbo, hier! Jetzt hab ich das Bling-Bling gefunden!«, behauptete Scam und zeigte auf etwas.

»Das ist dein linker Fuß, du kleiner Idiot!«, rief Bibbo. Er war jetzt wirklich sauer. »Hör mal«, setzte er an, »wenn das Bling-Bling hier mitten im Regal liegen würde, hätte ich dich dann gefragt, ob du –«

»Meinst du das, Onkel?«, unterbrach ihn Scam und zeigte auf das Bling-Bling, das mitten im Regal lag.

»Ä«, sagte Bibbo. Dann sagte er erst mal nichts mehr.

»Erste Sahne, Scam, Schankedöhn!«, schaltete sich dafür Ganjalf mit einem neuen Versuch ein, 100 Jahre jünger zu klingen, als er war. »Hast du geilomat hingekriegt, du alter Panikrocker!«

Während Scam ihn verständnislos anblickte, klemmte sich der Zauberer den Rest seiner Zigarette zwischen die Lippen und zog noch einmal so kräftig daran, dass sie rückstandslos verbrannte. Er schmatzte, erhob sich und nahm dann das Bling, das sich mit Rasseln und Scheppern entfaltete, behutsam an den beiden Krokodilklemmen aus dem Regal.

»Hatte die Swarovski-Kristalle ganz vergessen«, sagte Ganjalf und pustete das Schmuckstück kräftig ab.

»Das Bling-Bling ist doch gar nicht verstaubt«, meldete sich jetzt Frolic zu Wort. Er hatte sich aus der Katzenklappe befreit, indem er sich nackt ausgezogen hatte.

»Ich weiß, ich puste einfach nur gerne auf Sachen«, sagte Ganjalf und blies auf seinen linken Ellenbogen, von dem sich eine Staubwolke erhob. Dann wandte er sich den anderen zu, um ihnen das Bling in seiner ganzen Pracht zu präsentieren.

»Uiii, ist das aber hässlich«, sagte Scam und streckte den Zeigefinger in Richtung des Blings aus, bewegte seine Hand dann aber langsam weiter nach oben, bis sein Finger genau auf Ganjalfs Gesicht zeigte. »Häääss-liiich!«, wiederholte er langsam.

»Schwer ist es auch noch«, sagte Ganjalf und tat, als würden seine Arme vom Gewicht des Blings nach unten gezogen. »Außerdem riecht es nach nassem Tofu.« Er wandte sich an Bibbo. »Warum hast du es überhaupt mitgenommen? Du hättest doch stattdessen auch, äh, NICHTS haben können. Wie die Zwerge.«

Auch Scam und Frolic blickten ihren Onkel an.

»Ich … ich weiß nicht«, stammelte Bibbo. Er war sich plötzlich nicht mehr sicher. »Ich bin mir plötzlich nicht mehr sicher«, sagte er. Irgendwie hatte das Bling zu ihm … gesprochen?

»Irgendwie hat das Bling zu mir … gesprochen?«, sagte Bibbo. Er machte eine vage Bewegung mit den Händen. »Ich mache eine vage Bewegung mit den Händen«, sagte er.

Die anderen sahen ihn verständnislos an.

»Das Bling hat zu dir … gesprochen?«, fragte Ganjalf und runzelte die Runzeln auf seiner Stirn, um dann gut gelaunt abzuwinken: »Sag das doch gleich!«

Der Zauberer sprach schließlich selbst häufig mit unbelebten Gegenständen. Einmal hatte er sich hervorragend mit einem Kerzenhalter, einer Teekanne und ihrem (gemeinsamen?) Sohn unterhalten, beim Rausgehen allerdings einen Glassturz zerbrochen und eine Rose zertrampelt. Zumindest war das alles, was ihm von dem Trip noch in Erinnerung geblieben war.

»Und was machen wir jetzt damit?« Ganjalf schüttelte das Bling, das klapperte und klingelte wie ein rostiges Windspiel.

Bibbo nahm den Zeitungsausschnitt vom Tisch und überflog noch einmal die Zeilen.

»Hier steht's! Abzugeben bei …«, seine Lippen murmelten einige Worte. Er blickte Ganjalf an.

»Das steht nur eine Adresse«, sagte er. Er blickte Ganjalf an.

»Die Adresse ist in … in …«, stotterte Bibbo. Er blickte Ganjalf an.

Dann riefen beide gleichzeitig: »In Mördör!«

Ein Moment der Stille folgte, den Ganjalf nutzte, um eine Laus zu zerknipsen, die er aus seinem Bart gesammelt hatte, und Frolic, um vor Aufregung zu furzen.

»Hatte ich dir das mit Mördör nicht gleich gesagt?«, fragte Ganjalf dann. »Stand doch direkt drunter.«

»Was ist ein Mör-mör?«, fragte Scam dazwischen.

»Das ist ein Land. Tief im Osten. Wo traditionell die Bösen wohnen, wenn man eine etwas schlichte moralisch-geographische Weltsicht hat«, sagte Ganjalf.

»Und wo wohnen wir?«, fragte Scam.

»Im Nordwesten natürlich, wo immer die Guten sind«, sagte der Zauberer und hustete die Worte »eurozentrisch« und »Tolkien« in seinen Bart.

Bibbo hatte inzwischen begonnen, im Wohnzimmer auf und ab zu gehen und sich beunruhigt den sauber ausrasierten Kinnbart zu kratzen. Die Neffen reihten sich hinter ihm ein, kratzten sich wie Bibbo die (haarlosen) Kinne und folgten ihrem Onkel so durch die Wohnung wie ein kleines dickes Entenküken und ein kleines nacktes Entenküken.

»Mördör, das ist doch … Dunkeldurchschnittserde«, sagte Bibbo fahrig. »Wie kommen wir da nur hin?«

»Das ist doch ganz einfach«, behauptete Ganjalf und legte das Bling auf seinen Teller, auf dem noch eine halbe frittierte Milchschnitte in einer leichtgläubigen Pfütze aus extra-naivem Olivenöl schwamm. »Wir nehmen die großen Igel!«

»Die großen Igel?« Bibbo hielt plötzlich inne, sodass erst Frolic auf ihn prallte und dann Scam auf Frolic – wobei sich die kandierte Mohrrübe, die Scam inzwischen in der Hand hielt, genau zwischen Frolics Hinterbacken bohrte, was bei der jüngeren Zielgruppe erneut hervorragend ankam. »Wenn du große Igel sagst«, fragte der Hiphop, »meinst du zufällig diese riesigen Kreaturen, die in den Blauen Bergen hausen? Mit ihren scharfen Krallen …«

»Ihren Stummelschwänzchen …«, fuhr Ganjalf fort.

»Ihren spitzen, gebogenen Schnäbeln …«, sagte Bibbo.

»Ihren putzigen, feuchten Nasen …«

»Ihren majestätisch aufgespannten Flügeln …«

»Ihrem dichten Stachelkleid …«

»Ihrer Vorliebe für Murmeltiere …«

»Für Weinbergschnecken, Regenwürmer und Wurzeln …«, sagte der Zauberer.

»Die großen Igel«, sagte Bibbo, schüttelte den Kopf und rief: »Das ist eine ausgezeichnete Idee!« Er blickte Ganjalf an. »Die können uns im Nullkommanix nach Mördör bringen.«

Er hielt einen Moment inne und machte dann ein nachdenkliches Gesicht, was die Neffen sogleich imitierten. »Komisch eigentlich«, sagte er, »dass noch niemand vor uns aufgefallen ist, dass man mithilfe der Igel vollkommen gefahrlos die größten Strecken zurücklegen kann. Überlegt mal: Wie lange dauert zum Beispiel so ein Flug von Hiphoppingen bis, sagen wir, zum Schicksalsberg, auf einem Igelrücken? 50 Minuten vielleicht?«

Die Neffen schwiegen betreten, nur Ganjalf hustete erneut die Worte »Tolkien« und »Fail« in seinen Bart.

»Da du schon etwas älter bist«, wandte sich Bibbo an Ganjalf, »könntest du natürlich auch meine fette Limo nach Mördör nehmen.«

»Das ist aber nett«, bedankte sich Ganjalf und griff nach der dickbauchigen Flasche, die Bibbo ihm reichte. »Ent-Eichel-Spreewaldgurke«, las er vom Etikett der Limo ab, »und auch noch bio! Schmackofatz!« Er leckte sich die Lippen.

»Jetzt, wo die Verpflegung geklärt ist – wie kommen wir nun an die Igel?«, fragte der Hiphop und blickte die anderen an.

»Die Igel kommen, wenn man ihnen eine Schale Milch rausstellt«, sagte Ganjalf.

»Die Igel trinken Milch? Das sind doch Raubvögel.«

»Lass mich ausreden. Eine Schale Milch, die man über ein totes Murmeltier ausgegossen hat, meine ich.«

»Verstehe.«

»Gut«, sagte der Zauberer und nahm eine Tüte Milch vom Tisch. »Dann wäre jetzt nur noch eines zu klären, bevor es losgeht.«

»Und zwar?«

»Wo du deine toten Murmeltiere aufbewahrst.«

Bibbo holte tief Luft und wollte gerade zu einer längeren, aber durchaus verärgerten Erklärung ansetzen, in der sehr häufig die Worte »Scharlatan«, »Scheißidee« und »Spesenabrechnung« vorkamen, als plötzlich ein Geräusch aus dem Flur erklang. Es hörte sich an, als würde jemand eine riesige Plattennadel rhythmisch auf einer laufenden Schallplatte hin und her bewegen, ein Geräusch, das die Hiphops *scratchen* nannten. Kurz war es still. Dann ertönte das gleiche Geräusch noch mal.

»Jemand klingelt an der Tür«, rief Frolic und zeigte in Richtung Flur.

»Dann sei so nice und schau, wer draußen steht«, sagte Bibbo.

»Aber ich bin nackt«, entgegnete der Neffe.

»Je nachdem, wer da ist«, sagte er, »freut er sich vielleicht sogar darüber.«

Frolic dackelte ab, während Scam an einem Sofakissen kaute und Ganjalf nachdenklich die Tüte Kuhbusensaft betrachtete, die er noch in der Hand hielt.

»Zeit, das Frühstück zu beenden«, sagte der Zauberer und setzte sich. »Mit einer schönen Schüssel Smack.«

»Wir haben keine Smacks«, sagte Bibbo, der mit halber Aufmerksamkeit in Richtung Tür lauschte.

»Wer hat was von Smacks gesagt?«, fragte Ganjalf interessiert, goss Milch in die Schüssel mit dem bräunlichen Pulver aus seinem Koffer und begann, es zu einem Opiumporridge zu verrühren, mit dem man eine amerikanische Kleinstadt hätte umbringen können.

Plötzlich stand Frolic wieder im Zimmer.

»Draußen«, fing an er an, »stehen fünfhundertfünfundfünzig Zwerge. Und sie haben sich überhaupt nicht gefreut, mich nackt zu sehen.«

Im Thronsaal des dunklen Herrschers hatte endlich mal einer ein Fenster aufgemacht. Nun wehte eine widerlich frische Brise zwischen den Säulen hindurch und versetzte die schweren Vorhänge in langsame traumatisierte Bewegungen.

Sausack, der miese Monster-Meister von Mördör, saß auf seinem Thron und ließ die Thore des Saals – die natürlich ebenfalls mit »Th« geschrieben werden mussthen – nicht aus den Augen. Gleich würden die Blinggeister hier sein, und es kam darauf an, sofort klarzumachen, wer hier der Boss war. Er setzte eine entschlossene No-Nonsense-Miene auf. Als ihm auffiel, dass unter dem Helm natürlich niemand sein Gesicht sehen konnte, wechselte er zu einer entschlossenen »Nonstop-Nonsens«-Miene, die er sich bei Didi Hallervorden abgeschaut hatte. So machte das Warten gleich viel mehr Spaß!

Er summte sogar leise den Refrain von »Ein bisschen Spaß muss sein, / dann ist die Welt voll Sonnenbrand« vor sich hin, ein Schlager, den er aus Mördörs einzigem Rundfunksender kannte, Shitradio Annette 1.

»Die Blinggeister!«, kündigte einer an.

Sausack freute sich auf das, was gleich kommen würde. Er hatte die Thore nämlich absichtlich um 90 Grad gedreht einbauen lassen, sodass sie nur noch 1,60 Meter hoch waren, dafür aber 5 Meter breit. Das hatte den hervorragenden Effekt, fand Sausack, dass sich jeder Eintretende gleich vor ihm verbeugen musste. Nicht so hervorragend war, dass die Thore jetzt natürlich nicht mehr majestätisch aufschwangen, sondern der linke Türflügel ohrenbetäubend auf den Fliesenboden knallte, wenn man die Klinke betätigte. Bücken musste man sich trotzdem, freute sich Sausack.

Doch da kamen auch schon die Geister.

Mit der ihnen eigenen ätherisch-ästhetischen Würde schwebten sie jetzt, alle neune, durch die Wand in den Saal, allerdings gute 2 Meter oberhalb der Thore – Geister halt.

Die Blinggeister drehten eine Runde um den Kronleuchter, dann ließen sie sich, einen halben Meter über dem Boden schwebend, im Halbkreis vor Sausacks Thron nieder.

Sausack, angepisst, dass sein Einstieg nicht funktioniert hatte, betrachtete die Geister erst mal bohrend. Nach einer halben Minute schaltete er die Bosch EasyImpact 6000 ab und pustete den Staub vom Loch. Dann betrachtete er die Geister noch mal bohrend, diesmal in der rechten Thronlehne. Schließlich ließ er die EasyImpact auslaufen und sprach die zeremonielle Begrüßungsformel.

»Boah, ihr seht echt unheimlich scheiße aus!«, rief Sausack. »Fettige Ellenbogen, ungesunde Gesichtsform, Spliss im Endstadium, Orangenarsch – schaut euch doch mal an, Mensch! Oder Ex-Mensch oder was. Fies hässlich seid ihr.« Sausack tat, als müsse er sich übergeben, indem er auf die Stelle seines Helms zeigte, hinter der sich sein Mund befinden musste.

Die Geister verzogen keine Miene. Sausack ließ den Blick von Gespenst zu Gespenst schweifen. Wenig überraschend sahen alle noch genauso aus, wie er sie in Erinnerung hatte: Da war Kraspar, der schneeweiße Geist eines kleinen, übergewichtigen Jungen; Glibber, eine braune Exkretoplasma-Erscheinung mit riesigem Schlingmaul; der Schnappla-ber-Geist mit seiner hippen Melone; die verfaulende Myrrhe, bekannt für ihre schlechte Laune und den Geruch nach schimmelndem Weihrauch; natürlich der Pacman-Geist – eine labyrinthische Erscheinung, die gerne mal die Richtung wechselte – und ein paar weitere schemenhafte Gestalten. Der Hexenkönig von Asthma fehlte wie üblich wegen Atemwegsbeschwerden, hatte aber wenigstens ein Attest eingereicht.

»Jetzt, wo wir alle so nett Hallo gesagt haben«, fing Sausack erneut an,

»hab ich eine ganz spezielle Frage an euch, ihr neun nutzlosen Luftnummern.«

»Geht es um unsere Krankenversicherung?«, meldete sich ein älterer Geist, der eine Krone trug und einen skandinavischen Akzent hatte. »Ich habe nämlich schon seit Längerem so giftige Phantomschmerzen im Ohr, aber die Krankenkasse weigert sich, mir eine rachebasierte Delfintherapie –«

»Nein, das ist jetzt nicht das Thema«, unterbrach ihn Sausack. »Es geht um das –«

»Meiner Tochter haben sie ihr lebensverkürzendes Moorbad nämlich auch bezahlt«, hub der Geist von Hamlets Vater noch mal an. »Ich hab ja schon letztes Jahr zu ihr gesagt, wollen wir nicht gleich die Krankenkasse wechseln, von der UnerBarmer zur Geisterbahn-Techniker, wegen der Wechselprämie, aber sie hat gesagt –«

»Noch mal: Es geht NICHT um die Krankenversicherung!«, rief Sausack, hob die Bosch EasyImpact 6000, visierte den Kopf des Alten drohend mit der Bohrspitze an und ließ die Maschine kurz aufheulen. Hamlet senior verstummte. »Es geht um das Artefakt, das ihr geschworen habt, mit eurem Nachleben zu beschützen. Ist es wahr, dass ihr es verloren habt?«

»Meint er die Heilige Handgranate?«, fragte die verfaulende Myrrhe.

»Die Buuuhuuh-ndeslade, glaube ich«, heulte der Schnapplaber-Geist.

»Excalibur kann man doch gar nicht verlieren«, sagte ein drittes Gespenst, »da hängt extra so ein Stein dran, wie bei Hotelschlüsseln.«

»Apropos: Will einer den Stein der Doofen sehen?«, fragte Kraspar und holte einen Backstein aus seinem Gewand, aber einer, der sich aus der Sache lieber raushalten wollte, winkte ab und verkroch sich an den Rand der Szene.

»Artefakt kommt aus dem Lateinischen«, erläuterte der Geist von Hamlets Vater, »von ars, die Kunst, und facere, machen.«

»Selber Arsfacere«, rief jemand, worauf alle Geister pubertär aufheulten.

»Das Bling! Es geht um das Bling-Bling!«, brüllte Sausack, um das Gesabbel zu übertönen, und erhob sich mit einem Ruck von seinem Thron, doch die Geister schwebten einfach geschlossen 50 Zentimeter aufwärts und befanden sich sofort wieder auf Augenhöhe, was den schönen Effekt total zunichtemachte.

»Ihr talentbefreiten Buhmänner habt mein Bling-Bling verschusselt!«, schrie Sausack. »Oder stimmt das etwa nicht?«

Sofort hob das Gelaber wieder an.

Sausack holte noch mal tief Luft, um wieder loszuschreien. Er war sich jetzt schon sicher, dass er heute Abend Halsschmerzen haben würde.

»DAS BLING FRAGEZEICHEN«, ließ sich da plötzlich eine merkwürdig mechanische Stimme vernehmen. Es war der Geist der zukünftigen Weihnacht, der Sausack bislang aus dramaturgischen Gründen noch nicht aufgefallen war, obwohl das wenig plausibel war: Schließlich verliehen die dröhnende Roboterstimme, der metallene Arm mit der implementierten T-Shirt-Kanone und der Rauschebart aus futuristischer Nanowatte der Erscheinung eine gewisse Auffälligkeit. Ganz abgesehen davon, dass der Geist der zukünftigen Weihnacht natürlich nicht nur ein futuristischer Mecha-Nikolaus mit festlich blinkenden Laseraugen war, sondern auch noch – nomen est schließlich omen – ein Geist. Als er näher an Sausacks Thron heranschwebte, verstummten die anderen Gespenstgestalten.

»DU MEINST DAS BLING BLING FRAGEZEICHEN«, fragte der Weihnachtsgeist, »LEGENDAERES SCHMUCKSTUECK KOMMA HANDGESCHMEICHELT VON DER SCHWIEGERMUTTER SAUSACKS MIT NUTEN KOMMA MUFFEN UND PUNZEN FRAGEZEICHEN«

»Ja!«, rief Sausack. »Genau das!«

»DAS BLING KOMMA DAS UNBEDINGT WIEDER IN DIE VITRINE BEI DER EINGANGSTUER SOLLTE FRAGEZEICHEN GIBT AUCH NOCH SO EINEN ROTIERENDEN PRAESENTIERTELLER DAZU AUSRUFUNGSZEICHEN FRAGEZEICHEN«, fuhr der Geist d.z.W. fort.

»Ja! Ja!«, rief Sausack noch mal und hätte fast die Arme hochgerissen. »Ihr habt es also nicht verloren? Und wisst, wo es ist?«

»VON SO EINEM GEGENSTAND HABE ICH LEIDER NIE GEHOERT«, sagte der Weihnachtsgeist nur, zuckte mechanisch mit den Schultern und schwebte wieder in den Halbkreis der anderen Geister zurück, die erneut zu quasseln begannen.

Sausack spürte kleine Wutexplosionen in sich aufpoppen wie Mais in der Mikrowelle. Also gut. Beziehungsweise *nicht* gut. Wenn die Geister ihn zum Narren halten wollten, würde er andere Geschütze auffahren müssen als die EasyImpact 6000. Er war schließlich nicht nur der mächtigste Mann von Mördör geworden, weil die noch mächtigeren Frauen (Gattin, Schwiegermutter) auf dieser Liste nicht mitzählten! Sondern auch, weil er über eine Fähigkeit verfügte, die sonst nur Ex-KGB-Agenten, Despoten und Kriegstreiber (in einer Person) mitbrachten: die Niedertracht, auch Kleinere und Schwächere brutal und unerwartet anzugreifen, sei es auf der Judomatte oder an der belarussischen Grenze.

Während die Geister noch durcheinanderquakten, zog Sausack unauffällig die Spezialschublade in seiner Thronlehne auf, nahm heimlich seine Geisterjäger-Handschuhe heraus und streifte sie über. Die Spezial-Handschuhe waren mit einer speziellen Spukschutzmembran imprägniert, mit deren Hilfe er die Spektren, Schemen und Spirits anfassen konnte, als bestünden sie aus Fleisch und Blut – und nicht, wie in Wirklichkeit, aus Vulkangasen, Nachtschweiß und McFlurry-Rohmasse.

Kaum hatte Sausack diese hilfreiche Erläuterung noch einmal gedanklich Revue passieren lassen, stürzte sich der heimtückische Obermotz auch schon mit ausgestreckten Armen und dem Schrei »Aramzamzam!« in die Geistermasse – und hatte, kaum dass jemand »Buh!« rufen konnte, auch schon ein Art rote Gespenster-Frucht herausgefischt und in den Klammergriff genommen. Während er das kleine Gespenst schnaufend zurück auf den Thron schleppte, piepste es kläglich wie ein Vögelchen, das aus dem Nest gefallen war.

Die anderen Geister, die sonst so gerne für entsetzte Gesichter sorgten, machten jetzt selbst welche.

»So, Freunde, Schluss mit lustig! Jetzt werden hier mal ganz andere Saiten aufgezogen!«, brüllte Sausack, dem nichts Originelleres einfiel. »Jetzt seht ihr, was passiert, wenn man mich anlügt! Dann passiert nämlich genau das! Schaut nur genau hin! Dann werdet ihr schon sehen!« Er war heute wirklich nicht sehr redegewandt, rief jetzt sogar: »Jetzt ist Schluss mit den lustigen Saiten!«, und brach dann in höhnisches Gelächter aus.

Die Geister verfolgten mit Gesichtern, die noch bleicher waren als sonst, wie Sausack begann, den bedauernswerten Obst-Geist mit beiden Händen zu würgen. Der Kleine lief noch roter an, in seinen riesigen Augen brachen sich drei Lichtreflexe gleichzeitig, und sein kleiner Manga-Mund zirpte in höchster Not, als sich seine Fruchtkammern zu wölben begannen.

»Nicht den Himbeergeist!«, rief die verfaulende Myrrhe und vergaß sogar, zu maulen, »er ist doch so kawaii!«

»SOFORT AUFHOEREN AUSRUFUNGSZEICHEN DAS ENTSPRICHT NICHT DEM WEIHNACHTLICHEN GEIST«, dröhnte das Gespenst der zukünftigen Weihnacht.

»Nur reden will ich Dolche, keine brauchen«, mahnte Hamlets Vater, doch auf Metaphern konnte sich gerade keiner konzentrieren.

Glibbers Protest, der aus den Worten »Argblblbrgfrmmbllpf!« bestand, verstand hingegen jeder sofort, obwohl der Schleimgeist dabei alle Umfliegenden mit Exkretoplasma bespritzte.

»Mir voll egal, ihr vollgepissten Bettlaken!«, kreischte Sausack und würgte wütend weiter, »ich komm euch mit dem Vorwerk-Staubsauger holen, wenn ihr mir nicht gleich sagt, wo das Bling-Bling ist! Ich mach Schlemmerfischfilet à la Bolognese aus euch! Oder muss ich hier erst …«, er machte eine Kunstpause, »… ein Exemplar strangulieren.«

Während er den Himbeergeist mit der Linken weiter im Griff hielt, zückte Sausack jetzt mit der Rechten einen Metall-Strohhalm, von dem keiner sagen konnte, wo er ihn plötzlich herhatte (natürlich wieder aus der Geheimschublade). Aber sie wussten: Der böse blinkende Halm konnte die schlimmsten geistlichen Verletzungen verursachen, weil Sausack ihn an einem Ende gemein und gefährlich angespitzt hatte.

»Wenn mir jetzt nicht einer von euch die Wahrheit sagt«, rief der böse Meister und pikte dem quiekenden Geist mit der Strohhalmspitze in die

Pausbacke, »dann werde ich den Himbeergeist austrinken! Vor euren Augen!«

Sausack pikste den Geist noch einmal, und eine Fruchtkammer auf dem Bäuchlein riss auf. Dicke rote Tropfen quollen hervor, die sich mit heißen Tränen mischten.

»Dich mach ich Capri-Sonne!«, brüllte Sausack grauenerregend.

Die Geister waren nun schreckensstarr, und hätten sie geatmet, hätten sie nicht zu atmen gewagt, als Sausack jetzt auch noch ein winziges Visier am unteren Ende seines Helms nach oben schob, gerade groß genug, damit er den Strohhalm hindurchstecken konnte. Garstige Schlürf-, Schleck- und Rülpsgeräusche erklangen, die sich an den Wänden des Thronsaals brachen wie nasse Spaghetti, während sich der nadelspitze Strohhalm tiefer und tiefer auf das Körperchen (noch tiefer) des Himbeergeists herabsenkte (noch etwas tiefer), der vor Angst bereits ohnmächtig war (ging es noch tiefer? Es ging!), genau auf dessen allerliebsten Bauchnabel zu …

Noch eine Sekunde, dann würde die tödliche Schlotznadel …

»Gute Nacht, mein Fürst!«, flüsterte Hamlets Vater und schloss die Augen, was nichts half, da seine Augenlider durchsichtig waren.

Als Sausack zustieß, begannen die anderen Geister, zu heulen. Schon schmeckte der dunkle Fürst den köstlichen Lebenssaft, der ihm in den Mund schoss, kostete die Fruchtnote am Gaumen, gab sich gierig-geil der eigenen Bösigkeit hin, als er weitere durstige Schlucke aus dem zitternden Fruchtkörper …

»STOPP AUSRUFUNGSZEICHEN WIR GEBEN ALLES ZU AUSRUFUNGSZEICHEN«, rief der Geist der zukünftigen Weihnacht auf einmal. »JA KOMMA WIR HABEN DAS BLING VERSCHUSSELT KOMMA SUPER-SORRY MIT BUNTEN STREUSELN DRAUF KOMMA IST ECHT BLOED GELAUFEN DOPPELPUNKT BINDESTRICH KLAMMER AUF«

»Ah-haa!«, kreischte Sausack, fuhr auf wie gestochen und ließ den Strohhalm fallen, der klirrend und saftspritzend ins Dunkel davonrollte. »Haa-ah!«

Der Himbeergeist krächzte, aber er lebte noch.

»Ich wusste es!«, rief Sausack. »Ich wusste es, ihr unlustigen Taschentücher!«

Er lachte noch einmal supergehässig und tanzte den Geistern dann zur Feier seines Sieges einen Floss-Dance vor, während der Himbeergeist schwach schwankend in Sicherheit schwebte. Der dunkle Lord hätte zwar nicht versuchen sollen, auch noch den Beat beizusteuern, aber alle mussten zugeben, dass Sausack die synchronen Arm- und Hüftschwünge erstaunlich gut hinbekam: Es sah wirklich so aus, als würde er sich beim Tanzen ein riesiges Stück Zahnseide zwischen den Beinen hindurchziehen.

»Geister! Ihr seid so durchschaubar!«, ätzte Sausack, während er sich mit einem imaginären Handtuch den Schweiß abtrocknete, stolz darauf, seinem Satz durch das letzte Wort eine zusätzliche Spitze verliehen zu haben.

»Aber jetzt mal raus mit der Sprache!«, blaffte er und ließ seinen Zeigefinger von Geist zu Geist springen. »Wo? Ist? Mein? Schmuck?«

Die Blinggeister versuchten, sich gegenseitig nach vorne zu schubsen, was ihnen aber, in Ermangelung feststofflicher Körper, nicht gelang. Schließlich schwebte Kraspar, der auf keinen Fall urheberrechtlich geschützte Cartoon-Geist eines vielleicht zehnjährigen Jungen, zögerlich einen halben Meter nach vorne.

»Also, das war so: Wir waren mit dem Bling Gassi«, fing Kraspar an, »wie jeden Tag. Wir haben es ja nie aus den Augen gelassen.«

»Nie!«, »Nie!«, »Nie!«, bestätigten die anderen Gespenster im Chor und klangen dabei wie eine Bande Busch-Ritter aus einem Monty-Python-Film.

»Und da sind wir so einem Drachen begegnet«, fuhr Kraspar fort, »der kam gerade vom Kurs ›3D-Schmuckgestaltung im Sandgussverfahren mit Windows 11‹ an der VHS Michelbinge.«

»Beruuuhuuh-fliche Weiterbildung, hat er gesagt, bezahlt von der Buuuhuuh-ndesagentur für Arbeit«, ergänzte der Schnapplaber-Geist.

»Der war auch erst voll nett«, maulte die faule Myrrhe.

»Schmuckmachen und Schmucksammeln wäre sowieso schon so eine Art Hobby von ihm, hat er gesagt«, hat Kraspar gesagt und ignorierte, dass

Sausack mit beiden Händen schaufelradartige Bewegungen machte, in der Hoffnung, die Erzählung damit zu beschleunigen. »Smog, der Abgasfarbene, hat er sich vorgestellt, und da haben wir gesagt, was für ein cooler Zufall, weil, wir sind quasi auch hauptberuflich mit selbst gebasteltem Schmuck beschäftigt.«

»Brgblblbrgfrmmbllpf!«, kommentierte Glibber, woraufhin die anderen Geister unheimlich lachen mussten. Der Geist d.z.W. spielte eine .wav-Datei mit einem Tusch ab: »HAHA KOMMA ES IST LUSTIG KOMMA WEIL ES WAHR IST PUNKT«

Als Sausack die Geister verständnislos anblickte, sagte Kraspar: »Sorry, das war'n Wortspiel, das geht beim Übersetzen voll verloren. Wo war ich?«

»Das Bling! Wo ist das Bling?«, insistierte Sausack, der sich langsam fühlte wie ausgeleiertes Tonband.

»Genau!«, nahm Kraspar den Faden wieder auf. »Also haben wir dem Drachen das Bling-Bling gezeigt, das wir an einer Leine hinter uns hergezogen haben.« Sausack fragte extra nicht nach, wie es sein konnte, dass Geister eine Leine halten, denn das war einer jener Logikfehler, mit denen er das Manuskript verschlimmbessert hatte. »Da war der Drache sofort ganz angetan«, fuhr Kraspar fort, »und hat so eine taxierende Horst-Lichter-Miene aufgesetzt, als hätte er was besonders Rares entdeckt …«

»Wer ist Horst Lichter?«, fragte Sausack dazwischen.

»Ein Witz mit Bart«, sagte Kraspar. »Auf jeden Fall hat der Drache dann gesagt, so was würde ihm in seiner Sammlung gerade noch fehlen, und was wir dafür haben wollen.«

»Mrgblblbrgfrmmbllpf!«, rief Glibber erneut dazwischen, aber diesmal stöhnten seine Mitgespenster nur angewidert auf.

»DARUEBER MACHT MAN KEINE WITZE«, sagte der Geist d.z.W. und schüttelte den Roboterkopf.

»Pubertär«, maulte Myrrhe, die dreizehn war.

»Das Bling! Zurück zum Bling!«, krächzte Sausack.

»Also, der Drache hat gefragt, was wir dafür haben wollen«, fuhr Kraspar fort, »aber wir haben natürlich gesagt, wir geben das Bling nicht her, weil wir sind ja nicht blöd, sonst werden wir am Ende noch toter gemacht als tot, aber der Drache hat gesagt, er will das Bling natürlich nicht umsonst, und ob wir gerne Rätssssel mögen, Rätssssel, und hat dabei immer so gezischt, also haben wir gesagt, klar mögen wir Rätsel, Galgenmännchen zum Beispiel oder Exitus-Rooms«, Kraspar war in einen Laberflash geraten, »und außerdem haben wir uns erinnert, dass Papa Hamlet ja immer so Schwedenrätsel macht, obwohl er eigentlich Däne ist, und Sudoku ist japanisch, glaube ich, und da hat der Drache gesagt, prima, wie wäre es dann, wenn wir einen kleinen Rätssssselcontesssst machen, hat er wieder so gezischt, garantiert ohne Jörg Pilawa, das fand er wohl lustig, und der Gewinner bekommt etwas, das er sich wünscht, und er wünscht sich das Bling für seine Schmucksammlung, wenn er gewinnt, und er kann uns im Gegenzug acht Geisterspiel-Tickets anbieten …«

»Für die Buuuhuuh-ndesliga«, heulte der Schnapplaber-Geist, »VfL Werwolfsbuuuhuuh-rg gegen Einhorn Frankfurt.«

»… die er während dem VHS-Kurs nebenher billig auf Ebay geschossen hat, und da haben wir erst mal gesagt, nö, weil wir sind ja zu neunt und nicht zu acht, aber dann hat der Himbeergeist gesagt, er geht sowieso lieber ins ›Vom Fass‹ als ins Fußballstadion, um da Boys auszuchecken, also haben wir gesagt, klar, dann machen wir das mit dem Rätselcontest beziehungsweise Quizzzzduell, wie der Drache es jetzt genannt hat, weil wir sind ja neun gegen einen, haben wir gedacht, da müssten wir uns schon saudumm anstellen, um zu verlieren …«

»Lasst mich raten, ihr habt euch saudumm angestellt?«, unternahm Sausack einen weiteren Versuch, die Geschichte abzukürzen.

»… also haben wir gespielt, dass jeder dem anderen eine Rätselfrage stellen darf«, quasselte Kraspar erbarmungslos weiter, »und der Drache hat als Erstes gefragt, was man bekommt, wenn man Spaghetti um einen Wecker wickelt, aber das war einfach, weil die Frage kannte ich schon aus so einem witzigen Buch, das hieß ›Erstleser Scherzfragen für Kinder ab 5: Einfach lesen lernen für Mädchen und Jungen (Lachen ist gesund, Band 2)‹, das hatte ich, als ich klein war, bevor ich überraschend und grausam gestorben bin …«

»Du stirbst gleich überraschend und grausam, wenn du nicht bald zum –«, fing Sausack an, ließ sich dann aber, das Gefühl großer Vergeblichkeit verspürend, auf seinen Thron gleiten und schloss einfach die Augen.

»... habe ich gesagt, Essen rund um die Uhr ist die Lösung, was auch gestimmt hat«, ging es weiter, »dann waren wir dran, und wir haben gefragt, was ist eine Debitkarte, aber das hat der Drache leider gewusst, und dann hat Luftverschmutzung als Nächstes wissen wollen ...«

»SMOG«, korrigiert der G.d.z.W.

»... und dann hat Smog als Nächstes wissen wollen, was das Nagel-Schreckenberg-Modell für die Entstehung von was die Erklärung liefert – verstehst du, was ich meine? –, egal, also die Antworten waren auf jeden Fall A: Sandwüsten, B: Verkehrsstaus, C: Grippewellen, D: Börsencrashs, aber das haben wir auch ziemlich schnell rausgehabt, weil in Durchschnittserde gibt es ja gar keine Verkehrsstaus oder Börsencrashs, und von einer Grippewelle hatten wir auch noch nie gehört, höchstens von einer Gerippewelle, wenn der Nekrophile von Soßenheim-Ost ...«

»NEKROMANT«, korrigiert der G.d.z.W.

»... wenn der Nekromant von Soßenheim-Ost mal wieder 3000 Skelette auf einmal wiedererweckt hat und dann nicht weiß, wohin damit, weil von uns hat ja schon jeder sein Skelett im Schrank, mindestens, auf jeden Fall haben wir A: Sandwüsten geantwortet, und das war auch richtig, und der Drache hat uns sogar das Nagel-Dings-Modell erklärt ...«

»SCHRECKENBERG«, korrigiert der G.d.z.W.

»... hat uns sogar das Nagel-Dings-Schreckenberg erklärt, also wie Sandwüsten entstehen, nämlich so, dass sich erst mal ein Sand und eine Wüste kennenlernen müssen, zum Beispiel in einer Oase, an der Bar, und wenn die beiden sich dann ganz doll lieb haben und die Wüste gerade fruchtbar ist, dann kann es passieren, dass neun Monate später etwas Magisches geschieht«, Myrrhe seufzte auf, wie nur Mädchen in ihrem Alter aufseufzen können, »dann wird nämlich eine kleine Sandwüste geboren, erst mal nur so groß wie ein Bunker auf dem Golfplatz oder ein Beachvolleyballfeld, aber schon bald ...«

»Kann mir mal einer die Kugel geben?«, fragte Sausack schwach, und einer reichte ihm den Anti-Stress-Ball mit dem Entspanntes-Gesicht-Emoji. Sausack begann, den Ball zu kneten, aber absichtlich kraftlos und leidend, und hörte ein bisschen von Kraspars Gesülze weg, indem er seinen behelmten Hinterkopf mehrere Male gegen die hölzerne Rückenlehne schlug, was zugleich schmerzhaft und wohltuend war.

Als der fiese Fürst wieder hinhörte, war Kraspar gerade hier: »... wieder dranwaren, haben wir dem Drachen die echt schwierigste Frage gestellt, die uns überhaupt eingefallen ist, nämlich was ist der Sinn des Lebens, und der Drache hat echt lang nachgedacht, also eeecht lang, sodass wir schon dachten, jetzt haben wir gewonnen, und wollten schon sagen: Bäm, her mit den Tickets!, aber leckomio, plötzlich hat der Drache echt die Antwort parat gehabt, und es war nicht einfach irgendeine Zahl, sondern er hat uns echt ausführlich und total ernst über den Ssssinn dessss Lebenssss erzählt, weil er hat viel Zeit zum Nachdenken gehabt in den letzten sechshundert Jahren, hat er gesagt, und wir alle waren voll geflasht, wie deep er auf einmal war, auch echt komisch, dass er sich danach voll wie der Arsch aufgeführt hat, aber es heißt ja immer: Lug, Trug und Gewalt – so sind Drachen halt, kennste?« Sausack nickte wie in Trance, weil er den Spruch natürlich kannte. »Na ja, er hat uns den Sinn des Lebens dann sogar auf'n Zettel geschrieben, falls noch jemand anderes die Antwort wissen will, hier, soll ich dir vorlesen?«

»Auf keinen Fall!«, lallte Sausack, der jetzt in seinem Thron lag, als wäre es ein Maxi-Cosi, und wedelte verneinend mit den Armen, »weiter, einfach immer weiter!«

»Oh, okay«, sagte Kraspar, »dann kam eh schon die letzte Frage.«

Sausack fuhr auf. »Wie, schon die letzte?!« Er spürte etwas Befremdliches in seiner Brust, etwas, das ihn ängstigte. Hoffnung.

»Klar, du wolltest doch, dass ich kurz mache«, behauptete Kraspar, »auf jeden Fall hat der Drache dann gemeint, okay, ein Rätsel noch, und dann hat gefragt: Was habe ich in meiner Tasche?«

»Woher soll ich wissen, was du in deiner Tasche hast?«, fragte Sausack und blickte Kraspar böse an, »bleib doch endlich mal beim Thema! Was hat der Drache denn jetzt für ein letztes Rätsel gehabt?«

»Was habe ich in meiner Tasche? Hab ich doch gesagt!«, verteidigte sich Kraspar.

»Immer noch: Keine Ahnung und ist mir auch scheißegal!«, rief Sausack und hämmerte die Faust auf die Lehne, »ich will jetzt sofort wissen, was der Drache gefragt hat!«

»Der Drache hat gefragt, was er, der Drache, in seiner Tasche hat«, sagte Kraspar und betonte jedes Wort so deutlich, als würde er mit einem anderen Kind sprechen.

»Na bitte, geht doch«, sagte Sausack. »Moment mal, wo haben Drachen bitte Taschen?«

»In der Hose, wo sonst?«, sagte Kraspar. »Der Glückspilz.«

Die anderen Geister brummten beleidigt, denn ihre letzten Hemden hatten natürlich keine Taschen.

»Und ihr habt's natürlich nicht erraten, das Rätsel?«, fragte Sausack.

»Doch! Also fast. Obwohl, eigentlich nein.« Kraspar wand sich. »Also, es war so, dass jeder von uns einmal raten durfte, und ich war zuerst dran, und ich hab gesagt: Schuppenshampoo. Damit sie schön glänzen.« Er stockte kurz. »War aber falsch.«

»Überraschung«, sagte der dunkle Fürst, klang aber gar nicht überrascht.

»ICH HABE ALLE VARIABLEN BERECHNET«, fuhr der Geist der weihnachtlichen Zukunft fort, »SELBST GEMACHTER SCHMUCK WAR STATISTISCH AM WAHRSCHEINLICHSTEN PUNKT« Er zog die mechanischen Mundwinkel nach unten. »TRAU KEINER STATISTIK PUNKT«

»Also auch falsch geraten«, stellte Sausack fest.

»Tickets für Red Buuhuh-ll Salzbuuhuuhuuu-rg gegen Buuuhuuhuuuhuuhu-russia Dortmund«, heulte der Schnapplaber-Geist, der auf dem Fußballthema hängen geblieben war, und steigerte sich dabei von Buh zu Buh.

»Noch ein Fehlschuss«, stellte der dunkle Fürst fest.

»Die Pfeil und Schleudern des wütenden Geschicks«, sagte Hamlets Vater und ließ dramatisch den Kopf sinken.

»Tragisch falsch«, soufflierte Sausack.

»Prgblblbrgfrmmbllpf!«, machte Glibber, und Kraspar übersetzte: »Ich hab ehrlich gesagt kein Wort verstanden.«

»Dann kann es das auch nicht gewesen sein«, schlussfolgerte Sausack.

»Messer, Schnur oder gar nichts«, haspelte die verfaulende Myrrhe ihren Rateversuch herunter, bei dem sie offensichtlich versucht hatte, die Regeln des Spiels zu dehnen. »War aber auch nicht richtig.«

»Wow. Ihr seid ein unfassbar doofer Haufen doofer Doofis aus Doofhausen«, fasste Sausack die letzten drei Minuten zusammen. »Aber was war es denn jetzt?«, fragte der dunkle Fürst, inzwischen selbst ein bisschen gespannt. »So klebrige Fusseln vielleicht? Die hab ich zumindest immer in der Tasche.« Aber die Geister winkten nur müde ab.

»Nee, der hat uns voll verarscht«, übernahm wieder Kraspar, »der Drache hat in seine Tasche gegriffen, und dann hat er seine Klaue so ganz langsam wieder rausgezogen, echt in Zeitlupe, und irgendwann haben wir gesehen, dass er uns mit der Klaue den Mittelfinger rausstreckt, und dann hat er uns seine Hand reihum ins Gesicht gehalten und fies gelacht und so gesagt: Überraschung, ihr Halloween-Restposten, in der Tasche war die ganze Zeit mein dicker, fetter Stinkefinger hier, ällabätsch!, und jetzt her mit dem Schmuck, oder ich reiß euch den Arsch so tief auf, dass ihr in zwei Teilen nach Hause fliegen könnt, ihr vollgesabberten Schnuffeltücher.«

»Genial«, murmelte Sausack, sowohl beeindruckt von den kreativen Beleidigungen als auch von dem Twist mit dem Mittelfinger, der eines M. Night Shyamalan würdig gewesen wäre.

»DIESE RAFFINIERTE LIST HABE ICH NICHT KOMMEN SEHEN«, dröhnte der Weihnachtsgeist kleinlaut, das heißt auf halber Lautstärke. »EIN FINGER IN DER TASCHE HATTE NUR EINE WAHRSCHEINLICHKEIT VON 0,041 PROZENT PUNKT«

Eine Pause entstand, die so lange dauerte, wie man braucht, um diesen Satz zu lesen.

»Wie?«, fragte Sausack dann. »Das war's? Dann habt ihr ihm einfach das Bling-Bling gegeben?«

»Wir hatten doch verloren«, nölte Myrrhe.

»Wir sind natürlich gleich am nächsten Nachmittag noch mal hingeflogen«, beeilte sich Kraspar zu ergänzen, »zum abseitigen Berg, wo der Drache gewohnt hat, mit einer Aldi-Tüte voll mit Schlüsselanhängern aus Paracord und so selbst gemachten Bettelarmbändern.«

»WIR HABEN DIE GANZE NACHT GEFAEDELT PUNKT«

»Zum Zurücktauschen. Smog hat sich dann auch so halb entschuldigt, weil er hatte einen schlechten Tag gehabt beim VHS-Kurs …«

»WINDOWS 11 HALT PUNKT«

»… und am Tag zuvor hatte er sich beim Feuerspeien verschluckt, außerdem hatte er inzwischen auch selber gemerkt, dass das Bling eigentlich ziemlich hässlich ist, und er mochte auch die Vibes nicht, die es abgibt …«

»Die Vibes?«, fragte Sausack.

»… auf jeden Fall hätte er es uns auch zurückgegeben oder zurückgetauscht, aber genau an dem gleichen Morgen, als er nur kurz beim Hautarzt war …«

»SCHUPPENFLECHTE PUNKT«

»… da ist jemand bei ihm eingebrochen, unter der Kellertür durchgekrochen, Zwerge wohl und sooo'ne Kellertür, in Drachengröße halt, aber das Komische war, eigentlich hat nichts gefehlt außer die Hanfpflanze vom Balkon, die der Drache sich für ein Video von der Ice-Bucket-Challenge ausgeliehen hatte …«

»Und das Bling-Bling«, brachte Sausack die Geschichte endlich zu Ende. »Und ihr habt natürlich keinen gespenstischen Dunst, wer es geklaut hat oder wo es jetzt ist.«

Die Geister schwiegen betreten, und der Schnapplaber-Geist, der gerne heulte, schnäuzte sich sogar in ein Taschentuch, stellte dann aber fest, dass es sich nur um sein rechtes Knie handelte, das ihm davongeweht war.

»Moment mal.« Sausack war noch etwas aufgefallen. »Wie lange ist das überhaupt her? Die ganze Drachensache?«

»So … sechs Monate?«, riet Kraspar.

»Was bitte?!« Sausack stöhnte laut auf, aber nur noch der Form halber, denn sein Repertoire an übertriebenen Gesten, Geschrei, Drohungen, ungläubigem Stöhnen & Co. war für den Tag schon ziemlich aufgebraucht. »Und damit kommt ihr jetzt erst?«

»Haben auch noch andere Dinge zu tun«, ging es jetzt wieder durcheinander, und Satzfetzen flogen quer durch die Luft wie Dartpfeile: »War in einer Flasche eingesperrt«, »Musste meine Phantomerektion behandeln lassen«, »Bachelor in Geisteswissenschaften an der Fernuni UnbeHagen nachgemacht«, »Versehentlich in einem Fahrradschloss gespukt«, »Ich werde euch alle ghosten«, so heulte und jammerte es durcheinander.

Sausack saß nur schwarz und schweigend auf seinem Thron und ließ das Gequake an sich abprallen. Er dachte an die Schwiegermutter, und es kroch ihm kalt den Rücken herunter.

Was an einer Schnecke lag, die – schon ziemlich angetaut – ihren Weg vom eiskalten Büfett unter seine Rüstung gefunden hatte.

»Fuck-Zement!«, fluchte der dunkle Fürst und pflückte das Tier umständlich ab, bevor er sich wieder in seine schwiegermissliche Lage versenkte. Sausack malte sich in allen Komplementärfarben aus, was an häuslichem Ungemach auf ihn zukam, wenn er das Bling-Bling nicht wieder auf die Kette bekam. Es war horribel! Jetzt, ja jetzt, kroch es ihm wirklich und wahrhaftig kalt den Rücken herunter.

Was an einer zweiten, noch viel fetteren Schnecke unter seiner Rüstung lag!

»Argh-Bääh! Wie unwahrscheinlich ist das denn? Avada Kedavra!«, stieß Sausack erneut einen Fluch aus, worauf die Schnecke tot von ihm abfiel und fast in seine Unterhose gerutscht wäre.

Ein Geräusch ließ den dunklen Fürst aufblicken. Es war der Geist d.z.W., aus dessen Brust plötzlich ein merkwürdiges Brummrauschen erklang, unterlegt von unregelmäßigem Fiepsen, Tuten und Spratzeln. Es war das Geräusch eines 56k-Modems, das sich mit dem Internet verbindet. Die anderen Gespenster verstummten. Die Tüüt- und Krach-Geräusche erstarben.

»AHA AHA JA«, sagte der Weihnachtsgeist dafür auf einmal. Seine Augen waren ins Nichts gerichtet. »AHA JA AHA« Er nickte mehrere Male. »JA JA AH AHA« Offensichtlich unterhielt er sich mit jemandem – aber mit wem? »AHA KOMMA SUPER KOMMA DANKE«, sagte der Geist d.z.W. jetzt, »DIR AUCH FROHE WEIHNACHTEN PUNKT« Er lachte kurz auf. »WAS SONST PUNKT« Es klickte. Offensichtlich hatte er aufgelegt. Der Weihnachtsgeist wandte sich an Sausack.

»ICH HABE DEN GEIST DER VERGANGENEN WEIHNACHT ANGERUFEN«, sagte er.

»Der *vergangenen* Weihnacht?«, fragte Sausack. »Den … gibt es auch?«

»KORREKT«, nickte der Robo-Santa, »HABE IHN GEFRAGT KOMMA OB ER DAS BLING-BLING GESEHEN HAT VOR DREI MONATEN PUNKT«

»Du meinst: Beim letzten Fest? Das ist ja eine hervorragende Idee!«, rief der dunkle Dummkopf und wäre fast aufgesprungen. »Und?«

»ER HAT – GESAGT – –«

Der Weihnachtsgeist geriet ins Stocken.

»Was? Was hat er gesagt?!«

»WICHTIGES – – UPDATE DES – – BETRIEBS – SYSTEMS«, schnarrte der Weihnachtsgeist. Seine Laseraugen kreisten, während seine Arme ruckartig nach oben und unten schnalzten. »VERBLEIBENDE – ZEIT NEUN – ZIG – – MINUTEN«

Alles stöhnten laut auf.

Der G.d.z.W. ließ die Arme sinken.

»NUR EIN KLEINER SCHERZ«, sagte er, plötzlich wieder total normal. »HO-HO-HO PUNKT«

Alle stöhnten noch mal laut auf, und jemand aus dem Hintergrund, der unerkannt bleiben wollte (es war Myrrhe), rief: »Schrottkiste!«

»Was? Hat? Der? Andere? Weihnachts? Geist? Gesagt?«, bettelte Sausack.

»ER HAT GESAGT KOMMA ER HAT ES GESEHEN AUSRUFUNGSZEICHEN AUSRUFUNGSZEICHEN AUSRUFUNGSZEICHEN«, ließ der Weihnachtsgeist endlich die Katze aus dem Sack und spielte noch einmal das Tuschgeräusch ab.

»Yes!«, schrie Sausack und hätte vor Freude fast den Helm hochgerissen. »Wo ist es? Wo?«

»IM AUALAND KOMMA BEI EINEM HIPHOP«, sagte der Geist d.z.W. »DER GE-DE-VAU-WE SAGTE KOMMA ER HAT ES ALS BAUMSCHMUCK BENUTZT PUNKT ER HAT MIR EINE GENAUE BESCHREIBUNG DES DIEBS GEGEBEN PUNKT«

»Raus damit!«

»ETWA EINSFÜNFZIG KOMMA GETÖNTE BRILLE KOMMA ERHÖHTER BE-EM-I KOMMA ZAHNLUECKE ZWISCHEN DEN SCHNEIDEZÄHNEN KOMMA SEGELOHREN KOMMA STROHIGE HAARE PUNKT« Sausack nickte jeden Listenpunkt, den der Weihnachtsgeist produzierte, begeistert ab – woraufhin dieser nachlegte: »SOLL ICH DARAUS EIN PHANTOMBILD AUS MEINER BILDDATENBANK GENERIEREN FRAGEZEICHEN«

»Ja! Ja!«

Die rote Nase des Geists d.z.W. begann, rhythmisch zu blinken, und kurz darauf schob sich ein spukhaftes Polaroid aus einem Schlitz in seinem Bauch. Es zeigte wie versprochen einen kurzen, dicklichen Mann mit getönter Brille, Zahnlücke, Segelohren und Strohhaar. Jemand hatte das Foto sogar mit einem Autogramm versehen: »With love, Elton John«, stand da.

Der Geist hielt Sausack das durchscheinende Foto vor den Helm.

»Sieht aus wie, wie«, zögerte Sausack und kniff die Augen zusammen, um die bestmögliche Formulierung zu finden, »sieht aus wie'n Vollidiot, genau! Dem Blödmanngehilfen sein unehelicher Sohn, so schaut der aus, haha! Voll fugly, das Face!«

»EINEN NAMEN HABEN WIR AUCH«, sagte der Geist d.z.W. »STAND AUF EINEM DER GESCHENKE DOPPELPUNKT ONKEL BIBBO PUNKT«

»Ausgezeichnet«, sagte Sausack, »der sollte easy-peasy zu finden sein im Aualand. Wie groß ist das schon? 0,8 Saarland vielleicht?«

Er machte eine bedrohliche Pause. »Easy-peasy zu finden sein – für euch.«

Er machte noch eine Pause. »Zeitnah.«

Eine dritte Pause. »Sehr, sehr zeitnah.«

Er überlegte, noch eine Pause zu machen. »Sonst.«

Aber die Pausen hatten schon ziemlich an Bedrohung verloren. »Strohhalm.«

Die Geister hatten ohnehin verstanden.

Kraspar sprühte sich für die Reise schon mal mit Imprägnierspray ein, der Geist d.z.W. hängte sich noch mal an die Steckdose, Hamlet senior faselte etwas von einem »unentdeckten Land, von des Bezirk kein Wanderer wiederkehrt«, Glibber hamsterte die Reste des eiskalten Büfetts in seiner Backe, und Myrrhe trällerte verstimmt: »Muss i denn, muss i denn zum Barad-dûrele hinaus.«

Kurz diskutierten sie noch, ob sie als Geisterfahrer – Ä8, Kreuz des Südens, dann die Ä3 – ins Aualand rollen sollten, weil der Schnapplaber-Geist dazu seinen VW Touaverreck angeboten hatte, oder ob sie lieber die Deutsche Geisterbahn nehmen sollten (mit Umstieg in Klólóchrien-Wilhelmshöhe). Dann entschieden sie sich, doch selbst zu fliegen, weil das die geringsten Emissionen verursachte.

Kurze Zeit später waren die Nashgûlash ausgeflogen. Und Sausack endlich wieder allein.

Fast allein – denn einer, der wieder aus den Schatten gekrochen war, klapperte schon mit dem Schlüsselbund.

»Möchten Sie, dass ich den Abschnitt abschließe, o Großmongo von Mördör?«, schlug einer untertänigst vor und klingelte noch ein bisschen, »ist eh schon bissel lang geworden, und die Leute vergessen sonst, was gleichzeitig bei Bibbo und Ganjalf los ist, nicht wahr, o widerlicher Wojwode der Woiwodschaft Gogoroth?«

»Ja, ja, einen Moment noch.« Sausack machte eine wegwischende Handbewegung und versank noch einmal in stummes Brüten. Er fühlte sich nutzlos, alt und leer. Vorhin hatte er nur durch einen Griff in die unterste (Thron-)Schublade verhindern können, dass ihm seine eigenen Angestellten auf der Nase herumtanzten. Seine Frau schikanierte ihn, seine Schwiemu schikanierte ihn, und alles, was er dagegen tat, war, was schwache Männer aller Zeiten getan hatten: sich noch schwächere Männer (bzw. Geister, Urks und Gobelins) suchen, auf denen sie seinerseits herumtrampeln konnten. Wenn er noch mehr nach unten trat, würde irgendwann das

Parkett durchbrechen. Und mal ehrlich: Hätte er richtig geraten, was der Drache in der Tasche hatte? Der Trick mit dem Mittelfinger – zum Niederknien!

Wenigstens, tröstete sich Sausack, war er gut darin, Manuskripte zu verschlechtern. Ein Lächeln stahl sich in seinen Helm, als er an die vielen Ladenhüter, Mängelexemplare und Badseller dachte, die sein ruchloser Riva-Verlag (benannt nach Geralt) ausstieß – von dem Geschenkbuch »Was ich an dir so hasse: Zum Anschreien und An-den-Kopf-Werfen« über den Haushalts-Ratgeber »Putzen und Schminken mit Nutella« bis zum Sportbuch »Starker Beckenboden: So kacheln Sie Ihren Pool«, nicht zu vergessen natürlich der Toptitel »Schlank mit Kuchen, Torten und Gebäck« von Detlef Soost. Sie waren seine Babys, und er liebte sie.

Apropos: Ob jemand »Der Herr des Cringe« bis zu der Stelle lesen würde, an der er sich gerade befand?

Bis zu dieser Zeile hier?

Zu diesem Wort?

Dem Wort »Wort«?

Er hob den Kopf und blickte senkrecht in den Himmel, aus dem Buch heraus.

»Ist da wer?«, sagte er winkend. »Julia, bist du's? Christian? Alex?« Er blinzelte. Es war hell da draußen. »Du kannst gerne antworten. Auch wenn du gerade im Zug sitzt. Die Leute werden denken, du telefonierst, wie alle anderen auch. Nur bitte nicht im Ruhewagen.«

Aber es kam keine Antwort.

Einer schwieg taktvoll.

Sausack seufzte. Jetzt blieb ihm nur noch sein Helm. Er schloss die Augen und atmete den süßen metallenen Duft, der ihn an eine frisch geputzte Edelstahlspüle erinnerte, aber auch an Schnabeltierei, von dem immer noch ein paar Bröckchen vor seiner Nase klebten. Es war dunkel. Es war warm. Er fühlte sich … beschützt hier drinnen. Wie in einem Schneckenhaus. Ein Schneckenhaus, in dem man vor anderen Kindern sicher war, die einem aufs Wargschinkenbrötchen spuckten, weil man einen zu kleinen Kopf hatte. Was sollte das überhaupt sein, ein zu kleiner Kopf? Ein

Brachiosaurus hatte so was vielleicht! Aber doch nicht er. Lächerlich! Der dunkle Fürst schlug die Augen auf.

»Kannst den Abschnitt jetzt abschließen«, befahl er.

»Sehr wohl, Padischah der Pandemien«, dienerte einer und drehte den Schlüssel um.

»Draußen«, sagte Frolic, »stehen fünfhundertfünfundfünzig Zwerge. Und sie haben sich überhaupt nicht gefreut, mich nackt zu sehen.«

»Geschmäcker sind verschieden«, winkte Ganjalf ab, der seine Schüssel Smack beendet hatte und jetzt mit einem Zahnstocher in seiner Nase bohrte.

»Was haben sie gewollt?«, fragte Bibbo und reichte Frolic seine Hose, seine Basecap und ein Fragezeichen.

»Sie haben gefragt, ob du zu Hause bist – und ob ich einen Zauberer gesehen hätte«, sagte Frolic und gab Bibbo das Fragezeichen zurück. »Sind wir in Schwierigkeiten, Onkel?«

»Sind wir in Schwierigkeiten, Ganjalf?« Der Hiphop reichte das Fragezeichen an den Zauberer weiter, mitsamt einem Paar hochgezogener Augenbrauen. »Du bist auf dem Weg hierher nicht zufällig in der Wichtelwerkstatt von Uhrin Eichelschlemmer und seinen zwölf kleinen Freunden vorbeigestolpert? Und hast ihnen bei einer kleinen Juniortüte«, Bibbo tat, als würde er an einem Joint ziehen, »alles von deinem hervorragenden Plan mit dem Bling-Bling erzählt? Auf einen Doobie mit Ganjalf dem Gilben?« Er baute sich vor dem Zauberer auf. »Kann das sein? Dass du vielleicht vergessen hast, das zu erwähnen?«

Ganjalf bog das Fragezeichen zu einem Ausrufezeichen gerade und drehte die Augenbrauen, die er von Bibbo bekommen hatte, um 180 Grad, bevor er sie sich ins Gesicht steckte. Er sah jetzt empört aus.

»Gar nicht!«, behauptete er. »Ich hab nur dir davon erzählt, Bibbo. Und dir. Und dir. Und dir.« Er zeigte auf Frolic und Scam, deren Namen er vergessen hatte, und auf den Garderobenständer. »Sonst keinem! Ischwör!«

Ganjalf ließ das Ausrufezeichen fallen und zog die Augenbrauen einen Zentimeter tiefer, auf die Nasenwurzel herab. Plötzlich wirkte er sehr nachdenklich.

»Sie müssen wegen etwas anderem hier sein«, sagte der Zauberer und fing an, sich in seinem Gehirn nach Gründen umzusehen. »Vielleicht haben sie auf Gartenzwerg umgesattelt und wollen dir jetzt nen Wartungsvertrag für die Rabatten aufschwatzen?«, schlug er vor. »Mit ner 500 Mann starken Drückerkolonne? Mit Bonsais können sie sogar umgehen.«

Bibbo schüttelte den Kopf.

»Oder sie sammeln Unterschriften gegen vertikale Benachteiligung«, grübelte Ganjalf weiter. »War sowieso immer der einzige Programmpunkt von ›Die Klein-PARTEI‹. Da sind sie jetzt ja alle Mitglied, seit die SPD die Bergarbeiter verraten hat.« Der Zauberer sah sich auf dem Tisch um. »Ich hab's: Sie machen Haustürgeschäfte mit Zwergobstmarmelade«, sagte Ganjalf lächelnd und rief in Richtung Haustür: »Ich nehm zwei Gläser!«

»So ein Unsinn«, entgegnete Bibbo patzig, während er Frolic zu Hilfe kam, der gerade erfolglos versuchte, seine Basecap als Hose anzuziehen. »Die haben von der Sache mit dem Bling-Bling Wind gekriegt und wollen jetzt ihren Anteil.«

Erneut ertönte das unangenehme Geräusch einer riesigen Plattennadel, weil jemand die Klingel gedrückt hatte.

»Glaub isch net.« Ganjalf erhob sich. »Ich geh der Mini-Wini-Würstchenkette da draußen mal Hallo sagen, bevor sie hier noch Sturm scratcht. Mit den Kurzen komm ich schon klar.«

»Das ist vielleicht keine so –«, wollte Bibbo noch einwerfen, aber der Zauberer war schon im Flur verschwunden. Bibbo seufzte, hängte Scam noch einen Beutel Haggis hin, um ihn beschäftigt zu halten, und eilte Ganjalf hinterher.

Im Flur sah er den Zauberer bereits in der offenen Rundpforte stehen, mit dem Rücken zu ihm, und als er sich näherte, vorsichtig an dessen Umhang vorbeispähend, erkannte er, dass Frolic nicht übertrieben hatte. Der gesamte Vorgarten, die ganze Gasse vor seinem Haus: alles voller Zwerge. Vielleicht keine fünfhundert, aber eine ganze Menge. Zwerge lehnten an seinem Gartenzaun, interpretierten kennerhaft die Street-Art an seiner Hauswand, bewarfen sich spielerisch mit Äxten und erleichterten sich in sein Löwenmäulchen-Beet. In der Menge erkannte Bibbo die Gesichter von Boring, Snoring und Whoring, mit denen er zum abseitigen Berg gereist war, und jetzt entdeckte er auch Offshoring, den er immer suspekt, sowie Adoring, den er immer süß gefunden hatte. Nur Ignoring übersah er, und Sponsoring kam überhaupt nur in der Szene vor, weil er dafür bezahlt hatte. Es war wie beim Abschlussgottesdienst vom evangelischen Kirchentag, nur ohne Birkenstocks, Batikschals und auch sonst überhaupt nicht vergleichbar. Zuletzt erblickte der Hiphop sogar einen Zwerg, der bäuchlings an einem Stahlkabel von der Regenrinne des Nachbarhauses hing. Ach nein, es war nur Tom Cruise (1,35 m), der auf ein Cameo vorbeischaute. Hallo, Tom!

Und ganz vorne, direkt vor Ganjalf, stand: Uhrin Eichelschlemmer, Sohn von Thrálálá II., Enkel von Thrólóló, dem Viertel-vor-Zwölften, und Erbe von Erebors Pfandflaschensammlung. Er war hier der Chefzwerg, und Bibbo wunderte sich kurz, dass er seit ihrer Reise zum abseitigen Berg nicht gewachsen war, bis ihm einfiel, dass das nur für Kinder galt. Uhrin redete gerade dröhnend auf den Zauberer ein – beziehungsweise auf dessen Leistengegend –, und Bibbo hörte den Halbsatz »gesellschaftliche Teilhabe von Personen mit vertikaler Benachteiligung« heraus, obwohl er sich diesbezüglich lieber verhört hätte.

»Whazuuuuup? Moinsen!«, machte sich der Hiphop jetzt bemerkbar, während er unter Ganjalfs Arm hindurchkroch. »Tight, dich wiederzusehen, Uhrin.« Er nickte dem Zwergenkönig zu und bot ihm einen Fistbump an, den dieser ungeschickt erwiderte. Dann deutete der Hiphop auf die Masse bärtiger Männchen, die den Hintergrund verstopfte, und fragte: »Sagt mal, von wo kommt ihr denn her?«

»Aus Schlumpfhausen, bitte sehr«, beendete Uhrin die traditionelle zwergische Begrüßungsformel gravitätisch. »Bibbo, alter Meisterdetektiv«, der Zwergenkönig lächelte, obwohl er darin sichtlich keine Übung hatte, »schön, dich wiederzusehen. Ganjalf und ich haben uns gerade ein wenig über Politik unterhalten. Wir teilen so viele Ansichten.«

Bibbo blickte Ganjalf an, der nickte, während er das Papier einer frisch gedrehten Tabakwurst anschlotzte. »Der kleine Mann hat die Zeche lange genug bezahlt«, bekräftigte der Zauberer und pfiff vergnügt die Melodie von »Die Klein-PARTEI, die Klein-PARTEI, die hat immer recht« vor sich hin, während er den Arm im Takt hin- und herschwang.

»Das ist alles sehr … erfreulich«, sagte Bibbo vorsichtig. »Aber ihr seid doch bestimmt nicht nur hier, um ein paar Unterschriften zu sammeln?«

»Nein, nein«, sagte Uhrin und winkte hektisch einen anderen Zwerg fort, der sich mit einem Klemmbrett näherte. »Ich meine: nicht nur. Leider nicht. Um ehrlich zu sein, mein Freund«, er wandte sich an Ganjalf, der gerade den ersten tiefen Zug aus seinem Tabakstäbchen nahm, »sind wir auch deswegen hergekommen.« Uhrin hob seine Hand, so hoch er konnte (also bis vor Ganjalfs Bauchnabel), und rieb dann demonstrativ Daumen, Zeige- und Mittelfinger gegeneinander.

»Du willst … eine Prise Salz?«, fragte der Zauberer.

»W-Nein!«, spotzte Uhrin, »ich meine das hier.« Er versuchte es mit einer anderen Geste, bei der er mit einer Handfläche in kurzen, schnellen Bewegungen über die andere strich, als würde er eine Banknote nach der anderen in die Luft fegen.

»Ich soll dir ein Butterbrot schmieren?«, fragte Ganjalf. »Kein Problem. Mit ner Prise Salz, oder?«

Bibbo legte dem Zwergenkönig eine Hand auf die Schulter. »Ich weiß ganz genau, was du meinst, Uhrin«, sagte er und nickte ihm zu. »Auf drei, okay? Eins, zwei …«

»Reisekostenabrechnung!«, riefen Bibbo und der Zwerg gleichzeitig, und der Hiphop fügte aus Gewohnheit noch ein »Motherfucker« hinzu. Beide streckten synchron die Handflächen in Ganjalfs Richtung aus.

»Hm?«, entgegnete der Zauberer geistesgegenwärtig. »Sorry, grad nicht zugehört. Was war mit der Rentenversicherung?«

»Da ist nichts zu holen, Uhrin, glaub mir.« Bibbo ließ die Hand sinken. »Ich hab den Gilben schon auf den Kopf gestellt, da klingelt nichts. Wenn deine Bank nicht gerade Roh-Opium, Monopoly-Geld oder selbst gebastelte 31-Silbereisen-Scheine akzeptiert, stehen deine Chancen schlecht.«

»Warum fälscht er ausgerechnet 31-Silbereisen-Scheine?«, fragte Uhrin.

»Weil jeder weiß, dass es keine 30-Silbereisen-Scheine gibt, stupid!«, sagte Ganjalf und tippte sich schlau an die Schläfe. »Ich würde übrigens an deiner Stelle das Monopoly-Geld nehmen, dann leg ich nämlich noch das Wasserwerk obendrauf«, schnatterte der Zauberer. »Nur die Gemeinschaftskarte ›Du hast den 2. Platz im Schönheitswettbewerb gewonnen‹ geb ich nicht her.« Er zog eine speckige Karte aus seiner Robe und drückte ihr einen Kuss auf. »Hätte nie geglaubt, dass ich in den Recall komme.«

»Du siehst, Uhrin«, sagte Bibbo und wies auf den Zauberer, »es ist in vielerlei Hinsicht hoffnungslos.«

»Soso. Nun ja. Hm. Schade«, brummte Uhrin. Er war über die Geräuschkulisse, die der Zwergenaufstand im Hintergrund erzeugte, gerade noch zu verstehen. »Dann halt keine Reisekosten. Eh nur'n paar Egli. Na ja.« Er schaute auf seine Fingernägel, die so schwarz waren, wie es sich für einen Zwerg gehörte. »Kann ja mal fragen. Gut, gut. Dann halt ein andermal.«

Seltsam, dachte Bibbo. Der Uhrin Eichelschlemmer, den er in Erinnerung hatte, war eher dafür bekannt, Befehle zu brüllen, jemandem einen Spargelschäler an den Hals zu halten oder Befehle zu brüllen, während er jemandem einen Spargelschäler an den Hals hielt. Aber nicht dafür, sich von ein bisschen Widerrede aus dem Konzept bringen zu lassen. Irgendwas war hier im Busch – und er meinte nicht den Zwerg, der gerade in Bibbos Puderquastenstrauch die Hosen herunterließ. »Hey!«

»Gut, dann wäre das jetzt ja geklärt«, sagte Uhrin, »na dann – dann wollen wir mal wieder.« Er tat, als wolle er sich umdrehen, hielt dann aber inne und fasste sich an den Kopf.

Zwerge sind wahrlich keine großen Schauspieler, dachte Bibbo bei sich.

»Ach so, eine Sache hätte ich fast vergessen!« Uhrin blickte den Hiphop an. »Dein alter Kamerad Boring hat nämlich noch eine Kleinigkeit für dich gestickt. Bibbo. Freund. Du weißt ja, wie sehr er langweilige Hobbies liebt.«

Der Zwergenkönig winkte und bekam einen Holzrahmen gereicht, den er dem Hiphop übergab. Darin befand sich tatsächlich – ein Stickbild.

Es trug den Satz ›Keiner ist geladen, Vierzehn sind gekommen, Gieß Wasser zur Suppe, Heiß alle willkommen‹ und sollte natürlich an den Abend erinnern, als Ganjalf, Uhrin und die zwölf anderen Zwerge das erste Mal an Bibbos Tür gescratcht hatten (nämlich unangemeldet).

»Das ist aber … stylish«, log Bibbo. »Boring hat den Schriftzug ja sogar mit Highlights und Dripmarks bestickt. Untertänigsten Dank, o Erbe von Erebors Pfandflaschensammlung.« Er hielt dem Zauberer das Bild hin, der anerkennend Rauch ausstieß.

»Das Astloch im Rahmen ist sehr rustikal«, lobte Ganjalf.

»Das ist kein Ast–« Uhrin schwieg kurz – und sagte dann: »Es ist Ent-Rücken-Holz.«

»Es ist bezaubernd, und es wird einen Ehrenplatz in der Gästetoilette bekommen«, sagte Bibbo schnell und erwähnte nicht, dass er bei dem Wort »Gästetoilette« an den rostigen Eimer neben dem Komposthaufen dachte.

»Schön, schön«, sagte Uhrin und nickte, »das freut mich, das freut mich wirklich sehr. Dass dir das aufwendige Präsent, das wir dir mitgebracht haben, so gut gefällt. Boring wird mit dem Platz im Gästeklo sehr zufrieden sein.«

»Um ehrlich zu sein«, begann Boring, der plötzlich mit wehendem Merkelhaarschnitt zwischen den beiden aufpoppte, aber der Zwergenkönig brüllte nur: »Zisch ab, oder ich häkel dir nen Strick!«, worauf Boring so schnell abtauchte, wie er aufgetaucht war.

Uhrin kratzte sich am Helm. »Wo war ich? Ach ja! Für dich hab ich natürlich auch eine Kleinigkeit, Ganjalf. Eine süße Kleinigkeit.« Er zwinkerte und reichte dem Zauberer eine kleine Tafel, eingeschlagen in Silberpapier und mit einer bunten Papierbanderole versehen. »Wie du weißt, hat mein Volk diese seltene Nascherei jahrhundertelang in den Minen von Sarotti-Moria abgebaut, bis wir durch Internet-Trolle daraus vertrieben wurden.« Seine Miene verdüsterte sich. »Sie haben uns doch tatsächlich vorgeworfen, unsere Markenfigur würde rassistische Stereotype bedienen.«

»Wie, der beliebte Sarotti-Moriohr? Der ist doch nicht rassistisch?«, wunderte sich Ganjalf und betrachtete das Maskottchen, das auf seinem Geschenk abgebildet war: Es zeigte ein schwarzes Kind in Ketten, das Schokolade aus dem Fels schlug. »Ups, ist er doch.«

»Auf jeden Fall«, fuhr Uhrin fort, bestrebt, das Thema nicht zu vertiefen, »lagern noch einige wenige Chargen dieses beliebten Abbauprodukts an einem geheimen Ort …«

»Bei dir im Gartenhaus, oder?«, fragte Ganjalf. »Immer noch Unter-dem-Berg-Straße 5, 75175 Goldstadt Pforzheim?«

»… einige wenige Chargen dieses beliebten Abbauprodukts an einem öffentlich bekannten Ort«, wiederholte der Zwergenkönig. »Wir nutzen die Restbestände, um Lebensmittelspekulation zu betreiben und sinnlos in der Vergangenheit zu leben. Von dieser seltenen Sorte hier …«, er wies auf das Präsent in Ganjalfs Hand, »… die unter der Regentschaft von König Pumuckl I. von Bayern manufakturiert wurde, gibt es nur noch ein paar Tafeln auf ganz Durchschnittserde. Du, mein Freund, dürftest sie besonders zu schätzen wissen.«

Ganjalf sah noch mal genauer hin. »Das ist ja – Panzerschokolade«, jubelte er. »Es gibt sie noch, die guten Dinge!«

»Halt ma, halt!«, rief Bibbo und hielt das Buch an, indem er seine Hand in die Lücke zwischen zwei Buchstaben schob und damit den Lesefluss unterbrach.

Alles kam zum Stillstand.

Uhrin fror mitten in der Bewegung ein; Äxte, eben noch spielerisch von Zwerg zu Zwerg geworfen, blieben in der Luft hängen wie an einem Mobile; und auch an die jüngere Zielgruppe war gedacht: einem Kotzbold, der gerade seinem Mageninhalt die Freiheit geschenkt hatte, hing eine steif gefrorene Brücke aus glitzernden Essensresten aus dem weit geöffneten Mund.

»Warum hast du das Buch angehalten?«, fragte Ganjalf.

»Weil … weil ich den Gag nicht verstanden habe«, sagte Bibbo. »Was soll das sein, Panzerschokolade? Warum freut sich Ganjalf so darüber?«

»Wie soll ich dir –«, fing der Zauberer an. »Warte, lass es mich anders probieren. Schau: Das Buch hier«, er zeigte auf die Buchstaben um sich herum, die immer noch von Bibbos Hand im Stillstand gehalten wurden, »ist so gedacht, dass man es zweimal liest.«

»Ja, klar, als ob jemand –«

»Let me finish«, bat Ganjalf. »Pass auf: Beim ersten Mal liest man ein Buch ja immer oberflächlicher, weil man wissen will, wie's ausgeht oder – wie bei diesem Exemplar hier – ob's überhaupt einen sinnvollen Schluss hat.«

»So halb«, sagte Bibbo und meinte den Schluss.

»So halb«, bestätigte Ganjalf. »Beim zweiten Mal nimmt man das Buch dann viel, viel später, nach sechzehn Monaten oder so, noch mal aus dem Schrank, weil einem gerade langweilig ist, bei Netflix ist zu viel Auswahl, aber man erinnert sich vage, dass einen die Lektüre irgendwie amüsiert hat. Worum ging's da noch mal? Ach ja, Gandalf kifft die meiste Zeit, Bilbo macht was mit Hiphop, und Gimli und Legolas sind –«

»He, nicht spoilern!«

»Ach so, das kommt erst noch. Wo war ich? Genau, man ist dann nicht nur irgendwie älter und weiser als beim ersten Lesen, sondern – das ist der wichtige Punkt – weil man alle Sätze im Buch ja irgendwann schon mal gelesen hat, merkt das Gehirn jetzt zum Beispiel, dass der Geist an der Stelle, wo er sagt ›Ich hab versehentlich in einem Fahrradschloss gespukt‹, ja extra ›versehentlich‹ sagt, und vielleicht auch, warum. Außerdem hat man inzwischen in seinen Amazon-Empfehlungen gesehen, dass es das Buch ›Schlank mit Kuchen, Torten und Gebäck‹, das man beim ersten Lesen für einen Witz gehalten hat, wirklich gibt, und man hat auch zufällig gerade in einer Doku mit viel dramatischer Musik auf Youtube – ›Hitlers Hodenhochstand‹ oder so – gelernt, dass ›Panzerschokolade‹ im Zweiten Weltkrieg ein Spitzname für Methamphetamin war.« Er pausierte. »Lecker Meth! Drooogen!«, rief der Zauberer und machte zur Veranschaulichung ein Don-Martin-Gesicht, bei dem ihm die Zunge seitlich aus dem Mund stand wie ein 30-Zentimeter-Lineal. »Weshalb sich Gandalf, ich meine Ganjalf, natürlich freut wie Bolle, wenn er von Uhrin so'ne schöne Schoki geschenkt bekommt.«

»Ah-ha«, sagte Bibbo, klang aber nicht überzeugt. »Viele Worte dafür, dass der ›Der Herr des Cringe‹ wahrscheinlich vor allem dazu angetan ist, den Umsatz von Medimops anzukurbeln.« Langsam taten ihm die Finger weh, die er in den Text gesteckt hatte, zumal sich inzwischen ein A in seine Handfläche bohrte. »Aber wenn du meinst.«

»Meine ich«, meinte Ganjalf. »Es ist alles Teil eines größeren Plans, okäse? Ein Thetan der 10. Stufe weiß so was.« Er zeigt auf den Buchstabenstau. »Können wir jetzt weitermachen? Gleich rutschen uns nämlich die ersten Umlautpunkte von der Seite, und dann steht da ›schon‹ statt ›schön‹ oder ›Stuck‹ statt ›Stück‹, und das kann zu damlichen Missverstandnissen fuhren«, sagte Ganjalf tranenuberstromt.

»Außerdem gibt es Leser, die finden so Meta-Zeug kacke«, fügte er hinzu.

»Ja, ja, schon gut«, sagte Bibbo, zog die Hand zurück und massierte seine Handfläche. Der Text schnurrte wieder an, und Uhrin blickte Ganjalf erneut erwartungsvoll ins Gesicht, während im Hintergrund eine Axt in eine Zwergenstirn flirrte, und der Kotzbold sein Solo für eine Speiseröhre mit einem Tremolo beendete.

»Das ist ja – Panzerschokolade«, jubelte Ganjalf noch mal. »Sogar mit Hanfcrisp!«

Der Zwergenkönig lächelte breit, und erneut machte sich das Fehlen kieferorthopädischer Einrichtungen in Durchschnittserde unangenehm bemerkbar – ein Aspekt, den Peter Jackson in seiner Trilogie ebenso weise ausgespart hatte wie Tom Bombadil, die Säuberung des Auenlands oder den Bechdel-Test.

»Jetzt, wo wir euch beide so aufmerksam mit Andenken bedacht haben, die in unserer regionalen Vertikal-Behinderten-Werkstatt entstanden sind«, fuhr Uhrin fort, »hätte ich meinerseits eine kleine Bitte.«

Jetzt kommt's, dachte Bibbo.

»Jetzt kommt's«, sagte der Zwergenkönig, »auch mir fehlt schmerzlich ein persönliches Souvenir, ein Andenken an die monatelangen Strapazen, die kleinen und großen Stichwunden, letztlich auch die finanziellen«, er suchte ein positives Synonym, »Investitionen unseres gemeinsamen Abenteuers. Die ja nichts sind im Vergleich zu dem unermesslichen immateriellen Gewinn, den ich daraus gezogen habe, und den ich ja in Lewonzen oder Streuseltalern noch nicht einmal denken kann, ohne gleich total raffgierig rüberzukommen. Gigantisch geldgeil.«

Bibbo glaubte kurz, ein Déjà-vu zu erleben.

»Wo war ich?«, fragte Uhrin. »Ach ja, mein Souvenir! Ich hatte da etwas Spezielles im Sinn.« Er hob den Zeigefinger. »Erinnert ihr euch noch, als wir in der Schatzkammer des Drachen waren? Es war der Tag, nachdem ihr Whoring, Snoring und Adoring im Schlaf die Bärte vertauscht habt. Das gab vielleicht ein Hallo beim Zähneputzen!« Uhrin lachte laut und mechanisch. »War da nicht unheimlich viel Schönes beim Drachen versammelt, gell?« Der Zwergenkönig geriet ins Schwärmen. »Makramee-Eulen, so Freundschaftsbänder, dann diese Bügelperlen-Ohrringe, außerdem Makramee-Eulen – ihr seht, ich komm aus dem Aufzählen gar nicht heraus.« Er hielt inne. „Aber eine Sache, die ist mir besonders in Erinnerung geblieben. Vielleicht wisst ihr noch, was ich meine: so ein … Ding. Ein Schmuckding. So ein Dingschmuck. Scheußlich eigentlich.«

»Mit Nuten?«, fragte Bibbo, der natürlich längst wusste, worauf die Sache hinauslief.

»Waren das Nuten?«, grübelte Uhrin, der, wie gesagt, kein großer Schauspieler war, aber das war Tom Cruise (1,35 m) schließlich auch nicht. »Es könnten Nuten drangewesen sein, ja.«

»Und Muffen vielleicht?«

»Muffen, Muffen, Muffen«, kaute der Zwerg das Wort, als dächte er nicht an Muffen, sondern an Muffins. »Ja, jetzt, wo du es erwähnst, fällt mir etwas Ähnliches wieder ein.« Uhrin drehte sich halb zu seinen Männern herum und zwinkerte ihnen vollkommen un-unauffällig zu.

»Was war mit Punzen?« Bibbo deutete mit den Händen die Form einer Punze an.

»Punzen, ja, prächtige Punzen!« Uhrins Gesicht leuchtete. »Genau davon rede ich.«

»Moment mal!«, rief Ganjalf, der gerade einen Schmetterling bewundert hatte, der auf seiner Zigarette gelandet war, »ich glaube fast, er meint das Bling-Bl–«, doch Bibbo spendierte dem Zauberer einen kostenlosen Faustschlag in die Nierengegend, die ihn zum Schweigen brachte.

»Wenn ich mich recht entsinne«, sagte Uhrin und ließ den Zeigefinger kreisen, bis er an Bibbo hängen blieb, »hast du das Teil damals mitgenommen, oder? Das hässliche Teil, meine ich? Das war so ugly, das konnte man mit Paint malen.« Er spuckte demonstrativ aus und tat so, als hätte er nicht gemerkt, dass er seine neuen Doc Martens getroffen hatte. »Du hast es doch noch, oder?«

»Ich erinnere mich vage daran, Uhrin, sehr vage«, sagte der Hiphop, dem keineswegs entgangen war, dass die Zwerge im Bildhintergrund ihre Aktivitätsmuster geändert hatten: Eine Axt wurde aus einer Zwergenstirn gezogen – und war das nicht ein frisch geschärfter Schneebesen, der da aus einem Ärmel auftauchte? »Ich hab das gute Stück aber schon ewig nicht mehr gesehen«, fuhr Bibbo fort. »Wenn ich es überhaupt noch habe. In der Flohmarktkiste vielleicht.«

»Stimmt doch gar nicht«, fing Ganjalf wieder an, »wir haben das Bling doch erst vorh–«, aber der Zauberer erhielt von Bibbo erneut einen faustischen Nachschlag zu den eigenen Nierchen serviert, der ihm die Luft nahm.

»Und ausgerechnet das möchtest du als Andenken haben?«, fragte der Hiphop. »Jetzt, nach sechs Monaten?« Er sah den Zwergenkönig skeptisch an, während er die Bewegungen hinter dessen Rücken im Auge behielt: Inzwischen war ein angespitzter Pastaheber unter einem Helm aufgetaucht, während drei andere Zwerge sich den Hintern eines nackten Schlumpfs ins Gesicht drückten, um sich mit Kriegsbemalung im Braveheart-Stil zu versehen.

Und ein Zwerg mit wutroten Wangen und irrem Lachen schwang sogar schon eine Spitzhacke über den Kopf – halt, nein, das war nur sein eigener Gartenzwerg, den Bibbo in der Verwirrung für echt gehalten hatte.

»Meinst du nicht, dass sich da was Schöneres findet, Uhrin?«

»Das Leben ist eine Reise und das Glück ein Souvenir«, sagte der Zwergenkönig leutselig und zeigte erneut seine erratisch formatierte Knabberleiste. »Nur dass hier eine Reise eine Reise ist und ein Souvenir ein Souvenir. Und die Reise haben wir ja schon hinter uns, verstehst du?« Nein, der Hiphop verstand nicht, aber der Zwergenkönig legte jetzt seine Hand auf Bibbos Schulter und begann, ihm das Schlüsselbein zu massieren. »Wenn du also so freundlich sein willst, einmal für mich nach drinnen zu gehen und nachzusehen, wo das Ding ist.« Die Barthaare des Zwergs, die aus Stahlwolle bestehen mussten, stachen dem Hiphop in die Nase. »In der Flohmarktkiste oder im Gästeklo oder wo, ja?« Er wies mit der freien Hand in den Flur, der sich hinter Bibbo öffnete. »Ich bin nämlich willens, dich von dieser Scheußlichkeit zu erlösen. Wo ihr selber doch viel schönere Geschenke von uns bekommen habt. Bin ich fast neidisch.«

»Natürlich«, sagte Bibbo und befreite sich aus der Schlüsselbeinmassage. »Ich gehe gleich nachsehen.«

»Das ist klug«, sagte Uhrin.

»Moment mal«, kam es von Ganjalf, »wir können dir das Bling-Bling doch gar nicht geben, wei–«, der Zauberer wurde erneut unterbrochen, weil Bibbo ihn mit einem Ruck zurück in den Flur zog. Dann drückte er dem Zwergenkönig die Schallplatte vor der Nase zu und ließ den schweren Tonarm fallen, der die Tür verriegelte.

»Denkst du, was ich denke?«, fragte der Hiphop und deutete mit einer Kopfbewegung in Richtung Tür.

»Wenn du daran denkst, die Zwerge mit Bratensoße zu übergießen und dabei immer wieder ›Ihr kleinen, geilen bärtigen Spanferkel!‹ zu rufen, dann: Nein, ich denke etwas ganz anderes.«

»Gut. Was denkst du denn?«

»Halt dich fest, das wird dich umhauen.« Ganjalf bot Bibbo seinen Unterarm zum Festhalten an, aber der Hiphop schüttelte den Kopf. »Wie du meinst.« Der Zauberer senkte die Stimme: »Ich denke, die Zwerge wollen unser schönes hässliches Bling-Bling für sich selber. Die haben von der Anzeige Wind bekommen und wollen die Belohnung alleine einkassieren!«

»Nein! Wirklich?«, rief Bibbo.

»Ihr wisst schon, dass ich jedes Wort mithören kann?«, fragte der Zwergenkönig, dessen Gesicht plötzlich vor ihnen auftauchte. Seine Augen machten bling-bling. »Da ist ein Loch in der Mitte der Tür. Das ist übrigens ganz schlecht für die Dämmung. Ist das überhaupt schon Polyvinylchlorid?«

»Ups! Sorry, Uhrin!«, rief Bibbo und zog Ganjalf außer Hörweite, nämlich ins Wohnzimmer. Erleichtert stellt Bibbo fest, dass Frolic wieder voll bekleidet war und Scam davon Abstand genommen hatte, in den Pelletofen zu kriechen, weil es dort so schön warm war.

»Du hast recht, Zauberzausel«, sagte der Hiphop, »die wollen unser Bling. Was glaubst du, werden sie tun, wenn wir's nicht rausrücken?«

»Dann werden wir rausfinden, dass kleine Hände große Schmerzen bereiten können«, sagte Ganjalf. »Ich wünschte, ich hätte im Sportunterricht besser aufgepasst, als Zwergenwerfen dran war. Wirft man den Bart zuerst oder den Rest?«

Bibbo rieb sich die Nasenwurzel. »Und was glaubst du, werden sie tun, wenn wir behaupten, wir haben's nicht mehr?«, fragte er.

»Dann werden wir rausfinden, dass kleine Hände große Schmerzen bereiten können«, sagte Ganjalf. »Ich wünschte, ich hätte letzte Woche besser aufgepasst, als ›Schneewittchen‹ auf Disney+ lief, dann wüsste ich ihre Schwachstellen noch.« Er zählte auf: »Ich weiß noch, dass Hatschi keine Taschentücher verträgt, Schlafmütz keinen Espresso und Pimpel kein Clearasil, Brummbär und Happy heben sich gegenseitig auf – aber was waren noch mal die Achillesfersen von Chef, Seppl und Schneewittchen?«

Bibbo überhörte in höchstem Maße, was der Zauberer sagte, und blickte sich hektisch im Wohnzimmer um. Was könnte sich als Waffe nutzen lassen? Er überlegte kurz, die Tchibo-Kartons aufzureißen, bezweifelte aber, dass er mit einer LED-beleuchteten Heizkörperbürste viel gegen Uhrins Streitaxt ausrichten würde.

Erneut erklang das Quietschen einer riesigen Plattennadel, weil jemand die Klingel gedrückt hatte. »Wenn ihr wollt, helfen wir euch gerne suuuchen«, dröhnte Uhrins Stimme, von der Türe kommend, durch den Flur. Die Hiphops und der Zauberer blickten sich stumm an. Ein anhaltendes Klopfen gesellte sich zu dem Scratchen. »War das ein Ja?«, rief der Zwergenkönig, »ich glaube, das war ein Ja.«

Bibbo legte den Zeigefinger auf die Lippen.

»Männer!«, rief Uhrin jetzt, »ich bin ziemlich sicher, dass wir reinkommen sollen zum Suchenhelfen.«

»Onkel Bibbo, ich hab Angst«, sagte Frolic und drückte sich an den Kratzbaum, den er für seinen Onkel hielt.

»Keine Sorge«, sagte Bibbo besorgt und streichelte den Kopf des Kratzbaums, den er für seinen Neffen hielt. Sie konnten das Bling-Bling entweder gleich hergeben, dachte er, oder später, wobei ›später‹ synonym war für ›mit nur noch neun Zehen‹. Bibbo entschied sich für die dritte Option.

»Ganjalf«, sagte er, »ich denke, es wäre das Klügste, wenn wir stiften gehen.«

»Spitzenidee!«, freute sich der Zauberer, »ich wollte schon immer meinen eigenen Altar. Aber sollten wir nicht erst mal die Sache mit den Zwergen klären?« Er zeigte in Richtung Flur.

»Meinte ich doch!« Bibbo deutete mit Zeige- und Mittelfinger zwei rennende Füße an. »Wir sollten uns verziehen.«

»Aber ich habe dir doch längst verziehen, Brudi«, sagte Ganjalf, breitete die Arme aus und spendierte der Luft zwischen ihm und Bibbo ein Küsschen. »Free hug?«

»Sag mal, machst du das absichtlich?« Bibbo verschränkte die Arme. »Findest du nicht, dass wir gerade andere Probleme haben?« Wie zur Bestätigung begann Uhrin in diesem Moment, mit seinen Doc Martens an die Tür zu klopfen, indem er dagegen trat. Das Geschirr auf dem Tisch fing an, zu klirren.

»Wie meinen?«, frug Ganjalf.

»Ob du mich absichtlich falsch verstehst, du Secondhand-Merlin? Wenn ich jetzt sage, wir müssen dringend Land gewinnen, antwortest du dann, du wüsstest gar nicht, dass die Hiphoppinger Agrargenossenschaft eine Tombola veranstaltet?«

»Lüge!«, sagte der Zauberer. »Hab gestern erst den Flyer gesehen. Hauptauslosung ist um drei auf dem Feld von Opa Tuk, dem alten Keks.« Ganjalf musste grinsen.

»Okay, du machst das absichtlich«, stellt Bibbo fest.

»Ja.« Ganjalf senkte beschämt den Kopf.

Der nächste Tritt gegen die Tür sorgte dafür, dass der Bilderrahmen mit dem signierten Foto von Kay One von der Wand fiel. Glas splitterte.

»Fack! Das Bild hat mir Kenneth persönlich geschenkt«, rief Bibbo entsetzt. »Wie schade, dass es beim Angriff der Zwerge unwiederbringlich zerstört wurde!«

»Ist doch nur der Rahmen, den kann man ganz einfa«, begann Ganjalf, aber der Hiphop trampelte schon mit beiden Sneakers auf dem Foto herum und rief: »Unwiederbringlich zerstört! Ich konnte nichts tun. Überhaupt nichts tun.«

»Da draußen!«, rief Scam auf einmal und zeigte auf die Gartentür. Durch die Scheibe war zu sehen, dass drei Zwerge in die kleine Grünanlage hinter dem Haus eingedrungen waren – und das, obwohl extra ein Schild mit der Aufschrift ›Kein Zutritt – außer zu illegalen Rap-Battles‹ am Gartentor hing. Bibbo erkannte Taubnús, Sohn von Ôrwachs, der gerade sein Hörgerät einschaltete. Ein anderer Zwerg – war es Boring? – trat in die Gästetoilette.

»Wir haben Angst!«, riefen Scam und Frolic und hängten sich rechts und links an die Hosenbeine ihres Onkels.

»Nicht beide zugleich!«, rief Bibbo, aber seine Baggy Pants waren schon heruntergerutscht und die Neffen kreischend auf die Schnauze gefallen.

»Aber, aber, aber. Ihr müsst doch keine Angst haben, A-Hiphop und B-Hiphop.« Ganjalf schnitzte ein Lächeln in seine Runzeln und ging in die Knie. »Nur weil jeden Moment hundert blutdürstige Monsterzwerge mit spitzen Zähnen, Rasiermesser-Nägeln und irrem Lachen über uns herfallen können.« Der Zauberer zeigte beruhigend auf die Zwerge im Garten, die gerade irre lachend Feuer an den Komposthaufen legten. »Wenn überhaupt, dann müssen euer Onkel und ich uns Sorgen machen, nicht wahr?«, fuhr er fort. »Nach allem, was ich weiß, bringen sie die Kinder nämlich immer zuerst um.« Er fuhr sich mit dem Finger tröstlich über die Gurgel und machte beruhigende Spotz- und Stottergeräusche.

Frolic und Scam kreischten auf und rissen sich die Hände vor die Augen, weil sie dachten, sie würden damit unsichtbar.

»Leise! Sie haben uns noch nicht gesehen«, zischte Bibbo. »Schnell, Frolic, die Smart-Home-Steuerung!«

Der Kleine riss die Hände herunter, nahm Anlauf und warf sich – in einer langen, fließenden Bewegung – durch den Raum wie ein Neuer, im Sinkflug die Fernbedienung vom Fliesentisch schnappend, bevor er sich abrollte, indem er mit dem Kopf an der Wand aufschlug. Frolic stöhnte, während die Lamellen vor der Glastür surrend heruntерglitten.

»Nicenstein, Habibi!«, flüsterte Ganjalf in Frolics Richtung, der sich den Kopf rieb, und machte ein sinnloses Peace-Zeichen, das er für Jugendsprache hielt, »echt 1 gute Reaktionszeit.«

»Sehr gut! Jetzt können sie uns nicht mehr entdecken«, flüsterte Bibbo.

»Aber dann sehen sie uns doch einfach hierdurch?«, flüsterte Scam und zeigte auf das gigantische 4 Meter breite Panoramafenster zum Garten, das sich direkt neben der Glastür befand.

»Nee, von außen verspiegelt zum Glück«, flüsterte Bibbo und zwinkerte, »hat extra der Sonnenbrillenglaser gemacht.«

Durch das Panoramafenster sah man jetzt drei Zwerge, die in hoher Auflösung anfingen, mit Baseballschlägern auf das Gartenhaus einzudreschen. Zwei weitere mächtige Tritte erschütterten den Raum, Uhrin rief etwas, dann waren plötzlich kurze emsige Schritte zu vernehmen – direkt über ihren Köpfen.

»Was ist das auf dem Dach?«, flüsterte Bibbo.

»Das Rote, Runde?«, flüsterte Ganjalf, »das sind Ziegel.«

»Die Schritte meine ich«, flüsterte Bibbo.

»Ziegel können nicht laufen«, flüsterte Ganjalf, »du denkst an Ziegen.«

»Du machst das schon wieder absichtlich.«

»Ja«, flüsterte Ganjalf und senkte beschämt den Kopf.

Plötzlich ertönte ein Rascheln, Ratschen und Rauschen – kam es aus der Wand? –, und als Bibbo herumfuhr, war ein rußverschmutztes Bart-Ende hinter der Glasscheibe des Pelletofens aufgetaucht.

»Sie versuchen es durch den Kamin«, rief Bibbo. »Schnell, Frolic, das Digitalprogramm!«

Der Kleine erhob sich torkelnd, nahm schief Anlauf und fiel dann – in einer zeitlupenlangsamen, in sich verdrehten Bewegung – durch den Raum, im Sinken eine zweite Fernbedienung auf dem Fliesentisch anpeilend und sie um Längen verfehlend, bevor er mit dem Kopf am Tischbein aufschlug. Er stöhnte und blieb unter dem Tisch liegen.

»Danke für nichts«, flüsterte Bibbo, nahm die Fernbedienung mit zwei Schritten selbst vom Tisch und drückte darauf. Im Pelletofen sprang die DVD »Flammenzauber: Best of 25 Jahre Kaminfeuer« an, die von innen auf die Glasscheibe projiziert wurde. Sofort begann es, nach versengten Barthaaren zu riechen. Vom Dach waren Geschrei und Getrampel zu hören.

»Jetzt aber weg hier«, flüsterte der Hiphop und gestikulierte in Richtung Schlafzimmer. Frolic setzte sich schwankend in Bewegung, gefolgt von Scam, der versuchte, das Torkeln seines Bruders möglichst genau nachzuahmen. Ganjalf fischte das Bling aus seiner Olivenölpfütze, ließ es in seinen Aktenkoffer fallen, schloss ihn mit einem *Klack!* und schlich den Kleinen hinterher.

Bibbo blickte sich noch einmal um. Der Weg war weit. Er griff nach einem halb leeren Päckchen Zahnpflege-Kaugummis, das auf dem Tisch lag. Dann ließ er die Kaugummis fallen und griff nach der 8er-Packung Hotdogs-Brötchen aus Lembas. Dann ließ er die Brötchen fallen und griff nach dem 5-Liter-Großfamilienglas Schokocreme von Sarotti-Moria. Dann ließ er das Glas fallen und griff nach den vier fertig gepackten Proviantpaketen, die mit ihren Namen beschriftet und mit Herzchen-Stickern versehen waren. Dann ließ er die Proviantpakete fallen.

»Kommst du jetzt endlich?«, zischte Ganjalfs Gesicht, das am Rand der Seite aufgetaucht war.

»Sorry, ich schmeiße einfach gerne Essen runter«, flüsterte Bibbo, »irgendwas aus meiner Kindheit.«

»Verstehe«, flüsterte Ganjalf. »Nehmen wir Verpflegung mit?«

Bibbo warf einen Blick auf das Panoramafenster, vor dem jetzt mindestens zwölf Zwerge standen, die den Sitz ihrer Bärte in der spiegelnden Oberfläche überprüften. Einer küsste sogar das Glas. Im selben Augenblick sprang die DVD im Ofen selbsttätig zum letzten Kapitel, das nur noch erkaltete Asche zeigte. Jemand rüttelte an der Gartentür und versuchte, durch die Lamellen zu linsen.

»Keine Zeit mehr für Proviant«, flüsterte Bibbo und drängte den Zauberer ins Schlafzimmer.

Plötzlich wurde es still. Die Tritte hörten auf. Nichts mehr vom Dach. Auch die Zwerge im Garten hielten inne. Dann ertönte Uhrins Stimme, so laut und deutlich, als sei sie künstlich verstärkt:

»Eins, zwei, Test! Geht das mit dem Megafon? Gut.« Er räusperte sich. »Liebe Genossinnen und Genossen, ich begrüße euch recht herzlich zum diesjährigen Parteitag hier in Khazâd Zâram. Schön, dass wie– … sorry, falscher Text.« Er räusperte sich erneut, und das Megafon spuckte einen fiesen Krachbatzen aus. Uhrin setzte neu an. »Hört mal zu, ihr zwei bekifften Gesichtsverbrecher«, dröhnte er. »Ich zähle jetzt bis fünf. Dann reicht ihr mir das Blingding hier mit extradick Sorry drauf durch die Türöse. Sonst passiert was ganz Schlimmes, habt ihr das kapiert?« Er pausierte einen Moment. Dann begann er, zu zählen: »Fünf. Vier. Drei. Zw– … Nee, lieber von unten nach oben«, murmelte er ins Megafon, »sonst zähle ich ja nicht bis fünf, sondern bis null.« Erneut entstand eine längere Pause, dann schrie Uhrin plötzlich: »EinsweireivierFÜÜÜNF!« Das Megafon heulte und kreischte. »Ich hab euch gewarnt, ich hab's euch ja gesagt«, brüllte der Zwergenkönig. »Jetzt wird's schlimm. Jetzt wird's richtig schlimm.« Er lachte ins Sprachrohr, das erneut jammerte und jaulte. »Alle mal herhören! Taschen-Grond fertig machen!«

Ein Zwerg begann, rhythmisch die Worte »Taschen-Grond! Taschen-Grond! Taschen-Grond!« zu skandieren, schnell fielen die anderen ein.

»Taschen-Grond fertig«, erhob sich eine Stimme über den Chor.

»Taschen-Grond ausrichten!«, befahl Uhrin.

»Taschen-Grond ist ausgerichtet.«

»Taschen-Grond soll RAMMEN!«, befahl der König.

An dem folgenden ohrenbetäubenden Splittern und Krachen wird dem erfahrenen Leser auffallen, dass es vollständig ausblieb.

»Taschen-Grond hat nur noch 4 % Batterie.«

»Taschen-Grond-Ersatzakku einsetzen!«, befahl Uhrin und brachte damit den Zwergenchor aus dem Takt, weil einige dazu übergingen, »Taschen-Grond-Ersatzakku« zu skandieren, andere aber bei »Taschen-Grond« blieben.

»Taschen-Grond-Ersatzakku eingesetzt.«

»Taschen-Grond-Ersatzakku-Ladezustand checken, sicherheitshalber!«, befahl Uhrin, den Zwergenchor völlig zerstörend.

»Taschen-Grond-Ersatzakku-Ladezustand liegt bei 96 %.«

»Wo sind die 4 %?«

»Selbstentladung während der Lagerung, Sir. Nebenreaktionen in den Elektroden, siehe Physik.«

»Wusste ich natürlich. Taschen-Grond neu ausrichten!«

»Taschen-Grond ist neu ausgerichtet.«

»Noch mal den rhythmischen Sprechchor!«, befahl der Zwergenkönig.

»Taschen-Grond-Ersatzakku-Ladezustandsmesser!«, »Heiho!«, »Seid ihr alle da?«, brüllten die Zwerge jetzt ohne Takt und Verstand durcheinander, aber auch »Kleinanleger schützen!«, »Tschakko lebt in uns!« und »Heitz ist geil!«.

»Ruhe, verdammt noch mal!«, befahl Uhrin. Plötzlich trat verdammt noch mal Ruhe ein. »Taschen-Grond soll RAMMEN!«

Ein ohrenbetäubendes Splittern und Krachen ertönte.

»Du hast einen Dungeon unter deinem Schlafzimmer? Einen richtigen, riesigen Superduperdüsterdungeon?« Ganjalfs Stimme hallte dumpf von den Stollenwänden wider. »Warum noch mal?«

»Das habe ich dir doch schon erklärt«, sagte Bibbo gereizt und zog Frolic weiter, der stehen geblieben war, um einen Moosfleck zu betrachten, der die Form von Brüsten hatte. »Der Gang war schon hier, als ich das Haus gekauft habe. Der Makler hat behauptet, es wäre ne Erdwärmeleitung.« Er richtete die Taschenlampe wieder nach vorne und konnte am Rand seines Lichtkegels gerade noch Scam erkennen, der vorausgegangen war, um einen Moosfleck in Form eines Wiener Schnitzels zu finden.

»Erdwärme, türlich. Wie dumm von mir.« Obwohl er gleichzeitig redete, den Zanderstab schwang und gebückt durch den Gang lief, leckte der Zauberer schon wieder eine Zigarette rund. »Dann war die Nilpferdpeitsche, die direkt unter deinem Schlafzimmer an der Wand hing, auch nicht deine? Und die rostfreien Wäscheklammern?«

»Zum letzten Mal: Nein!«, schnappte Bibbo. »Ich war schon seit Jahren nicht mehr hier unten. Die Gänge haben eigentlich Werwürmer gegraben. Schon vor Urzeiten – pass doch auf!« Fast wäre der Hiphop über Scam gestolpert, der mitten im Tunnel auf den Knien lag und an der Höhlenwand knabberte.

»Wer…what? Würmer?«, fragte Ganjalf. »So wie Werwölfe?« Er versuchte, sich den frisch gedrehten Lungensnack anzuzünden, ohne anzuhalten, und ließ dabei ein brennendes Streichholz auf Frolic fallen. »Den Quatsch hast du dir doch ausgedacht. Werwürmer sind doch nie im Leben Tolkien-Kanon.«

»Hast du ne Ahnung«, rief Bibbo, während er Scam und Frolic voranschubste. »Kannste schön selber nachlesen. Oder du schaust dir noch mal die Schlacht am Ende vom dritten Hobbit-Film an. Die Stelle, wo Azogs Armee auftaucht – voilà, Werwürmer.«

»Ah, jetzt weiß ich. Du meinst diese Rip-off-Sandwürmer«, erinnerte sich Ganjalf. »Die wären mir in dem CGI-Stalingrad fast nicht mehr aufgefallen.« Der Zauberer schüttelte den Kopf, während er einen Stalagmiten oder -titen umkurvte. »Tolle Wurst, die J. R. R. da zwischen zwei Buchdeckel gestopft hat. Obwohl: Wenn Pferde zwischen Lasagneplatten passen, passt vielleicht auch ne Mischung aus Steinlaus und Monstermade nach Mittelerde.« Er zuckte mit den Achseln und riss ein neues Streichholz an. »Tolkien hätte halt hauptberuflich schreiben sollen, nicht nur hobbitmäßig. Können froh sein, dass er uns die Szene erspart hat, in der Fuchur, der Glücksdrache, im Death Match gegen Aslan von Nazareth und den Schrumpfhörnigen Schnarchkackler antritt. Gotcha!« Ganjalf hatte seine Zigarette endlich zum Brennen gebracht und nahm zufrieden den ersten Zug.

»Würde ich sofort lesen wollen, den Fight«, sagte Bibbo und half Scam auf die Beine, der in ein Plotloch gestolpert war. »Spoiler alert: Aslan stirbt, wird aber sofort wiedergeboren.«

»Kenn ich!«, rief Ganjalf, »ob das irgendwas Tieferes zu bed–AUA!« Er wurde unterbrochen, als der nächste Stalagtit mit Schmackes in sein Gesicht rannte. Die Zigarette wurde weggeschleudert, und irgendwo im Dunkeln klapperte der Zanderstab umher.

»Tieferes zu bedauern? Versteh ich nicht.« Bibbo drehte sich um und leuchtete dem Zauberer ins Gesicht, der auf dem Boden hockte und sich die Stirn rieb. Als der Hiphop den Lichtstrahl wieder voraus in den Tunnel richtete, sahen sie, dass sich der Gang in einigen Metern Entfernung in drei Richtungen verzweigte.

»Wo geht's weiter, Uncle?«, fragte Frolic. »Da, da, da oder da?« Beim vierten » da« zeigte Frolic zurück in die Richtung, aus der sie gekommen waren.

»Wenn ich das noch wüsste.« Bibbo fuhr sich mit der Hand über den Kopf, fand aber nur seine Halbglatze. »War lang nicht mehr hier. Wenn überhaupt.«

»Hab ne Idee. Wir legen uns auf einen der drei Gänge fest, und dann macht der kleine Dicke da«, Ganjalf zeigte auf Scam, »einen der zwei anderen Tunnel für uns auf, und wir können überlegen, ob wir noch mal wechseln wollen, gut? Dann haben wir schon ne Fifty-fifty-Chance, richtigzuliegen.«

»Du meinst ne Ein-Drittel-Chance«, sagte Bibbo.

»Nee, 50-50«, sagte Ganjalf, »weil: Ein Zonk ist ja schon weg.«

»Ach so. Wart mal.« Bibbo dachte nach. »Ein Drittel plus ein halb gibt aber … 83 Prozent. Ungefähr.«

»Kewl!«, freute sich Ganjalf. »Dann soll der Kleine doch gleich zwei Tunnel aufmachen: Dann kommen sogar noch mal 100 Prozent dazu.«

»Das wären ja schon … 183 Prozent«, sagte Bibbo, sah Ganjalf ungläubig an und rief begeistert: »Krass gute Idee!«

»Warum folgen wir nicht einfach den Schildern?«, fragte Scam. Er griff nach der Hand seines Onkels und lenkte das Taschenlampenlicht so, dass sie auf die drei Wegweiser »Tiefer See – Bootsverleih + Gosch-Sylt-

Bude (12 km)«, »Zum Voltigierenden Wallach (3 km)« und »Sicherer Tod (80 m)« fiel. »Wär das nicht viel mehr einfacher?«, fragte der Junge.

»Wo du recht hast«, sagte Bibbo und wies voraus. »Nach euch.«

»Es lebe die Wahrscheinlichkeitsrechnung!«, rief Ganjalf und stürmte auf den Gang zu, der mit »Sicherer Tod (80 m)« ausgeschildert war.

Bibbo hielt ihn am Umhang fest. »Da geht's lang!« Er schob den Zauberer und die Neffen in den Stollen in der Mitte. »Der Voltigierende Wallach ist a) einigermaßen sicher, liegt b) schon mal auf dem Weg nach Mördör, und außerdem kriegen wir da c) was zwischen die Kiemen.«

»Zewas zwischen die Kiemen? Wisch-und-weg-Tücher?«, fragte Ganjalf. »Meine Leibspeise!«

»Was ist ein woloschierendes Welldach?«, fragte Frolic, während er neben seinem Onkel einherstolperte.

»Der Voltigierende Wallach ist ein Gasthaus. In Brie. Kochen vor allem fritteusenbasierte Aualand-Klólóchrien-Fushion, soweit ich mich entsinne«, erklärte Bibbo. »War sogar mal der einzige Laden in Durchschnittserde, in dem du hausgemachte Gnocchi an Worcestershire-Jus mit Bourbon-Vanille à la Bernhard Grzimek bekommen hast. Schmackofatz!« Er rieb sich den Bauch.

»Wie spricht sich das aus?«, fragte Ganjalf, weil er nicht zugehört, sondern nur mitgelesen hatte.

»Schmack wie Wumms, o wie hoppala, fatz wie die Zeitung«, wiederholte Bibbo. »Schmack. O. Fatz.«

»Habe zu danken«, nickte Ganjalf und murmelte das schwierige Wort vor sich hin, während sie voraneilten.

Der Weg fiel zunächst etwas ab, wurde dann aber steiler und steiler, bis sie schließlich eine Penrose-Treppe erreichten, die von Hand in den Werwurm-Tunnel geschlagen worden war und sich in zahllosen rechten Winkeln vor ihnen in die Höhe zog.

»Ich hasse Penrose-Treppen«, knurrte Ganjalf und setzte den Fuß auf die erste Stufe. »Man weiß nie, wann man oben ist.«

Die Stufen zogen sich endlos im Kreis, in einer Stille und Dunkelheit, die nur dadurch unterbrochen wurde, dass Ganjalfs Kampf-Didgeridoo regelmäßig aufleuchtete, Bibbo einen Fluch ausstieß, der ausdrücklich vertikal Benachteiligte diskriminierte, und die Neffen hin und wieder die Treppe hinabliefen statt hinauf, was aber keinen Unterschied machte: Da es sich um eine unmögliche Treppe handelte, die im Kreis verlief, stießen die Kleinen immer wieder auf Ganjalf und ihren Onkel, auch wenn sie eine Minute treppab gegangen waren statt treppauf. Schließlich beschloss Bibbo, dass sie jetzt lange genug gestiegen waren, und öffnete die schmale Seitentür in der Außenmauer des Treppenhauses, an der sie schon zwanzigmal vorbeigekommen waren.

»Da ist Licht!« Scam zeigte voraus in die Dunkelheit. Und wirklich: In vielleicht zehn Metern Entfernung zeichnete sich an der Stollendecke ein Schimmer ab, der zu einem leuchtenden Rechteck wurde, als sie näher kamen.

»Eine Falltür, ich erinnere mich«, sagte Bibbo. Er glaubte bereits, gedämpfte Stimmen zu hören. Und war das nicht der peitschende Beat eines Theremins, das zum Kasatschok aufspielte?

»Gut gemacht, ihr beiden!« Bibbo fuhr den Neffen über den Kopf und nutzte die Gelegenheit, um seinen Kaugummi in Frolics Haaren loszuwerden. »Den Tritthocker, bitte.« Die Kleinen ließen sich auf alle Viere nieder und krochen nebeneinander, damit Bibbo seine Sneaker auf ihre Rücken setzen konnte. Dann stemmte er beide Hände in die Decke und begann, sie langsam anzuheben. Stimmen und Musik wurden lauter. Bibbo fiel ein Toilettenstein auf den Kopf und rollte klimpernd und funkelnd ins Dunkel davon. »Ah, die Herrentoilette«, sagte der Hiphop zufrieden, setzte seine Füße auf die Köpfe der Neffen und stieß sich ab. Er hievte sich durch die Luke, darauf bedacht, sich nicht den Schädel am Pissoir anzuschlagen. Dann half er den Neffen, dem Aktenkoffer und schließlich Ganjalf durch die gekachelte Falltür.

»Händewaschen nicht vergessen!«, rief Bibbo und trat die Tür zum Gastraum auf. Eine dichte Geräuschwolke fuhr ins Herrenklo, die aus Gelächter, Geschrei, Rülpsern und einem maschinengewehrschnellen Triangel-Solo bestand, das aus der Jukebox heulte.

Für einen Montagnachmittag war das Lokal recht gut gefüllt, aber Bibbo bahnte sich, ohne zu zögern, einen Weg durch die Umstehenden und steuerte einen Ecktisch am hinteren Ende der Kneipe an, der von einer Mischung aus Flipper und Tabakautomat halb verdeckt wurde.

»Denkt daran: Auf keinen Fall Aufmerksamkeit erregen«, ermahnte Bibbo die anderen, als sie sich niederließen. »Behaltet den Eingang im Auge. Und haltet Ausschau nach allem, was nach Zwerg aussieht!«

Während Scam und Frolic noch über die ungewohnten Gerüche und Geräusche im Lokal staunten, die sie zum Teil selbst produzierten, griff Ganjalf in seinen Aktenkoffer und zog eine gigantische Sonnenbrille heraus: Sie hatte grüne Gläser mit dem Umfang von Klobrillen, und das Gestell wurde dadurch nicht unauffälliger, dass es Marienkäferfühler hatte und zwei kleine Discokugeln von den Bügeln hingen.

»Ganjalf!«, zischte Bibbo. »Was soll denn das?«

»Du hast doch gesagt: keine unnötige Aufmerksamkeit«, zischte der Zauberer zurück. »So kann ich die anderen Gäste beobachten, ohne dass sie es bemerken«, flüsterte Ganjalf, setzte die Brille auf und drückte den kleinen Knopf, der die bunt blinkenden LEDs und den billigen Lautsprecher im Brillenrahmen anschaltete, aus dem »You are my sunshine, my only sunshine« quäkte. Sofort drehten sich alle Gäste, die in ihrer Nähe saßen, zu ihnen herum und starrten sie an. Ganjalf starrte unauffällig zurück.

Bibbo seufzte, erhob sich und ging an die Bar, wo er zwei Fanta Zero, zwei Maßkrüge Starkbier und eine Schale dicke Eicheln bestellte, die in diesem Teil des Landes traditionell stark gesalzen, in Tabasco getunkt und dann langsam über dem Kohlefeuer geröstet wurden. Während er auf die Bestellung wartete, ließ er den Blick so unauffällig wie möglich über die Anwesenden schweifen. Er sah das kneipentypische Assortiment an Müßiggängern, Geschwätzigen und Neugierigen, eine Posse Hiphops aus der East-Side des Aualands, denen er respektvoll zunickte, sowie eine Gruppe überbezahlter Fußballnationalelbfen, die vielleicht zu einem Turnier angereist waren. Zwerge entdeckte er keine, was schon mal gut war.

Auf dem Weg zurück zum Tisch bemerkte Bibbo, dass es einen Nebenraum gab. Das Tablett war schwer, aber er wollte sichergehen, dass Uhrin und die Zwerge nicht doch herausgefunden hatten, wohin sie geflohen waren und ihnen vielleicht sogar direkt hier, im Voltigierenden Wallach, auflauerten. Vorsichtig näherte er sich der Tür zum Nebenzimmer, die nur spaltbreit geöffnet war, und spähte hindurch.

Dort sah er ... *sie*.

Bibbo zuckte unwillkürlich zusammen und hätte fast das Tablett mit den Maßkrügen fallen lassen. Er hatte auf seiner Reise mit Ganjalf und den Zwergen einiges zu Gesicht bekommen, das er sich nie hätte träumen lassen – die ausgemergelten Körper der Beachvolleyballerinnen beispielsweise, denen sie im Düsterwald in die Netze gerannt waren, oder die 13 haarigen Zwergenhintern, die nebeneinander über einen Donnerbalken hingen –, doch was da im Nebenzimmer saß (oder knapp über den Stühlen schwebte), war ... *anders*. Es waren vielleicht sieben Gestalten, vielleicht ein oder zwei mehr; durch den Spalt war kaum etwas zu erkennen, und außerdem schien es, als würden die Konturen der Wesen, die sich dort versammelt hatten, auf seltsame Weise verschwimmen. Sie sprachen miteinander, aber Bibbo konnte den Sinn ihrer Worte nicht verstehen, wenn es überhaupt Worte waren: Ihre Stimmen klangen wie das Zischen einer Gasflasche oder das Knacken eines verspannten Rückens oder das Schlonzen, mit dem eine Softeis-Maschine sich in eine Waffel entleerte. Wer oder was waren diese Kreaturen? Und warum waren sie hier?

Sicher wusste Ganjalf mehr – als Thetan der 10. Stufe wandelte er so lange auf Durchschnittserden wie kaum einer.

Leise zog sich Bibbo von der Tür zurück, um die unheimliche Gesellschaft nicht auf sich aufmerksam zu machen, und eilte zum Tisch zurück.

Schon quer durch den Schankraum sah er, dass Ganjalf und die Neffen inzwischen Gesellschaft bekommen hatten – auch das noch! Glücklicherweise waren es keine Zwerge oder irgendwelche Spukgestalten, sondern nur zwei Menschen, die bei ihnen am Tisch standen. Bestimmt hatte Ganjalfs überflüssiges Allotria die beiden angelockt, dachte Bibbo und drängte sich an einem der zwei Fremden vorbei an den Ecktisch, der gerade den Satz »Extrem praktisch, man hört die Kinder kaum noch« zu dem Zauberer sagte, der eifrig nickte.

»Das hab ich aber nicht bestellt«, wurde Bibbo von Ganjalf begrüßt. Der Zauberer griff nach den beiden Fanta Zero und stürzte erst die eine, dann die andere herunter.

»He, eine davon war eigentlich für mich«, sagte Bibbo, während er Scam und Frolic die Maßkrüge mit dem Starkbier zuschob.

»Euer Freund trinkt wohl gerne mal ein Glas zu viel, wie?«, sagte der Fremde, der zuletzt gesprochen hatte, und machte eine schmelmische Nipp-und-Kipp-Geste in Ganjalfs Richtung, bevor er einen langstieligen Bleistift zum Mund führte, dessen Schaft schon völlig zerkaut war.

»Wie meint ihr das?«, fragte Bibbo und musterte den Fremden, der in einen schmuddeligen Mantel aus dicker dunkelgrüner Lastwagenplane gehüllt war.

»Ich meine, dass das vorbildlich ist«, sagte der Fremde und biss auf seinen Bleistift. »Erwachsene sollten ja mindestens 35 Milliliter Wasser pro Kilo Körpergewicht trinken am Tag. Gerade die Älteren unter uns.« Er wies mit dem Kinn in Ganjalfs Richtung und stützte einen Arm auf den Tabak-Flipper.

»Das weiß doch jeder«, sagte Bibbo mürrisch, »am besten alkoholfreie, energiearme Getränke wie Wasser, Mineralwasser, ungezuckerten Früchte- oder Kräutertee oder stark verdünnte Obst- und Gemüsesäfte. Das lernt man bei uns nur deshalb nicht in der Schule, weil man es schon im Kindergarten lernt.« Er nahm einen Schluck aus seinem Fanta-Glas, das leer war. »Wer seid ihr überhaupt?«

»Wie unhöflich, ich habe mich gar nicht vorgestellt«, sagte der Fremde in Grün und ließ den Bleistift geschickt zwischen den Zähnen hin und her rollen. »Mein Name ist Estragon, Sohn von Kardamom II. und Gegenschwager von Majoran IV. Aber meine Freunde nennen mich Streichler.« Er zwinkerte und strich mit der Hand aufreizend langsam über die Abdeckung des Flipperautomaten.

»Dann nenne ich euch natürlich Estragon«, sagte Bibbo. »Und wer ist der hässliche Vogel da?« Er deutete in Richtung des zweiten Fremden, der bislang geschwiegen hatte.

»Das ist mein Freund Gimolas«, sagte Streichler und tätschelte weiter den Tabak-Flipper, der die Themen »Kelly Family« und »Schädelsprenger Slim Menthol« erstaunlich stimmig vereinte.

»Der Flipperautomat ist euer Freund Gimolas?«

»Nein, der hässliche Vogel da ist mein Freund Gimolas«, sagte Streichler und deutete in Richtung des zweiten Fremden. »Wundert euch nicht über sein Aussehen. Du bist eine ausgesprochen seltene Züchtung, nicht wahr, mein Bester?« Streichler knuffte den anderen zärtlich in die Seite, der ein Grinsen sehen ließ.

Bibbo musterte den Fremden mit dem Namen Gimolas erst jetzt genauer und war … verblüfft. Als er sich dem Tisch genähert hatte, hatte er ihn für einen Menschen gehalten, aber jetzt, als er genauer hinsah, wurde ihm klar, dass das nicht stimmen konnte. Der Fremde sah aus, als hätten seine rechte und seine linke Körperhälfte beschlossen, sich für vollkommen unterschiedliche Abendveranstaltungen schick zu machen. Während die rechte Gesichtshälfte babypozarte Züge trug und vollständig haarlos war, ließ die linke einen furchterregenden rötlichen Bart sehen. Rechts fielen die weißen Haare lang und seidig herab, aber links des Scheitels waren sie wild gelockt und von der gleichen roten Farbe wie der halbe Bart. Ein Auge war grün, eines tiefbraun. Und noch etwas machte Bibbo stutzig: Der Körper dieses – wie war gleich der Name? – Gimolas schien vollkommen aus der Balance geraten zu sein. Während der rechte Arm und das rechte Bein zu jemandem gehörten, der vielleicht 2 Meter groß war, waren ihre Gegenstücke viel kürzer und stämmiger. Jetzt war auch klar, warum der Fremde so unfassbar schief dastand. Und was war das für eine –

»Hey, Peter Glotz, meine Augen sind hier oben«, sagte Gimolas und blickte Bibbo scharf an, der schnell den Blick abwandte. Der zweigeteilte Fremde grinste. »Nur'n Scherz, Kleiner«, sagte er, »bin's gewohnt, angestarrt zu werden.«

»Gimolas hier ist halb Elbf, halb Zwerg«, fuhr Estragon alias Streichler fort. »Und die Natur hat es zu ihrem Amüsement so gefügt, dass er wortwörtlich zu einer Hälfte Elbf, zu anderen Zwerg ist. Ist er nicht wunderschön?« Er tätschelte den Pfeilköcher seines Freundes, in dem ein Dutzend winziger Äxte steckte. »Und sehr praktisch, wenn man mal jemanden braucht, der sich selbst über einen Abgrund werfen kann.«

Ein halber Zwerg – auch das noch!, dachte Bibbo. Hoffentlich hatten die beiden Fremden nichts mit Uhrin zu tun oder waren gar dessen Spione. Oder gehörten sie gar zu den Spukgestalten aus dem Nebenzimmer, von denen Ganjalf noch gar nichts wusste? Der Hiphop und sein Anhang mussten äußerst vorsichtig zu sein; und Bibbo hoffte inständig, dass der Zauberer sich darüber genauso im Klaren war wie er. Er beschloss, die Fremden so schnell wie möglich abzuwimmeln.

»Hat mich sehr gefreut, Sie beide so kurz kennenzulernen«, sagte er. »Und nun verzeihen Sie uns bitte. Ich muss mich etwas um meine Familie kümmern.«

Er wies auf die Neffen, die mit den Schnauzen tief in ihren Maßkrügen versunken waren und ganz den Eindruck machten, als kämen sie hervorragend ohne ihren Onkel aus. Soeben setzte Scam sein Bier ab, um in eine gesalzene Eichel zu beißen, die Frolic ihm ins Gesicht hielt.

»Außerdem müssen wir noch unsere, äh, Routenplanung finalisieren«, behauptete Bibbo. »Wir sind nämlich im Dings, im Skiurlaub. Nicht wahr, Ganjalf?« Er blickte den Zauberer mit großen Augen an.

»Echt jetzt?«, fragte Ganjalf verwirrt.

»Skiurlaub? Im Ost-Aualand?«, wunderte sich Estragon. „Hier gibt es doch gar keine Berge.« Sein Begleiter Gimolas runzelte die Zwergenhälfte seiner Stirn – die elbfische Stirnhälfte war so glatt, dass sie sich nicht runzeln ließ.

»Eben!«, fuhr Bibbo fort. »Die Kleinen können nämlich noch nicht Ski fahren. Deshalb üben wir erst mal ohne Schnee. Und ohne Berge.« Er nickte, um seinen Worten Nachdruck zu verleihen. »Viel weniger Verletzungsgefahr.«

»Wie übt man denn Skifahren ohne Schnee?«, fragte Ganjalf interessiert, ohne darauf zu reagieren, dass ihm Bibbo unter dem Tisch ans Schienbein trat.

»Aber Ganjalf, haha, das weißt du doch noch von gestern, haha, als wir gemeinsam auf der grünen Piste waren, hahaha.« Bibbo lachte künstlich.

»Wir klettern auf einen Hügel, gehen in die Hocke, starren ins Tal und versuchen, nicht umzufallen«, erklärte er. „Und zwischendrin klemmen wir uns einen Besen unter die Oberschenkel und spielen Skilift.«

»Klingt ja megabescheuert«, sagte Ganjalf. »Wann geht's los?«

»Das besprechen wir in Ruhe«, sagte Bibbo und zwang sich zu einem Lächeln, »wenn wir wieder unter uns sind.« Er sah Estragon und Gimolas an, die seinen Ausführungen interessiert gelauscht hatten, aber keinerlei Anstalten machten, sich zu entfernen. Irgendwo im Lokal fiel ein Glas herunter. Die Jukebox spielte inzwischen den beliebten Techno-Remix von Bachs Weihnachtsoratorium.

»Seltsam, seltsam, seltsam«, sagte Streichler, lutschte an seinem Bleistift und blickte Bibbo eindringlich an. »Ihr kommt mir so bekannt vor, Herr Skifahrer.« Er wandte sich an Gimolas. »Kommt er dir auch so bekannt vor?« Der Halbelbf wiegte den Kopf, als sei er sich nicht sicher. »Wo hab ich euer Gesicht nur schon mal gesehen, Herr Skifahrer?«, legte Streichler nach. »Und wie war noch gleich euer Name?«

»Gesehen? Oh, das ist unwahrscheinlich, sehr unwahrscheinlich«, sagte Bibbo. »Ich bin sehr häuslich. Ihr habt höchstens mal meine Stimme gehört. Als Background-Beatboxer auf den Platten meines Cousins.« Er hätte den Fremden eigentlich nicht noch mehr erzählen sollen, aber auf die Sache mit dem Begleitgesang war er doch ein wenig stolz.

»Euer Cousin ist Musiker?«

»Ihr kennt ihn als ›Haftpflichtversicherung‹«, sagte Bibbo.

»Chabos wissen, wo der Barcode ist?«, zitierte Gimolas. »Immer noch derselbe Barcode, Bitch, den du am Bahnhof triffst, wenn du grade Nasenspray kaufst? Tight!« Der Halbelbf nickte beeindruckt.

»Interessant, interessant«, sagte Estragon. »Aber das meinte ich nicht.« Er klopfte sich mit dem Bleistift an die Schneidezähne. »Sag mal, Gimolas, hat nicht neulich jemand ein Foto herumgezeigt? Mit so einer kleinen, dicken Person drauf? Getönte Brille, Zahnlücke, Segelohren, Strohhaar?«

»Im Bereich des Möglichen«, nickte Gimolas. »Oder war das gar nicht neulich? Sondern erst vor einer halben Stunde?« Er kraulte sich die Zwergen-Barthälfte mit seiner Elbfenhand, was irgendwie seltsam aussah.

»Und sah diese Person auf dem Foto nicht genauso aus wie unser Pistenrambo hier?«, fragte Estragon und zeigte mit seinem Bleistift, von dem ein Speichelfaden hing, auf Bibbo.

»Ein Teil meiner Antwort könnte die Anwesenden verunsichern«, sagte Gimolas und verzog entschuldigend das Gesicht.

»Wer hat mein Foto herumgezeigt?«, rief Bibbo, fuhr von seinem Platz auf und machte Anstalten, nach Estragons Mantelkragen zu greifen. »Und warum?«

»Apropos: Will jemand ein Foto von meiner Narbe sehen?«, quakte Ganjalf dazwischen und hielt ein verwaschenes Polaroid hoch. »Leider macht sie total beschissene Bilder.«

»Ein Foto von mir?«, wiederholte Bibbo. »Was hat das zu bedeuten?«

»Immer – mit – der Ruhe«, sagte Estragon, drückte Bibbo zurück auf seinen Stuhl und massierte ihm dabei sanft die Schulter. »Wir sind nicht die, die euch Sorgen machen sollten. Die da hinten sollten euch Sorgen machen.« Streichler deutete mit einer Kopfbewegung in die Richtung, aus der Bibbo an den Tisch gekommen war. »Im Nebenzimmer sitzen nämlich ein paar Jungs und Mädels, die extra den weiten Weg aus Mördör hergeflogen sind, um mit jemandem ins Gespräch zu kommen, der sich heute Morgen genau euer Gesicht angezogen hat, Herr Skifahrer.«

»Hey, das könntest du sein«, rief Ganjalf und sah Bibbo freudestrahlend an.

»Und einen Namen haben sie auch genannt«, fuhr Gimolas fort und senkte bedrohlich die Stimme: »Onkel Bibbo.«

»Die meinen wirklich dich!«, rief Ganjalf und bewies erneut, dass er Tritte gegens Schienbein nicht spürte. »Das ist ja voll nett.«

»Jungs und Mädels? Ihr meint diese gruseligen«, Bibbo suchte nach dem passendsten Ausdruck, fand aber nur: »Dingenskirchens aus Schlonze, die drüben sitzen? Die sind aus Mördör?« Das kann nicht gut sein, dachte er.

»Diese Dingenskirchens aus Schlonze«, sagte Estragon und kratzte sich mit der Bleistiftspitze am Dreizehntagebart, »sind ganz normale Geister. Keine unangenehmen Zeitgenossen, wenn man ihnen nicht gerade nachts im Spiegel begegnet. Normalerweise lassen sie sich aber nicht so weit im Westen blicken.«

»Was ist ein Geister?«, hätte Frolic jetzt fragen sollen, wenn er nicht schon mit dem Kopf auf die Tischplatte gesunken wäre. Ganjalf schnäuzte sich in eine Serviette und deckte den Jungen damit zu. Scam war nicht zu sehen, was vermutlich hieß, dass er unter dem Tisch lag.

»Ihr müsst eine Information haben, auf die sie scharf sind«, folgerte Gimolas, »oder etwas in eurem Besitz haben, das sie wollen. Vielleicht eure Körper?« Der Halbelbf zwinkerte anzüglich und ließ ein weißzahniges Lächeln sehen, zumindest auf der rechten Gesichtshälfte.

»Ich behaupte mal, dass ihr etwas versteckt«, sagte Estragon genüsslich, »habe ich nicht recht, Herr Skifahrer?« Er streichelte die Tischplatte und näherte sich dabei mit den Fingern langsam Bibbos Hand.

»So ein Quatsch!«, sagte der Hiphop und zog seine Hand zurück. »Wir sind harmlose Winterurlauber. Keine Ahnung, was irgendwelche mördörischen Gespenster von uns wollen sollen. Und jetzt lassen Sie uns in Ruhe!« Er beugte sich demonstrativ herab, um unter der Tischplatte nach Scam zu sehen, und fand den jungen Hiphop dabei vor, wie er getrocknete Kaugummis von der Unterseite der Eckbank kratzte. Einen Batzen kaute er bereits wieder weich. Plötzlich tauchte auch ein Butternusskürbis unter dem Tisch auf, der Ganjalfs Nase war, und mit ihm der Rest des Zauberergesichts.

»Aua, mein Rücken«, sagte das Gesicht. »Meinst du, das mit den Geistern hat was zu bedeuten, Bibbo? Und was wollen eigentlich die zwei Dudes von uns? Wobei der eine Dude irgendwie aus zwei Dudes besteht.« Ganjalf dachte einen Moment nach. »Glaubst du, die beiden übrigen Hälften hopsen noch irgendwo rum? Jeweils auf einem Bein? Will sehen!« Ganjalf wollte auffahren, schlug sich aber nur den Schädel an der Tischplatte an. »Aua, mein Kopfrücken.«

»Hiergeblieben!«, zischte Bibbo. »Wir brauchen einen Schlachtplan. Wenn Uhrins blöder Zwergenauflauf in der Lage ist, über die Anzeige mit dem Bling-Bling zu stolpern, dann können das auch irgendwelche Spukgestalten. Oder die zwei Typen da.« Er wies durch die Tischplatte hindurch auf Estragon und Gimolas. »Du weißt, was auf dem Spiel steht.«

»Das Schicksal der Menschheit?«

»Nein, unser Geld!«

»Lewonzen«, erinnerte sich der Zauberer lächelnd, und seine Augen wurden glasig, weil er grauen Star hatte. »Viele, viele Lewonzen!«

»Exactamundo«, sagte Bibbo. »Das heißt, dass wir jetzt messerscharf überlegen müssen! Wir haben schon Uhrins Schrumpfgermanen an der Backe, da will ich gar nicht wissen, warum diese Geister da mein Foto rumzeigen.«

»Autogrammjäger, spezialisiert auf Background-B-Boys? Mangos wissen, was ein Handtuch ist? W-w-wissen, was ein Handtuch ist?«, zitierte der Zauberer die Liedzeile falsch.

»Ausgeschlossen.« Bibbo schüttelte den Kopf. »Ich hab ne Idee. Was hältst du davon, wenn wir –«

Bevor der Hiphop weitersprechen konnte, tauchten zwei weitere Gesichter unter dem Tisch auf. Ein Gesicht plus zwei halbe Gesichter, um genau zu sein.

»Wir wollen euren gemütlichen Klönschnack ungern unterbrechen«, sagte Estragon und blickte von Bibbo zu Ganjalf und zurück. »Aber grade ist einer von den fliegenden Leichensäcken da im Gastraum aufgetaucht.« Er verzog das Gesicht. »Sieht ziemlich so aus, als würde er noch mal die Runde machen, um sich nach einem gewissen Herrn Skifahrer zu erkundigen.«

»So'n ganz Großer«, ergänzte Gimolas, »mit Wallewallebart und ner roten Blinknase. Voll scheiße sieht der aus.«

»Bart, Nase, sieht voll scheiße aus«, murmelte der Zauberer für sich, »vielleicht isses Ganjalf?«

»Und da dachten wir«, fuhr Estragon fort und hatte schon wieder seinen Bleistift im Mund, »dass wir ihm vielleicht einen kleinen Hinweis geben sollten, dass ihr hier grade zufällig so schön pflückfrisch in eurer Höhle hockt. Einen kleinen Wink mit dem Zaunpfahl.« Streichler zwinkerte und winkte mit seinem Bleistift.

»Auf keinen Fall«, zischte Bibbo. »Lasst uns einfach in Ruhe! Das geht euch nichts an.«

»Was uns nicht angeht, ist ne kaputte Glühbirne«, sagte Estragon und kam sich wohl witzig vor. »Vorschlag: Denken wir das Ganze doch mal von der anderen Seite durch.«

»Was soll das heißen?«, fragte Bibbo.

»Muss was gegen meine Rückenschmerzen tun«, murmelte Ganjalf, aber keiner achtete auf ihn. Scam lag derweil auf dem Rücken, kaute zufrieden Gummi und schaute interessiert in die acht Nasenlöcher, die über ihm schwebten.

»Wie wäre es zum Beispiel«, fuhr Estragon fort, »wenn mein Freund Gimolas und ich hier«, er wies auf seinen Freund Gimolas und sich hier, »uns freundlicherweise um die unschöne Geistesgestörtheit da draußen kümmern würden, die offensichtlich hinter euch her ist?«

»Sind noch alle fadenscheinigen Typen losgeworden«, sagte Gimolas nickend und drehte dabei den Kopf so, dass man seine grimmige Zwergenseite besser sah.

»Keine Sorge, das kriegen wir sehr gut alleine hin – nicht wahr, Ganjalf?« Bibbo drehte den Kopf, um den Zauberer anzusehen, der sich zu seinem Entsetzen gerade eine Spritze aus dem Arm zog. »Ganjalf!«

»Heroin, Heroin, issie beste Medisin«, brabbelte der Zauberer, bevor er wie ein feuchter Sack Reis zu Scam unter den Tisch glitt. Er drehte sich auf den Rücken und zeigte fahrig in die Luft. »Ssau nur, kleiner Bebop«, lallte er, »da unden auf dem Holsboden liegen gans viele Gaugumnis.« Dann brach er in Gelächter aus.

»Ihr habt natürlich recht, Herr Skifahrer, verzeiht«, sagte Estragon lächelnd, »ihr kriegt das ganz offensichtlich hervorragend alleine hin. Was soll mit so einem aufgeweckten Kompetenzteam schon schiefgehen?«

Wie zum Beweis verschluckte sich Scam in diesem Moment an einem Rattenköttel, den er für einen Kaugummi gehalten hatte.

»Gimolas? Würdest du freundlicherweise mal nachsehen, wie weit unser geistlicher Freund da draußen mit seiner Suchanfrage vorangekommen ist?«, fragte Estragon und streichelte seine klebrigen braunen Haare zurück hinter die Ohren.

»Fjeden!« Der Kopf des Halbelbfs verschwand, nur, um sofort wieder aufzutauchen. »Gespenst ist gleich hier. Würde mal sagen, noch vier Tische entfernt.«

»Ihr blufft«, sagte Bibbo.

»Wollt ihr lieber selber nachsehen? Be my guest!«, sagte Estragon. »Bestimmt eine hervorragende, total ungefährliche Idee.«

»Mach ich doch glatt«, schnappte Bibbo und begann, kräftig gegen Frolics Kniescheibe zu hämmern, die neben ihm schwebte. »Neffe! He, Neffe!«, rief er durch die Tischplatte. »Siehst du da oben was, was dir komisch vorkommt?« Er klopfte noch mal auf Frolics Knie. Plötzlich schlugen die Beine des Jungen heftig aus, etwas Schweres fiel um, und Bier lief in Bibbos Nacken.

»Da-da-da –«, sagte Frolic, dessen verquollenes Gesicht jetzt unter dem Tisch auftauchte.

»Ich lieb dich nicht, du liebst mich nicht?«, fragte Gimolas.

»Nein, da-da-da kommt d-d-der Weihnachtsmann«, sagte Frolic mit aufgerissenen Augen. »Und der Terminator. Aber beide gleichzeitig! Und sie sind irgendwie krass … tot.« Eine Träne blitzte im Auge des Jungen auf, er schluckte, schluckte noch mal – und gab einen brüllenden Bierrülpser von sich, bei dem fast Land mitgekommen wäre. Dann fiel er auf Scam und Ganjalf.

»Ich gebe es ungern zu«, sagte Bibbo, blickte auf die drei Gestalten unter sich und dann zu Estragon und Gimolas, »aber wir sind momentan mental etwas unterversorgt. Was wollt ihr für eure Hilfe?«

»Weise analysiert, Herr Skilehrer«, sagte Streichler und liebkoste seinen Bart. »Wir wollen einfach nur mit auf euer Ticket. Wenn Mördör gleich nen ganzen Wäschekorb Gespensterkostüme nach euch ausschickt, müsst ihr was Wertvolles in der Tasche haben. Wir wollen ein Drittel.«

»Auf keinen Fall«, sagte Bibbo.

»Auf geinen Fahl«, lallte Ganjalf vom Boden.

»Auf keinen Fall«, sagte Frolic, weil Scam versuchte, ihm einen Rattenköttel in den Mund zu schieben.

»Au--eine-n-all«, kaute Scam, der einfach nur wiederholte, was er gerade irgendwo gehört hatte.

»Gut, kein Drittel«, sagte Estragon. »Wir geben uns auch mit ...«, er tauschte einen Blick mit Gimolas, »33,3 Prozent zufrieden.«

»Niemals!«, sagte Bibbo. »3,33 Prozent vielleicht.«

»333 Prozent«, sagte Estragon und taxierte Bibbo.

»Okay, 333«, sagte der Hiphop, »aber nicht Prozent, sondern Silbereisen!«

»32 Prozent«, sagte Estragon, »mein letztes Wort.«

»3 Prozent plus 2 Prozent«, sagte Bibbo.

»31 Prozent.«

»13 Prozent«, erhöhte Bibbo.

»In Ordnung, 31,13 Prozent«, sagte Streichler.

»Von wegen!«

»Zwei Sechstel Prozent.«

»Nice try.«

»Aua, meine Schläfenlappen«, sagte Ganjalf und versuchte erfolglos, sich aufzusetzen.

»Ihr müsstet euch langsam mal einig werden«, sagte Gimolas, der kurz aufgetaucht war, »noch zwei Tische, dann ist er hier.«

»Okay, letztes Angebot«, sagte Streichler und nuschelte ganz schnell: »Hmumnamunaussig Prozent.«

»Wie bitte?«

»Hmumnamunaussig Prozent«, wiederholte Streichler genauso schnell und unverständlich.

»Noch ein Tisch!«

»Deal!«, rief Bibbo und streckte die Hand aus. Estragon schlug ein. Gimolas grinste links und rechts. Ganjalf hustete und drehte sich eine Zigarette. Scam gähnte tief, und Frolic bewies Gefühl für humoristisches Timing, indem er seinem Bruder im gleichen Moment in den offenen Mund furzte. »Zielgruppe!«, rief jemand im Lokal.

Etwas klopfte auf die Tischplatte.

»HALLO KOMMA IST DA WER FRAGEZEICHEN«, erklang eine Stimme, die aus einer anderen Zeit zu kommen schien.

»Und jetzt?«, flüsterte der Hiphop.

»Jetzt übernehmen wir«, sagte Gimolas und rieb seine elegante Elbfen- und seine grobkörnige Zwergenhand ineinander.

Im Thronsaal des dunklen Herrschers ging gerade nicht viel.

Es war wie mit dem Loch in der Voliere: Alle waren ausgeflogen, bis auf die, die gar nicht mehr wussten, dass es auch noch ein Leben außerhalb des Käfigs gab.

Sausack, Lordprotektor der lauen Lüstchen und Maharadscha der Malignität, vertrieb sich die Zeit damit, ein paar Darts zu werfen. Gerade schleuderte er einen frisch gespitzten Pfeil mit voller Kraft in Richtung Ziel – doch das Wurfgeschoss schlug nur in eine Säule ein. Marmorbröckchen spritzten.

»Damnit!«

Fast hätte er einen erwischt, aber dem kleinen Schlingel im Spüllappen war es schon wieder gelungen, sich im letzten Moment hinter einen schützenden Pfeiler zu werfen. Dabei hatte der dunkle Fürst extra abgewartet, bis einer ihm den Rücken zugewendet hatte.

Sausack fluchte erneut und hielt nach etwas anderem Ausschau, das er abwerfen konnte – am besten etwas Bewegliches, Schmerzempfindliches. Die Schwiegermutter zum Beispiel. Der Gedanke brachte ihn zum Lächeln. Oder sollte er es doch einmal mit einer Zielscheibe probieren?

Ein paar olle Verse aus der Gorgorother Klassik kamen ihm in den Sinn, die er in der Irrealschule hatte auswendig lernen müssen. Wie gingen sie gleich?

Er murmelte:

Wichtig ist beim Darts besonders
Bierchen-trinken-Gehn.
Dann wirft man mit Pfeilen auf so
Kreise, die sich drehn.
Vorher trinkt man Bierchen, und dann

wirft man … – in die Wand,
und dann lacht man, und dann hat man
Bierchen in der Hand.
Und dann trinkt man, und dann wirft man
Pfeilchen noch einmal.
Und man wirft aus Langeweilchen
Hans ein Pfeilchen in die Teilchen,
und dann kloppt man sich ein Veilchen.
Und man wechselt das Lokal.

Früher hat man eben noch richtige Gedichte geschrieben, dachte der dunkle Fürst missmutig. Pfeilchen, Teilchen, Veilchen – was gab es da groß zu interpretieren? Ganz im Gegensatz zu dem Gestammel, das irgendwelche urkischen Avantgarde-Poeten heute als letzten lyrischen Schrei losließen.

Er ließ die restlichen Dartpfeile fallen, schloss die Augen und stöhnte, so laut, dass es in seinem Helm widerhallte.

Nur noch vier Tage bis zu seinem Hochzeitstag – und die verflixten Geister hatten noch immer nichts von sich hören lassen! Was hieß, dass das Bling-Bling immer noch so fern war wie Honolulu, nämlich genauso gut in einem anderen Universum sein konnte. Er würde den nutzlosen Neun einen Einlauf in der Waschmaschine gönnen, wenn sie sich hier je wieder blicken ließen, dachte Sausack grimmig, im Unfeinwäsche-Programm bei maximaler Schleuderzahl und mit Weichspüler auf Salzsäurebasis.

»Was mache ich hier eigentlich?«, rief er und hoffte für einen winzigen, beschämenden Moment, irgendwer würde ihm eine Antwort zurufen.

»Ich würde sagen«, sagte einer, »dass wir es mit einem retardierenden Moment zu tun haben.«

»Bitte was?«

»Ich glaube, dass der Autor versucht, Spannung aufzubauen, indem er noch mal den Handlungsort wechselt, bevor er mit der anderen Szene fortfährt.«

»Ah. Aha. Macht Sinn«, sagte Sausack. »Aber wenn das so ist – ich meine – dann sind wir hier eigentlich schon fertig, oder?«

»Mit Vergnügen«, sagte einer und knipste das Licht aus.

Im Voltigierenden Wallach geschah etwas, das dort noch nie jemand gesehen hatte und auch nie wieder sehen würde: Aufgrund eines temporären Herzleidens, das den Wirt, Herrn Butterbier, beim Anblick seiner neuen Thekenkraft, Fräulein Pechholz, befallen hatte, durfte der alte Winterer fünf Herrengedecke anschreiben lassen und unbehelligt in Richtung Ausgang stolpern.

Wie es der Zufall wollte, geschah weiter hinten im Gastraum ebenfalls etwas, das dort noch nie jemand gesehen hatte. Neben dem Tabak-Flipper redeten ein Mann mit Dreizehntagebart und grünem Umhang und eine zweigeteilte Gestalt, die eher in einen Batman-Comic gepasst hätte als ins Ost-Auualand, auf einen durchscheinenden Riesenroboter mit Zipfelmütze ein, der leicht über dem Boden schwebte. Während drei Hiphops und ein Thetan der 10. Stufe direkt dahinter unter einem Tisch kauerten (weshalb man sie streng genommen überhaupt nicht sehen konnte).

»Natürlich wirkt es von außen erst mal wie eine Wärmflasche«, sagte Streichler in diesem Moment und betatschte eine Art roten Gummischlauch in Herzform, der erst mal eine Wärmflasche war.

»Aber nur von außen«, ergänzte Gimolas und sah den Geist der zukünftigen Weihnacht mit breitem Lächeln an, »das ist ja gerade das Schöne.«

»Genau, das ist der Trick«, sagte Streichler. »Nur so garantiert unser Produkt auch wirklich volle Diskretion und Ungestörtheit.«

»ICH WEISS NICHT«, sagte der Weihnachtsgeist und richtete seine Laseraugen auf das rote Gummiherz. »EIGENTLICH BRAUCHE ICH KEIN REISEBETT PUNKT« Sein Kopf drehte sich ruckend um ein paar Grad nach links und rechts, wie der einer Eule. »BIN DIE LETZTEN DREIHUNDERT JAHRE AUCH GANZ GUT OHNE AUSGEKOMMEN PUNKT«

»Das lässt sich leicht behaupten«, fuhr Gimolas fort, »wenn man noch keinen Blick auf die Innenausstattung unseres patentierten Dings, äh, Reise- und Schlafcontainers geworfen hat. Das muss man mit eigenen Laseraugen gesehen haben, sage ich Ihnen, sonst kann man bei der nächsten Monsterparty überhaupt nicht mitreden.«

»Wir haben an nichts gespart«, schwärmte Estragon. »Innen finden Sie das Brackwasserbett mit schwarzem Latexbezug und spinngewebter Tagesdecke, die dreizehnteilige Dämmerlichterkette mit Muschebubu-Taster und natürlich den personalisierten Spuknapf –«

»SPUKNAPF FRAGEZEICHEN«

»Genau den! Legen wir nämlich als Gratisgeschenk obendrauf. Klingt das nicht wunderbar wohnlich?« Streichler alias Estragon massierte seinen Bart. »Und das Beste: Die vorinstallierte Ouija-Gegensprech-Anlage und die Kettenrasselautomatik –«

»SO WAS HABEN DOCH NUR NEUREICHE PUNKT«

»– werden Sie garantiert in keinem unserer Modelle finden: Wer braucht schon modischen Schnickschnack, wenn er Geschmack hat?« Streichler lächelte breit, hielt dem Weihnachtsgeist die Öffnung der Wärmflasche vor die Nase und schüttelte sie hin und her. »Wer keinen Blick riskiert, verliert!« Er schüttelte noch mal. »Nicht lang schnacken, Geist reinpacken!«

Der Weihnachtsgeist begann, Berechnungen anzustellen, was man daran erkannte, dass das Gebläse hinter seinen Nasenlöchern ansprang, aus denen jetzt warme Abluft strömte.

»NEIN DANKE«, sagte er schließlich mit blecherner Stimme, »ICH HABE EINE STATISTISCHE WAHRSCHEINLICHKEIT VON ZWOELF KOMMA FUENF SIEBEN PROZENT ERRECHNET KOMMA DASS SIE IHREN REISE- UND SCHLAFCONTAINER VERSTOEPSEL KOMMA SOBALD ICH HINEINGESCHLUEPFT BIN PUNKT« Seine Nase blinkte. »DAS WAERE WENIG WEIHNACHTLICH PUNKT«

»Aber nein!«, »Nie im Leben!«, »Wer denkt denn so was?«, riefen Estragon und Gimolas durcheinander, während Streichler den Stöpsel der Wärmflaschen unauffällig wieder in seinen Umhang gleiten ließ.

»SIE MUESSEN WISSEN DOPPELPUNKT EIN DRACHE HAT UNS SCHON MAL REINGELEGT«, sagte der Geist. »DURCHGEBRANNTES MOTHERBOARD SCHEUT DAS FEUER PUNKT« Er hielt kurz inne. »AUSSERDEM BEVORZUGE ICH TANNENGRUEN PUNKT«

Der Weihnachtsgeist ruckte mit dem Kopf, und sein Blick fiel auf Ganjalfs Zanderstab, der gut sichtbar neben der Eckbank an der Wand lehnte. Und dann auf den schwarzen Aktenkoffer, der daneben auf der Bank stand. Zum Glück war die Sitzecke so geschnitten, dass Estragon und Gimolas die Sicht unter den Tisch recht gut verdeckten, solange sie – so wie jetzt – direkt davorstanden.

»SAGT IHNEN DER NAME ONKEL BIBBO ZUFAELLIG ETWAS FRAGEZEICHEN«, fragte der Geist, produzierte die durchscheinende Autogrammkarte von Elton John – der dem Hiphop wirklich verflixt ähnlich sah – und hielt sie Estragon und Gimolas vor die Nase. »SO SCHAUT ER AUS PUNKT«

»Meine Fresse, ist der hässlich! Sie gestatten, dass ich meinem, äh, Partner hier kurz was ins Ohr flüstere, bevor wir antworten?«, fragte Streichler und zeigte auf Gimolas. »Nur eine kleine, öh, versaute Fantasie.«

»Genau«, behauptete der Halbelbf sofort, »wir sind nämlich frisch verliebt.«

»NATUERLICH«, sagte der Geist. »ICH WERDE MEINE SENSOREN IN EINE ANDERE RICHTUNG LENKEN PUNKT«

Estragon nahm den Bleistift aus dem Mund, trat an Gimolas heran und begann, ihm etwas ins Elbfenohr zu wispern. Während er flüsterte, zeigte Streichler erst auf den Boden und versetzte seine Hände dann in rührende und wirbelnde Bewegungen. Der Halbzwerg nickte und grinste. Der Weihnachtsgeist, der sich höflich abgewandt hatte, spielte gerade eine Runde Minesweeper im Kopf, als Streichler ihn wieder ansprach.

»Good news!«, rief der Waldverläufer, »wir wissen tatsächlich, wo dieser Onkel Bimbo steckt. Meinem, äh, Partner hier ist grade eingefallen, dass das ja genau der Hiphop ist, der jeden Montag in den Wallach kommt, um in der Dampfsauna zu chillaxen. Gleich hier im Keller.« Streichler wies mit beiden Zeigefingern auf den Fußboden, dann blickte er demonstrativ auf sein nacktes Handgelenk. »Schon so viel Uhr? Mensch, dann müsste er genau jetzt in der Sauna sitzen. Was für'n Zufall! Ihr müsst ihn eigentlich nur noch einsammeln.«

»DAS WAERE EINE SEHR UNWAHRSCHEINLICHE KOINZIDENZ PUNKT«

»Ja, extrem unwahrscheinlich! So was passiert sonst nur im Film.« Er strahlte. »Oder in einem Buch.«

»WER STATISTIK BEHERRSCHT KOMMA WEISS NATUERLICH KOMMA DASS AUCH SEHR UNWAHRSCHEINLICHE EREIGNISSE EINTRETEN«, sagte der Geist. »NUR EBEN SEHR SELTEN PUNKT«

»Glasklar! Damit haben Sie ja quasi gleich bewiesen, dass der gesuchte Hiphop zum jetzigen Zeitpunkt in der Dampfsauna sitzen *muss*«, sagte Streichler und hackte die rechte Handkante in die linke Handfläche. »Sonst würde ja auch nie jemand im Lotto gewinnen. Toller Fang, Glückwunsch noch mal!« Der Weihnachtsgeist wollte etwas einwenden, aber Estragon laberte einfach weiter. »Aber, voll wichtig noch, Herr Geisterbahn: Ihr braucht auf jeden Fall Unterstützung. Der Hiphop, den ihr sucht, ist nämlich krass hulk. Der füllt die Dampfsauna alleine aus.« Er breitete seinen Umhang aus, um anzudeuten, wie groß und stark Bibbo angeblich war. »Das täuscht auf eurem Foto, weil, da fehlt ne Größenreferenz. Ihr habt doch Support mitgebracht, oder?« Er deutete in Richtung Nebenraum.

»NATUERLICH«, sagte der Geist der zukünftigen Weihnacht. »WIR WERDEN GEMEINSAM GEHEN PUNKT VIELEN DANK FUER DEN HINWEIS PUNKT«

»Bombe«, freute sich Streichler. »Ich hätte sogar noch ein paar *special moves* gegen Hiphops auf Lager, die hab ich in meiner Zeit als Rap-Battle-Ringrichter in Bockenfurt gelernt. Die könnte ich Ihnen und den Kollegen doch noch mitgeben, oder?« Er zeigte erneut in Richtung Nebenzimmer. »Sollen wir gleich rübergehen? Dann muss ich nicht alles doppelt erklären.«

»GERNE«, sagte der Weihnachtsgeist. »DAS WAERE SEHR ZUVORKOMMEND PUNKT«

»Kein Ding«, sagte Streichler und wollte dem Gespenst auf die Schulter klopfen, patschte aber nur in die leere Luft. »Nach Ihnen!«

Der Geist der zukünftigen Weihnacht glitt gemächlich und würdevoll durch den Gastraum davon, gefolgt von Estragon, der nach drei Schritten auf seinen Umhang trat, ins Stolpern geriet, sich in einen Aschenbecher abstützte, dabei die Hand verbrannte, aufschrie, ein Bier umwarf und auf einen Hund trat. Bei alldem fand er noch die Zeit, sich nach Gimolas umzudrehen, ihm ein Daumen-Hoch zu zeigen sowie, der Tarnung halber, eine Kusshand zuzuwerfen. Dann verschwand er hinter dem Weihnachtsroboter im Nebenzimmer.

Gimolas zählte innerlich bis drei, ging in die Knie, wie üblich leicht schief, und blickte in die Gesichter von Ganjalf, Bibbo und Frolic. Nur Scam streckte ihm versehentlich den Hintern zu.

»Fuck me!«, sagte Bibbo und blickte den Halbzwerg mit einer Miene an, die zugleich entsetzt und erleichtert war. »Ist nicht sonderlich geil gelaufen, euer doller Plan. Einfach alle in ne Wärmflasche sperren, habt ihr gesagt. Sind Geister ganz heiß drauf, habt ihr gesagt, die schlüpfen in alles, was ein Loch hat.« Er schüttelte den Kopf. »Dachte zwischendrin schon, wir sind im Arsch.«

»Tut mir traurig«, lächelte Gimolas und hob entschuldigend einen schlanken und einen muskulösen Arm.

»Und wie geht's jetzt weiter?«, fragte der Hiphop und nickte in die Richtung, in die Streichler und der Geist verschwunden waren. »Was ist der B-Plan?«

»Kann grad nicht erklären, weil: Sind noch mittendrin«, sagte Gimolas und blickte Ganjalf an. »Hey, Dumbledore, hast du noch was von deinem Instantglück für Druffis über?« Er deutete an, sich eine Spritze in den Arm zu schieben. »Könnten wir grade prima gebrauchen, um hier heil rauszukommen.«

»Wir kommen hier nur raus, wenn wir pickepacke high sind?«, fragte Ganjalf. »Ich liebe es!«

»Äh, nein, war nicht für uns gedacht, leider«, sagte Gimolas. »Brauch ich für den B-Plan.«

»Auch kein Problem. Momentchen«, sagte sich der Zauberer, zerrte seinen Aktenkoffer von der Bank, legte ihn auf Frolic und Scam ab und ließ ihn aufschnappen. Bibbo erschrak, als das Bling-Bling sichtbar wurde, das von einigen Tablettenröhrchen mehr schlecht als recht verdeckt wurde, aber der Halbelbf konnte ja nichts von dessen Wert wissen.

»Ich hätte hier Folgendes anzubieten«, fuhr Ganjalf fort, »Klopper zum Draufkommen, Topper zum Nachlegen, Stopper zum Runterkommen, Whopper für den Hunger danach, Fopper für Eingebildete, Hopper für Dennis –«

»Auch einfaches Acid in dem Zauberkoffer da?«, unterbrach ihn Gimolas.

»Pappe, Micro oder Zuckerwürfel?«, fragte Ganjalf kundenorientiert.

»Am besten flüssig.«

»Schittebön«, sagte der Zauberer und reichte dem Halbelbf ein braunes Medizinfläschchen, in dem eine Pipette steckte.

»Besten Dank!«, sagte Gimolas. »Und nun entschuldigt mich: Ich muss dringend noch was vorglühen.«

»Und wir?«, fragte Bibbo. »Was machen wir?«

»Ihr rührt euch nicht von der Stelle, bis wir wiederkommen.« Er hielt kurz inne. »Wenn wir nicht wiederkommen, haben die Geister uns umgebracht.« Er legte einen Finger an die Lippen. »Oder wir machen mit ihnen gemeinsame Sache. Dann wäre es ebenfalls begrüßenswert, wenn ihr euch nicht von der Stelle rühren würdet.« Er erhob sich. »Zusammenfassend: Rührt euch nicht von der Stelle.«

»Aber –«, sagte Bibbo, doch Gimolas war schon in Richtung Treppenhaus verschwunden.

Bibbo blies die Backen auf. Der Kachelboden war kalt, Ganjalfs Koffer stach in seinen Rücken, sein Nacken klebte, sein Kopf schmerzte, und Scam sabberte auf sein Hosenbein. Warum hatte er sich nur ein zweites Mal darauf eingelassen, mit dem Zauberer gemeinsame Sache zu machen?

»Können wir noch zwei Bier, Onkel?«

»Jetzt ist grad schlecht.«

»Kann ich noch eine Wärmflasche, Onkel?«

»Du sollst mich nicht so nennen, Ganjalf«, sagte Bibbo und reichte dem Zauberer das Gummiherz, das Gimolas dagelassen hatte, ohne dabei die Tür zum Nebenzimmer aus den Augen zu lassen – die sich in diesem Moment öffnete.

»Klappe jetzt!«, zischte der Hiphop.

Bibbo sah, wie Streichler den Nebenraum verließ. Der Waldverläufer schien aufzulachen und machte, während er voranschritt, eine Geste, als wringe er ein nasses Eichhörnchen aus. Und hinter ihm flockte, wie von Geisterhand, Umriss für Umriss, ein Korps von Korpussen durch die Tür – eines der Gespenster kam sogar durch die Wand! –, angeführt von jenem unheiligen Nikolaus, diesem Roboter-Geist, den sie bereits aus der Nähe erlebt hatten.

Die Gespräche im Voltigierenden Wallach schwollen so plötzlich ab, als hätte jemand den zentralen Lautstärkeregler von Durchschnittserde nach unten gezogen; sogar der entische Speedcore-Punk, der aus der Jukebox raste, wechselte auf einmal in eine Moll-Tonart, während die Geisterkolonne in Richtung Treppenhaus schwebte. Dann waren sie verschwunden.

Sofort kehrte die Lautstärke an den Tischen wieder auf ein gewohntes Niveau zurück, nämlich auf »lauter als nötig«.

»Hauen wir sofort ab – oder warten wir, ob die beiden mit der Bettlaken-Bande fertigwerden?«, fragte Ganjalf, der überraschenderweise mitbekommen hatte, wer wer und was was war.

Bibbo blickte erst den Zauberer an, dann die Neffen, den Koffer und der Kellnerin hinterher.

»Wir warten«, entschied Bibbo, »zumindest ein paar Minuten.«

Ganjalf nickte und begann, den Kleinen flüsternd beizubringen, wie man Tabakstäbchen mit Lungenkrebsfüllung rollte, Bibbos Rücken als Übungsunterlage benutzend. Es dauerte fünf Minuten, bis Scam gelernt hatte, dass man Tabak nicht essen konnte, und weitere fünf Minuten, bis Frolic beim Versuch, den Klebefilm des Papiers anzulecken, seine erste Zigarette verschluckte.

Bibbo sah auf die Uhr über dem Tresen. Sie zeigte zehn nach fünf. Er gähnte kräftig, und als er wieder hinsah, zeigte die Uhr zehn nach sechs, weil der Wirt sie soeben von Winter- auf Sommerzeit umgestellt hatte. Der Zauberer lag halb auf ihm, deshalb musste der Hiphop nur kurz seinen Ellenbogen heben, um Ganjalf in die Seite zu knuffen.

»Wir warten schon über ne Stunde«, sagte Bibbo. »Lass ma losmachen.«

»Krass, okay«, sagte Ganjalf und nahm die Neffen bei den Händen. »Okay, Kiddos. Auf drei rennen wir brüllend und armwedelnd zur Tür, als hätten wir schon bezahlt. Genau wie sonst auch, in Ordnung?«

Scam und Frolic nickten. Bibbo griff nach dem Zanderstab und dem Koffer. Er lugte noch mal unter dem Tisch hervor: Der Weg zum Ausgang war frei.

»Fertig?«, fragte er. »Okay! Eins, zwei, dr–«

Fast wäre Bibbo in eines der vier Beine gerannt, die plötzlich vor ihnen standen: ein normales, ein schlankes, ein kurzes. Und ein normales. Gimolas und Estragon waren zurück – und sie schienen vollkommen geistlos zu sein.

»Geschafft!«, keuchte Estragon, während die Hiphops und der Zauberer unter der Tischplatte hervorkrochen. »Wir taten es!« Die langen Haare klebten Streichler nass im Gesicht, Tropfen glitzerten in seinem Bart.

Auch der Halbelbf war durchfeuchtet. »Die sind erst mal beschäftigt«, sagte Gimolas, lachte ein höhnisches zweistimmiges Lachen und gab sich mit Zwergen- und Elbfenhand selbst ein High Five.

»Was, wie – wie habt ihr das angestellt?«, fragte Bibbo.

»Bitch please«, machte Estragon und tätschelte den Oberarm des Hiphops. »Geister – kennst du unheimlich viele, kennst du fast alle. Wir haben natürlich das alte Banja-Gambit ausgepackt.«

»Nur mit ner Extraportion Gehirnschlagsahne«, kicherte Gimolas, und Ganjalf kicherte mit, obwohl er keine Ahnung hatte, wovon die Rede war.

»Banjo-Gebiet? Was soll das überhaupt heißen?«, fragte Bibbo.

»Schau«, hub Estragon an, »Geister bestehen doch aus so weißem – wie war der Fachausdruck noch? – Schlomps, genau, so weißer Schlomps. Und wenn man diesen Schlomps in ein fett eingenebeltes Dampfbad rührt, dann wissen die Riesen-Taschentücher natürlich nicht mehr, wo oben, unten, links oder hinten ist.« Er kicherte nicht ohne Stolz und tropfte auf Bibbos Kopf.

»Moment – im Keller ist wirklich ein Dampfbad?«

»Klar, ne Banja, sag ich doch! Was früher mal ein abgefuckter Heizungskeller mit undichten Ventilen war, ist heute«, Streichler wechselte ein wenig die Tonart, »ein wertiges Thermal-Angebot, um Übernachtungsgäste für die Destination Ost-Aualand zu begeistern.« Er wischte seine feuchten Haare von der linken auf die rechte Gesichtshälfte. »Streng genommen ist es immer noch ein abgefuckter Heizungskeller.«

»Verstehe«, behauptete Bibbo und versuchte, die Neffen zu ignorieren, die vor ihm Position bezogen hatten, um anklagend in ihre leeren Maßkrüge zu starren. »Beziehungsweise verstehe nicht. Selbst wenn ihr die ganze Geisterstunde da unten tüchtig, äh, eingedampft habt und sie erst mal die Übersicht verlieren – können die nicht einfach 3 Meter gradeaus fliegen?« Er ahmte die Bewegung mit der Hand nach. »Bis sie wieder irgendwo aus der Wand kommen?«

Estragon räusperte sich umständlich. Gimolas räusperte sich. Ganjalf räusperte sich, weil er dachte, das macht man jetzt so.

»Könnten sie wohl, könnten sie wohl«, sagte Streichler vage, fuhr sich mit der Zunge über die Lippen und massierte den Bereich seines Hemds, an dem sich seine Brustwarzen befinden mussten. »Aber wollen? Warum gehn, wenn's grad so schön ist?« Er zwinkerte aufdringlich – und hauchte: »Wo unser Freund Gimolas doch gerade erst einen frischen, dampfendheißen Sauna-Aufguss auf eines der dicken, glühenden Rohre gegeben hat?« Dabei betonte er die Worte »dampfend-heiß« und »dicke, glühende Rohre« vollkommen falsch. Er leckte sich noch einmal die Lippen. »Habe ich erwähnt, dass es ein Super-Sonder-Space-Aufguss war?«

»50 Prozent Kräuter aus den Blauen Bergen, 30 Prozent Ellbogenschmalz, 100 Prozent Lysergsäurediethylamid – Aufguss mit Schuss!«, ergänzte Gimolas und reichte Ganjalf das halb leere Acid-Fläschchen zurück, eine Verbeugung andeutend. »Ich hab sogar meine spezielle Wedeltechnik vorgeführt«, sagte Gimolas und simulierte eine Wedeltechnik, die so speziell war, dass Scam und Frolic ihre leeren Humpen sinken ließen und dem Halbelbf interessiert zusahen.

»Könnte man fast neidisch werden«, phantasierte Streichler. »Du schwebst im Raum, völlig freidrehend … oben ist unten ist von vorne ist von hinten … ist eine Scheibe aus Milch, auf der ein Leberwurstboot treibt, während ein LSD-Strahler mit 10.000 Watt-the-fuck auf dein Gehirn glüht … um dich nichts als heiße weiße, geile Leiber … dampfende Schatten, die sich im Matten begatten …« Er lachte spitz und massierte seinen Bleistift, und wie zum Beweis waren in diesem Moment Schreie aus dem Keller zu hören, vielleicht kamen sie aber auch nur aus der Jukebox. »Orgie«, flüsterte Streichler und sabberte auf Bibbos Kopf.

»Danke«, sagte der Hiphop. »Das war unnötig ausführlich.«

»Was ist eine Orgie, Uncle?«, fragte Frolic.

»Ein sehr großes Tasteninstrument mit langen Pfeifen«, sagte Bibbo und wandte sich wieder an Estragon und Gimolas: »Ich fasse mal zusammen: Ihr habt den Heizungskeller des Wallach …«

»Die Dampfsauna«, korrigierte Streichler.

»… die Dampfsauna des Wallach in eine Art Darkroom …«

»Whiteroom?«, schlug Gimolas vor.

»… in eine Art Dark-Slash-Whiteroom für Geister verwandelt.«

»Voller Drogen«, ergänzte Estragon nicht ohne Stolz.

»Ich vergaß. Ein Darkroom auf Drogen für Dämonen. Um sie eine Weile von uns abzulenken.«

»Ganz genau!« Die Angesprochenen strahlten.

»Dann ist die Sache ja, recht betrachtet«, Bibbo zögerte einen Moment, »ziemlich geil gelaufen. Bedankt!«

»Jederzeit«, freute sich Estragon. »Ein paar Stündchen dürften sie übrigens noch beschäftigt sein.« Er blickte auf sein Handgelenk, an dem sich immer noch keine Uhr befand. »Bis sie sich, öh, ausgepowert haben. Bis dahin sind wir über alle Berge. Apropos.« Er blickte Bibbo und Ganjalf an. »Über welche Berge noch gleich?«

»Wie viel Prozent Anteil hatten wir noch mal gesagt?«, fragte Bibbo zurück. »Hmumnamunaussig?«

»Hmumnamunaussig«, bestätigte Streichler.

»Dann noch mal: Willkommen an Bord. Diesmal offiziell«, sagte der Hiphop, blickte Streichler in die Augen und gab ihm die Hand. »Unsere Reise geht nach Mördör.«

Er blickte Gimolas ins Elbfenauge und gab ihm die rechte Hand. »Es geht, wie man in Albion sagt, um eine Fickladung vom Geld.«

Er blickte Gimolas ins Zwergenauge und gab ihm die linke Hand. »Du bist nicht zufällig mit Uhrin Eichelschlemmer bekannt, verwandt, verschwägert?« Gimolas schüttelte den Kopf. »Sehr gut. Der will unseren Schatz nämlich auch.«

»Welchen Schatz?«

»Diesen Schatz«, sagte Bibbo und nickte Ganjalf leicht zu, der den Deckel des Aktenkoffers ein wenig anhob, sodass das Bling-Bling sichtbar wurde. Gimolas und Estragon verzogen das Gesicht.

»Das ist ein Schatz?« Estragon deutete auf das Schmuckstück.

»Zumindest ist jemand bereit, dafür zu zahlen, als wär's einer«, sagte Bibbo und sah ihn achselzuckend an.

»Sag das doch gleich.« Estragon straffte sich. Eine Träne glitzerte in seinem Bart, vielleicht auch nur ein nasser Popel. Die Musik schwoll an.

»Du hast meinen Bleistift«, sagte er episch.

»Du hast meinen Köcher voller kleiner, feiner Äxte«, sagte Gimolas. »Ich nenne sie Pfbeile.« Sein Halbbart wogte bewegt. »Elbfen-Pfbeile.«

»Du hast meinen Zanderstab«, sagte Ganjalf. »Gib ihn wieder her!«

»Du hast meinen scharfen Verstand«, sagte Frolic zum Münzeinwurfschlitz des Tabak-Flippers.

»Du hast meine Chipstüte«, sagte Scam und bot seinem Onkel seine köstlichen Chipsfrisch Ungarisch (250 g) von funny-frisch [bezahlte Produktplatzierung] an.

»Du hast die Rechnung noch nicht bezahlt«, sagte die Kellnerin und tippte dem Hiphop auf die Schulter.

»Du hast eine Risikobegegnung«, sagte eine SMS, die auf Bibbos Handy aufpoppte.

»Du hast den Farbfilm vergessen«, sagte die Jukebox.

»Ich danke euch«, sagte Bibbo, gab Ganjalf seinen Stab zurück und leerte sich eine Handvoll der köstlichen Chips der Marke Chipsfrisch Ungarisch (250 g) von funny-frisch [bezahlte Produktplatzierung] in den Mund. »If fanke euff allen.« Er schluckte die großzügig eingespeichelte Masse aus Salz, Fett und Geschmacksverstärkern herunter, damit sich die Chipsfrisch Ungarisch von funny-frisch – nachdem sie Dünn- und Dickdarm passiert hatten – als körperwarmes Exkrement im Enddarm sammeln konnten [keine bezahlte Produktplatzierung].

Der Hiphop blickte die Gefährten der Reihe nach an. »Lassen Sie Ihre Gepäckstücke nicht unbeaufsichtigt – vor allem nicht dieses hier«, sagte er und zeigte auf den Aktenkoffer. »Denn es soll uns reich machen, bitteschön.«

Alle nickten feierlich, bis auf die Kellnerin, die sagte: »He! Wer von euch Arschlöchern bezahlt jetzt die Rechnung?«

»Jetzt ist nur noch zu klären, wie wir am schnellsten nach Mördör kommen«, sagte Bibbo und strich sich über die Halbglatze. »Am besten, ohne Spuren zu hinterlassen.«

»Wir ubern«, schlug Ganjalf vor.

»Segway-Tour«, sagte Gimolas.

»Einfach zu Fuß?«, überlegte Bibbo.

»Man kann nicht einfach nach Mördör spazieren«, sagte Estragon und formte mit Daumen- und Zeigefinger ein Loch neben seinem Kopf. »Die Wanderwege in Ithilien sind ne Katastrophe: verblasste Markierungen, Schotterwege, teilweise an der Landstraße lang, keine Bänke, überall Plotlöcher.« Er schüttelte den Kopf. »Ich sage: Wir nehmen die Igel.« Gimolas nickte zustimmend. »Jemand ein totes Murmeltier?«

Bibbo seufzte.

»Melde gehorsamst: Hab nichts zu melden.« Der weltberühmte Schauspieler salutierte.

»Danke, Tom«, sagte Uhrin und legte dem Star der Mission-Impossible-Reihe die Hand auf die Schulter.

»Für Erebors Ehre!«, rief der schlanke, attraktive 1,35-Meter-Mann, der bereits mit Nicole Kidman und Katie Holmes verheiratet gewesen war, und trat in die Reihe der vielleicht hundertfünfzig Zwerge zurück, die sich im Gänsemarsch hinter dem Zwergenkönig aufgestellt hatten.

Uhrin hob den Blick. Zu ihren Füßen lag eine weite, mit Gras und Binsen bewachsene Fläche, auf der anderen Seite begrenzt von einem steilen Hang. Eine goldene Spätnachmittagssonne schien warm und einschläfernd auf das verborgene Land dazwischen, durch deren Mitte sich träge ein dunkles braunes Gewässer wand, am Rande mit alten Weidenbäumen bestanden, von Weiden überwölbt, versperrt von umgestürzten Weidenstämmen und mit Tausenden von verwelkten Weidenblättern übersät. Überall flatterten sie gelb von den Ästen herab, denn ein warmer, sanfter Wind wehte durchs Tal. Das Schilf raschelte, und die Weidenäste knarrten.

»Laaaangweilig«, rief jemand aus der Reihe hinter ihm. »Außerdem wiederholt sich dauernd das Wort ›Weide‹. Weidenbäume, Weidenstämme, Weidenblätter, Weidenäste, herrje.«

»Ich weide dich gleich aus!«, brüllte Uhrin. »Iteration und Variation nennt sich das, du Zwerg Schnarch-Nase, uraltes Stilmittel. Der ganze Absatz ist fast eins zu eins aus der Krege-Übersetzung vom ›Herr der Ringe‹. Das ist Tolkien pur – die berühmt-berüchtigten Landschaftsbeschreibungen! Hättet ihr 2014 mal am 11. Tolkien-Seminar in Jena teilgenommen und euch den Vortrag ›Die dunkle Seite des Waldes? Narrative Strategien natürlicher Räume‹ reingezogen, würdet ihr jetzt nicht so dumm daherschwätzen«, schimpfte der Zwergenkönig.

»Warum hat Tolkien nicht einfach ein Foto von seinen tollen Weiden gemacht, wenn er sie so lieb hat? Und das dann abgedruckt?«, fragte jemand.

»Besser'n Film«, rief ein anderer, »oder gleich mehrere.«

»Plus ne Amazon-Serie«, rief noch mal wer, »in der die Fans all ihre Lieblingscharaktere aus Mittelerde wiedersehen, um mit ihnen neue, aufregende Abenteuer zu erleben.«

Gelächter aus Dutzenden Zwergenkehlen wurde laut, und schon begannen wieder alle durcheinanderzuquasseln: »Mein Helm tut weh!«,

»Hey, wer hat mich in den Po geschlumpft?«, »Die Heinzelmännchen arbeiten ständig schwarz und nennen es ›umsonst‹«, »Ist das deine Frau?«, »Meine Zipfelmütze ist voller Aale«, »Ich hab im Gegensatz zu Nicole noch keinen Oscar gewonnen? Mir ehrlich gesagt nie aufgefallen«, »Warum sind wir noch mal stehen geblieben?«, »Ja, klar bist du Weltmeister im Wichtheben«, »Hunger, Uhrin, kalt!«, »Wo gehen wir noch mal hin?«, »Die Fruchtzwerge lügen schon wieder, sie sind so wertvoll wie ein kleines Steak«, »Deine Mutter hat vier Bärte unter den Achseln, du Rürup« – waren nur einige der Satzfetzen, die jetzt durch die Luft flogen.

»Ruhe im Glied!«, schrie Uhrin und schubste Boring um, der direkt hinter ihm in der Perlenkette der Zwerge stand, sodass Boring auf Snoring fiel, Snoring auf Whoring, Whoring mit begeistertem Stöhnen auf Adoring usw. Erst bei Ignoring kam der Domino-Effekt zum Stillstand. Enttäuscht stellte der Zwergenkönig fest, dass sich seine Laune nicht gebessert hatte, obwohl zwischenzeitlich zwanzig zeternde Zwerge herumlagen. Nachdenklich zwiebelte er seine Zöpfe.

Die Sache mit dem Hiphop war natürlich voll der Reinfall gewesen. Als der Taschen-Grond die Türe endlich aufgebrochen hatte, war die Bude leer: keine Hiphops, kein Thetan, kein Bling-Ding, nicht mal ein fetter Plasma-Fernseher, den sie hätten looten können.

Dann hatten sie auch noch vier Stunden verpimmelt, um den Fluchtweg zu finden – natürlich gleich unterm Bettvorleger! –, weil man sich unnötig auf die These versteift hatte, Ganjalf, Bibbo und ihr Anhang hätten sich in eine verwarzte Alte mit einem Korb vergifteter Äpfel verwandelt – ein Aberglaube, der in Zwergenkreisen leider unnötig Popularität genoss.

Dummerweise hatte sich auch der Fluchttunnel schnell verzweigt und verzweigt, und nachdem sie auf einer Treppe lange im Kreis gelaufen waren, hatte er die Suche abbrechen lassen.

»Melde gehorsamst: Zwerge stehen wieder im Gänsemarsch, Sir, Hände an den Hüften des Vordermanns, nach Mützenfarbe sortiert.«

»Vielen Dank, Tom«, sagte Uhrin.

»Kleine Frage hätte ich –«

»Ich hab's dir hundertmal gesagt«, unterbrach ihn der Zwergenkönig, »direkt nach ›Magnolia‹ hättest du die Chance gehabt, mit richtigen Rollen weiterzumachen. Rollen für Erwachsene. Aber du wolltest ›Der letzte Samurai‹ machen, du wolltest ›Krieg der Welten‹, du wolltest cool Motorrad fahren auf der großen Leinwand«, er ahmte einen aufröhrenden Motor nach, »du wolltest, dass die Leute sich erzählen, du machst deine eigenen Stunts ... Ich meine: Was würdest du sagen, wenn du in der Oscar-Jury wärst? Ehrlich mal? Würdest du sagen«, Uhrin verstellte seine Stimme, »oh, dieser Tom Cruise, unübertroffen, wie er die Tiefen der menschlichen Seele auslotet, während er an der Tür eines abhebenden Flugzeugs hängt? Was für ein sensibler Mime da am Burj Khalifa klebt? Am besten geben wir ihm alle Oscars, die's gibt, gleichzeitig.« Er kehrte zu seiner normalen Stimme zurück. »Mal ganz abgesehen davon, dass du ein weißer, 60-jähriger Mann bist.« Er klopfte dem Schauspieler auf den Rücken. »Du musst damit abschließen, Tom. Du bist mehr wert als so ein Goldmännchen, für das andere töten würden und von dem deine ganze Selbstachtung abhängt, kay?«

»Hatten Sie was gesagt, Sir?«, fragte Tom Cruise und wies auf sein Ohr, »tschuldi, mein Tinnitus spielt verrückt in letzter Zeit.«

Der Zwergenkönig lächelte. »Wenn du in dich hineinschaust«, fuhr er fort, »wirst du merken, dass es Wichtigeres gibt als Kunst oder Anerkennung oder Moral oder so was.« Uhrin hielt dem kleinen (1,35 m) Schauspieler seine Faust unter die Nase, an der fünf überdimensionale Siegelringe glänzten, die alle das Logo der Zwergrealschule Eisenberg trugen. »Nämlich materielle Werte«, sagte er. »Und dann noch mehr materielle Werte. Und noch mehr!« Seine Augen leuchteten. »Wie ein Maulwurf darin herumwühlen und die Taler in die Luft schmeißen, dass sie mir auf die Glatze prasseln«, rief der König, dessen Haupthaar in voller Pracht stand, und lachte verstörend. »Verstehst du, Donald? Das sind die Dinge, auf die es ankommt! Reelle Werte, die das Zwergenherz bewegen. Die einen Unterschied machen in der Welt, an der Frischetheke, wenn man damit 500 Gramm Bifi Roll kauft, mit richtigem, echtem Geld.« Er strahlte und blickte dem Hollywood-Star (* 3. Juli 1962 in Syracuse) ins Gesicht.

»Und deshalb werden wir 146 Hübschen uns jetzt in Richtung Mördör bewegen.«

»Äh, wir sind 149 Zwerge, Sir. Wenn ich richtig gezählt habe.«

»Ja, aber Whoring, Abwassermonitoring und Hermanngoring würde selbst ein Blinder nicht zu den Hübschen zählen.«

»Wahrlich, Sir«, schauderte der US-Amerikaner. »Und warum jetzt nach Mördör?«, fragte er und legte seine Stirn nur deshalb nicht in Falten, weil ihm das vertraglich untersagt war.

»Deshalb«, sagte Uhrin, entnahm seiner Rüstung aus veganem Kunstleder einen Zeitungsausschnitt und entfaltete ihn.

Tom Cruise setzte seine Lesebrille von Calvin Extraklein auf. »Gesucht«, las er vor, »Kruppstahl mit Mithril-Legierung … Abdeckung im Hello-Kitty-Design … spritzwassergeschützt … Bei Abgabe zu zahlen«, er zog die Mundwinkel nach unten, »ist eine überschaubare Gage … Abzugeben bei … Da steht eine Adresse in Mördör, Sir.«

»Ganz genau«, sagte Uhrin. »Und wenn der Zwerg nicht zum Berg kommt, muss er eben warten, bis der Berg zum Zwerg kommt. Du verstehst?«

»Absolut, Sir. Wir warten in Mördör auf die Auswirkungen der Kontinentaldrift.«

»Nein, du amerikanischer Idiot!«, sagte Uhrin. »Wir begeben uns an die Anschrift, die hier steht«, er tippte auf den Zettel, »und müssen dort nur noch abwarten, bis uns das Bling-Bling von Gammelbart & Co. handwarm angereicht wird.«

»Ich verstehe, ein Hinterhalt. Laser, die Idee, Sir!«

»Einziges minimales Problem: Wir müssen unbedingt *vor* Ganjalf und seinen Hiphops in den dunklen Landen sein. Sonst ist die Idee natürlich Essig.« Während er sprach, prüfte Uhrin gedankenverloren die Schärfe seines Fingernagels, indem er damit über die Schneide seiner Streitaxt fuhr.

»Und wie machen wir das?«, fragte der Schauspieler (»Top Gun«, »Minority Report«, »Edge of Tomorrow«). »Die könnten schließlich die Igel nehmen, wenn sie erst mal aus ihrem Tunnel raus sind, Sir. Das heißt, wir müssten schneller in Mördör sein, als ein Stacheltier fliegt.« Er setzte eine unglückliche Miene auf, ohne sein fehlerfreies Lächeln einzustellen, was einfach nur seltsam aussah.

»Wir lassen die Physik für uns arbeiten.« Der Zwergenkönig grinste weiß und gelb aus seinem schwarzen Bart. »Pass auf: Wenn ich dich jetzt schubse, dann fliegst du ja'n bisschen weg«, er versetzte dem Filmstar einen Stoß in die Brust, und da der Zwergenkönig seine Eiweißriegel aß, musste Tom Cruise einen Ausfallschritt machen. »Die Idee ist jetzt«, fuhr Uhrin fort, »dass ich dich schubse, während du gleichzeitig, sagenwirmal, Alberich hier schubst«, er zeigte auf einen Zwerg hinter ihnen, »aber Alberich schubst auch grad gleichzeitig jemand, und der Gag ist jetzt, dass die ganze Kraft ja dann auf einmal weitergegeben wird, wie bei so'nem Kugelpendel aus dem Museumsshop, verstehste?«

Uhrin machte den Effekt mehr schlecht als recht mit den Fingern nach. Der berühmte Schauspieler nickte zögerlich.

»Und jetzt check das«, fuhr Uhrin fort. »Wenn wir uns im Kreis aufstellen, und jeder schubst seinen Nachbarn *gleichzeitig* in Richtung Mördör, dann wird ja jeder *von allen anderen* geschubst. Dann – dann zischen wir ab wie die Kanonenkugeln! Volle Möhre!« Uhrin strahlte und ahmte mit dem rechten Arm ein Geschoss nach, das in den Himmel stieg. »Mit der Kraft von 149 Zwergen – wie schnell ist das denn bitte? Da können die Igelfluganbieter einpacken. Zwergenwerfen mal anders!« Er lachte dröhnend. »Was meinste?«

Tom Cruise schwieg einen Moment, führte die Hand zum Kinn und begann, es zu massieren, um sich selbst beim Nachdenken darzustellen. »Eure Idee, Sir, erscheint mir, jetzt nur mal vong Physik und Logischsein her, also, tja«, fing er an, »wie wär's, wenn ich das erst mal vernünftig für Sie nachrechne, Sir, ja?«

»Bitte«, sagte Uhrin.

»Wie ging das gleich – Moment«, fuhr Tom Cruise zögerlich fort. »Pi exponentiell zur trägen Masse ins magische Quadrat, genau … hoch drölf, auch klar … mal Corioliskraft und dann, äh, Sedimentationsgeschwindigkeit natürlich nicht vergessen, logo … so, Momentchen, hab's gleich, gibt nach Adam Riesling – Sekunde …« Er murmelte, spielte weiter Nachdenken, nickte, nickte und murmelte. Dann platzte es aus ihm heraus: »Physik sagt: Läääuft bei dir! Spitzefatze, Eure Idee!« Er breitete begeistert die Arme aus. »Brauchen nur 149-mal exakt den richtigen Kraftstoß, auf 0,01 Newton genau, millimetergenaue Winkel und millisekundengenaues Timing. Sonst sterben wir ziemlich sicher alle«, brüllte er strahlend. »Und CO_2-neutral isse au'noch, die Methode. Gelobt sei Xenu, Sir, gelobt sei der Hubbard!« Er machte Anstalten, Uhrin zu umarmen, aber der Zwergenkönig hob abwehrend die Hand.

»Bist du dir ganz sicher?«, fragte Uhrin. Was, wenn sie sich zwischen die Zähne eines Werwurms schubsten? In den Langsamen See? Gegen die Wand? Oder über den Rand von Durchschnittserde hinaus? »Du hast wirklich alles genau berechnet?«

»Ich tat es«, nickte der Schauspieler. »Wir können natürlich auch einfach meinen Jet nehmen. Wenn euch das lieber ist, Sir.«

»Deinenwiebitte?«, hustete Uhrin.

»Meinen Privatjet. Mein selbst genutztes Flugzeug. Ich nehm ja nicht den Bus, um hier mitzuspielen, Sir.« Er lachte, als er sich einen Mann vorstellte, der in einen Bus einstieg – eine absurde Vorstellung.

»Du hast – okay, krass«, sagte der Zwergenkönig und war ein wenig neidisch. »Passen wir da überhaupt alle rein?«

»Auf keinen Fall«, strahlte der Schauspieler. »Hinten ist eigentlich nur noch Platz fürs Motorrad und den Ferrari.«

»Aber das ... das wird nicht reichen.«

»Wir lassen den Ferrari weg, Sir.«

»Aber das ... das wird nicht reichen.«

»Ich hab einen Plan«, sagte der Superstar schlau und senkte die Stimme. »Wir packen den Ferrari aus dem Jet, Sir, alle Zwerge ins Clownauto, das Clownauto in den Jet, packen mich und das Schaf ins Cockpit, ich flieg uns nach Mördör, packen dort das Clownauto und das Schaf aus, ich flieg schnell zurück und hol den Wolf, bei der dritten Runde darf ich nur nicht vergessen, das Schaf mit zurückzunehmen und gleich dazulassen, damit ich den Kohlkopf zum Wolf bringen kann – und bei der vierten Runde hol ich dann das Schaf und gleich den Ferrari. Sind die Zwerge schon aus dem

Clownauto raus? Egal, auf jeden Fall sind jetzt alle safe und sound in Mördör, und niemand hat den Kohl, den Wolf oder den Ferrari gefressen, Sir.« Er machte eine zufriedene Pause. »Was haltet Ihr davon?«

»Welches Clownauto?«

Tom Cruise hob die Hand über die Brauen und blickte sich um. Das Tal zu ihren Füßen zeigte mehrheitlich Weiden mit Zubehör. Zwischen dem herabhängenden Blattwerk eines besonders pittoresken Exemplars von *Salix alba* konnte er das Seitenleitwerk seines Privatjets entdecken, aber keine humoristisch präparierten Zirkus-Fahrzeuge.

»Shit«, sagte der Schauspieler. »Dann einfach sehr schnell laufen in Richtung Mördör, Sir? Ich meine jetzt, so richtig schnell?« Er joggte trotz seiner 60 Jahre wie ein Wahnsinniger auf der Stelle, um zu illustrieren, was er meinte. »Dann sind wir vielleicht immer noch vor den anderen da?«

»Zwerge joggen nicht«, verfügte Uhrin und versuchte, das Bild eines stark behaarten Zwergs loszuwerden, der in einem pastellfarbenen Trainingsanzug aus Ballonseide mit Schweißbändern und Walkman durch einen Park rannte.

»Dann … vielleicht doch Eure Idee, wo wir uns gleichzeitig nach Mördör werfen, Sir?«

»Und du hast sicher richtig gerechnet?«

»Klar hab ich richtig gerechnet«, bekräftigte der Weltstar. »Das heißt, richtig gerechnet hab ich natürlich nicht, wenn Ihr das meint, Sir? Bin ja in Amerika zur Schule gegangen, da gibt's in der dritten und vierten Stunde nur Bibel und Ballern, meistens gleichzeitig.« Er lud eine imaginäre Schrotflinte und zeichnete mit ihrem Lauf ein Kreuz in die Luft. »Aber ich habe geschauspielert, dass ich es rechnen kann«, strahlte er. »Und das Geile ist: Immer, wenn ich was schauspielere, kann ich's am Ende auch, muss nur im Drehbuch stehen. Ich kann im echten Leben nicht mal Motorrad fahren«, freute sich Tom Cruise. „Oder ein Glas Wasser trinken. Ich schütte es mir immer über die Schulter.«

»Das ist … praktisch«, sagte Uhrin und war schon wieder ein wenig neidisch.

Eine Stunde später waren sie, die Hände an den Hüften des Vordermanns, in die Ebene und auf ein Feld hinabgestiegen. Es war groß (und weidenfrei) genug, um ihren Gänsemarsch zu einem Kreis zu schließen, der einen Durchmesser von bestimmt 25 Zwergenschritt hatte.

Tom Cruise, der die technisch-logistische Leitung übernommen hatte, rannte den Zwergenzirkel trotz seiner 60 Jahre auf und ab wie ein Wahnsinniger, korrigierte hier eine Beinstellung, verbesserte da einen Winkel oder half dort einem Kameraden, sich die KiK-Lederrüstung mit Weidenblättern auszustopfen, um die Wucht des Aufpralls zu lindern.

Dann die erste Trockenübung.

Der Zwergenkönig zählte übers Megafon bis drei, und alle 148 Zwerge (Uhrin schaute nur zu) legten ihrem linken Nebenmann *genau gleichzeitig* den kleinen Finger (ganz, ganz sachte) zwischen die Schulterblätter – und in der gleichen Millisekunde (BÄMM!) erhielt jeder Zwerg (dank der Gesetze von Kausalität und Fiktionalität) einen Schlag verpasst, als hätte er eine Mehrfachsteckdose mit einem Schleckeis verwechselt. Boring wurde direkt auf die Schnauze geschleudert, Offshoring und Hermanngoring klatschten heftig (und irgendwie verdient) gegeneinander, Dori und Nori fegte es die Anfangsbuchstaben weg (was Ori, der schon immer so geheißen hatte, natürlich nicht gerade toll fand), Alberich, der früher Leichtathletik gemacht hatte, machte aus dem Stand einen passablen 3-Meter-Satz und Tom Cruise sogar einen gestandenen Doppelsalto, weil er alles konnte, wenn er es schauspielerte. Nur Brummbär und Happy blieben regungslos stehen, weil sie sich gegenseitig aufhoben.

»Nice!«, freute sich Thorin und gewährte Thomas Cruise, der zu ihm gerannt kam, ein High Five.

»Bisschen feinjustieren müssen wir noch«, sagte der Schauspieler und blickte mit Uhrin auf den Ring aus Zwergen, der sich in ein unrundes Klumpatsch aus nasenblutenden, humpelnden Wichten, Hinzen und Murkeln verwandelt hatte.

»Mein Zipfelchen tut weh«, jammerte wer, »Ich hab mir auf den Däumling gehauen«, ein anderer, »Mein Helm's klamm«, stöhnte ein dritter und ein vierter monierte: »Mir hat *schon wieder* jemand in den Po geschlumpft«, forderte aber gleich: »Noch mal!«

»Bestens«, sagte Uhrin. »Wie lange, denkst du, brauchen wir noch? Wann sind wir bereit für den großen … Schubs?«

»Wie's im Moment aussieht, werden wir alle draufgehen, Sir, egal, wie lange wir üben«, sagte der Hollywood-Star und lächelte.

»Sehr gut«, sagte Uhrin. »Sagst du mir dann Bescheid, wenn alle auf Position sind.«

»Jawohl, Sir. Kleine Frage noch.«

»Raus damit, Tom. Es gibt keine dummen Fragen.«

»Ob ich bei der Oscar-Jury punkte, wenn ich Ethan Hunt im nächsten ›Mission Impossible‹ als schwarzen Geheimagenten anlege, der seine siamesischen Drillingstöchter alleinerzieht, während er gleichzeitig das internationale Verbrechen bekämpft, Sir?«

»Ich korrigiere mich. Es gibt doch dumme Fragen.«

»Dann andere Frage, Sir. Die Suchanzeige, die Sie mir vorhin gezeigt haben«, sagte der Schauspieler. »Wegen der wir uns nach Mördör werfen. Um dem Zauberer aufzulauern.«

»Ja, was ist damit?«

»Wer hat die überhaupt aufgegeben, die Anzeige, Sir?« Tom Cruise sah den Zwergenkönig an. »Und ist die Belohnung überhaupt for real?«

»Um ehrlich zu sein«, sagte Uhrin und zuckte mit den Achseln, »hab ich keinen Dunst.«

»Argblblbrgfrmmbllpf!«

»Schade. Aber danke dir.« Kraspar wandte sich an die restlichen Geister: »Glibber sagt gerade, im Kinderzimmer hat er auch nichts gefunden.«

»SCHOENE BESCHERUNG«, sagte der Geist der zukünftigen Weihnacht.

»Hab doch gleich gesagt, dass es nicht hier ist«, maulte die verfaulende Myrrhe.

Bibbo Beuteschema wäre entsetzt gewesen, hätte er jetzt sein Wohnzimmer gesehen: Nicht nur, dass gerade neun Geister darin schwebten –

sondern auch über dessen Zustand: Im Fliesentisch steckte eine Axt, der Dieter-Nuhr-Armleuchter war in die rechte Ecke gerutscht, und jemand hatte sogar die Batterien aus den beiden Fernbedienungen geklaut. Das Foto von Kay One, das auf dem Boden lag, war mit so vielen schmutzigen Fußabdrücken bedeckt, dass man das Gesicht des brontalen Gangster-Rappers aus Friedrichshafen am Bodensee kaum noch erkennen konnte.

»Okay, das Bling-Bling ist nicht hier, dieser Onkel Dildo ist nicht hier, hier sieht's aus wie Sau, wobei: Ich war's schon mal nicht«, zählte Kraspar an den vier Fingern seiner linken Hand ab. »Außerdem – halt mal kurz: Wie viel Zeit haben wir überhaupt noch?«

»Sausacks Hochzeitstag ist in … drei Tagen«, sagte Myrrhe, nachdem sie kurz nachgedacht hatte.

»KORRIGIERE DOPPELPUNKT HOCHZEITSTAG BEGINNT IN ZWEI TAGEN KOMMA 14 STUNDEN KOMMA 22 –«

»Heiliger Marshmallow-Man!«, schnappte Kraspar. »Wie sollen wir das schaffen?«

»Ich will nicht sterben«, maulte Myrrhe.

»INKORREKT PUNKT WIR SIND SCHON TOT PUNKT«

»Nein, ich mein doch sterben-sterben.« Sie sah unglücklich aus, aber das war normal. »Meint ihr, es gibt ein Leben nach dem Tod-Tod?«

»Das unentdeckte Land-Land, von des Bezirk-Bezirk kein Wandrer wiederkehrt«, murmelte Hamlets Vater.

»Fuck off! Wir werden nicht sterben-sterben«, sagte Kraspar und nahm eine straffe, entschlossene Haltung an, indem er sein Bäuchlein mit beiden Händen packte und die McFlurry-Rohmasse, aus der es bestand, in seine Brust hinaufschob. Dann schwebte er sich vor die anderen Geister hin und verkündete: »Ich sag euch jetzt, was wir tun!«

»Wer hat dich noch mal zum Chef gemacht?«, maulte Myrrhe.

»Euer Mangel an Selbstbewusstsein.«

»Touché.«

»Und zwar: Wir verfolgen die liederlichen Langfinger, nehmen schröckliche Rache aus dem Grab«, Kaspar führte vor, wie er einen imaginären Wellensittich würgte, »und, bumsti, alles wird gut.«

»Buuuhuuh-msti«, wiederholte der Schnapplaber-Geist.

»Spitzenplan«, maulte Myrrhe. »Kann uns bitte mal einer ausrechnen, wo diese … wie sagtest du gleich?«

»Liederlichen Langfinger.«

»Okay, das wiederhole ich nicht. Kann uns bitte mal einer ausrechnen, wo diese Diebe hin sind?«, fragte Myrrhe. Alle Blicke richteten sich auf den Geist der zukünftigen Weihnacht.

»DURCH DEN TUNNEL RAUS PUNKT«

»Das hast du so schnell ausgerechnet?«

»JA«, sagte der Weihnachtsgeist, »WOBEI ES GEHOLFEN HAT KOMMA DASS ICH DIE OFFEN STEHENDE LUKE IM SCHLAFZIMMER GESEHEN HABE PUNKT« Seine Nase blinkte. »IN DIE DER SATZ EINGERITZT WAR ›WENN IHR HIPHOPS DAS LEST KOMMA BREAKDANCEN WIR AUF EUREM GRAB‹ PUNKT«

»Unglaublich, was Technik heutzutage vermag.« Myrrhe rollte mit den Augen, sammelte sie wieder ein und steckte sie zurück in ihren Kopf. »Und wo sind sie jetzt?«

Der Weihnachtsgeist taktete seinen Prozessor hoch und begann zu rechnen. Die Lüftung hinter seinen Nasenlöchern sprang an, während sein Diskettenschlitz unregelmäßig aufleuchtete.

Eine abgestandene frittierte Milchschnitte bewegte sich wie von Geisterhand vom Tisch. Glibber hatte danach gegriffen.

»WENN MEINE KARTENDATEN FUER UNTERTAGESVERBINDUNGEN AUF DEM NEUESTEN STAND SIND«, sagte der Weihnachtsgeist schließlich, »SIND SIE AM WAHRSCHEINLICHSTEN IN EINER GASTSTAETTE IM OST-AUALAND RAUSGEKOMMEN PUNKT«

»Im Voltigierenden Wallach?!«

»DAS IST KORREKT PUNKT«

»Aber da kommen wir doch gerade her, du künstliche Restintelligenz!«, rief Myrrhe und verzog das Gesicht zu einer entsetzlichen Grimasse. »Wahrscheinlich sind sie uns direkt vor der Nase rumspaziert! Moment mal –« Sie hielt inne. »Meint ihr, *die* haben was mit der … mit dem …«, sie wurde so rot, wie ein Geist es überhaupt vermochte, »mit dem zu tun, was gestern Abend im Keller … Dampf … ihrwisstschon.« Sie brach ab.

Betretenes Schweigen trat ein, nur Glibber schnurrte »Mrgblblbrgfrmmbllpf«, ließ seine riesige Zunge im Maul rotieren und tropfte Exkretoplasma auf den Boden. Die anderen blickten demonstrativ in eine andere Richtung.

»An sich ist nichts entweder gut oder böse, das Denken erst macht es dazu«, hob Hamlet senior an, doch bevor er fortfahren konnte, zeigte Kraspar auf den Boden und rief laut: »Schaut nur, was für ein ulkig geformter Erdnussflip!«

Die anderen nahmen die Ablenkung sofort dankbar auf:

»Vielleicht kann man ihn noch reparieren?«

»Fun Fact: Mein Opa hatte auch einen Erdnussflip. Er hieß Friedemann.«

»IN ZUKUNFT SEHEN ALLE SALZIGEN SNACKS SO AUS ODER GANZ ANDERS PUNKT«

»Wie viele Erdnüsse braucht man eigentlich für so einen Flip?«

»Ich hab ja mein Dach damit gedämmt.«

»Nein, nein, der *Erdnussflip* hieß Friedemann!«

So quasselten sie durcheinander, bis es mehrere Male *Golck! Golck! Golck!* machte, weil Kraspar mit einem Pastaheber kräftig gegen Ganjalfs Kürbis-Bong klopfte. Es wurde wieder ruhig.

»Verehrte Mitgeister, liebe Nashgûlash, zurück zum Thema«, rief er. »Wir müssen davon ausgehen, dass der Bling-Dieb sich mit jeder Sekunde, die wir hier verpimmeln, weiter von uns entfernt. Vielleicht auf die mistigen Berge zu, mit Ziel Sarotti-Moria oder Klólóchrien oder nach Süden, Richtung Maggi-Fondor.«

»Hört, hört!«, rief Myrrhe.

»Höre schlecht, höre schlecht«, sagte der alte Hamlet und hielt sich die Hand hinters Ohr.

»Vielleicht geht der Dieb auch nach Mördör«, sagte eine kalte Stimme. Es war der Pacman-Geist. Er war es gewohnt aufzutauchen, wenn man ihn nicht erwartete. Und auch daran, um mehrere Ecken zu denken.

»Warum … sollte er ausgerechnet nach Mördör gehen?«, fragte Kraspar und versuchte gar nicht erst, seine Verwirrung zu verbergen.

»Weil er unsere Kleinanzeige gelesen hat«, sagte der Pacman-Geist.

»Aber die Anzeige, die … die haben wir doch schon vor sechs Monaten aufgegeben«, sagte Kraspar und fuhr sich über die Glatze. »Auf gut Glück. Da dachten wir noch, vielleicht ist der Drache gar nicht beklaut worden, sondern hat das Bling gleich wieder verloren, auf dem Heimweg. Und lügt uns einfach nur an.«

»Weil's ihm peinlich ist. Ein Drache, der nicht auf seinen Schatz aufpassen kann«, sagte Myrrhe. »Da hätte ich auch behauptet, bei mir ist eingebrochen worden.«

»Außerdem hat sich nie einer drauf gemeldet, auf die Anzeige«, sagte Kraspar.

»VIELLEICHT HAT DER FINDER AUCH GEMERKT KOMMA DASS ES EINE FALLE IST«, sagte der Geist der zukünftigen Weihnacht, »DIE WAHRSCHEINLICHKEIT KOMMA DASS –«

»So was kann dauern, bis es den Richtigen erreicht«, sagte der Pacman-Geist, glitzerte kalt und ergänzte: »Vielleicht hat jemand erst vor ein paar Tagen auf dem Klo nach einer wochenalten Zeitung gegriffen, um sich damit die Poperze abzutupfen. Er schlägt die Zeitung auf – und siehe da: Im genau gleichen Augenblick liest jemand vollkommen anderes beim Frühstück unsere Kleinanzeige. Jemand vollkommen anderes, der weiß, wo das Bling-Bling ist. Wäre das nicht vorstellbar?« Vielleicht hätte der Pacman-Geist jetzt seinen Gesichtsausdruck gewechselt, aber er hatte nur einen.

»Das wäre … vorstellbar«, sagte Kraspar zögerlich. »Du meinst, das Bling könnte noch von ganz allein in die Falle gehen? Das wäre ziemlich … multigeilomeilo, wenn ich das so sagen darf!«

»Niemand darf so was sagen«, maulte Myrrhe.

»Okay, noch mal konzentrieren jetzt!«, ermahnte Kraspar die Runde. »Folgender Vorschlag: Wenn das Bling von ganz allein nach Mördör zurückfindet: multigei–, äh, sehr erfreulich. Für den Fall, dass nicht, teilen wir uns auf: Ich und Glibber fliegen Richtung mistige Berge, Myrrhe und der Himbeergeist runter nach Maggi-Fondor, Pacman schon mal zurück nach Mördör, Papa Hamlet bleibt am besten hier, und du da«, er zeigte auf den Schnapplaber-Geist, »bist vollkommen nutzlos, wenn man mich fragt, und du«, er zeigte auf den Geist der zukünftigen Weihnacht, »suchst in Google Maps, cool-cool-cool? Wer den Hiphop und seine Bande ausfindig macht: Sofort den anderen Bescheid geben!« Der kleine, dicke, blasse, tote Junge klatschte zweimal in die Hände. »Alle Mann und alle Frau einverstanden?«

»Läuft bei uns!« – »Ay, my liege.« – »EINGABE BESTAETIGT PUNKT« – »Lblbrgfrmmbllpf!« – »Machen wir.« – »Hab keine bessere Idee.« – »Poser! Missgebuuuhuuhrt!«, bekräftigen die anderen Geister ihre Zustimmung.

»Und wie bleiben wir in Kontakt?«, fragte Myrrhe.

»Geistig«, sagte Kraspar.

Keine zehn Minuten später waren die Nashgûlash (minus Hamlet senior) aus Bibbos Wohnhöhle ausgeflogen.

»Was ist das für ein unwirtlicher Ort?«, fragte Bibbo und versuchte, die Höhlendecke auszuleuchten, aber über seinem Kopf verschwamm alles in schimmligem Schimmern. Und dann war da noch dieser süßliche Geruch, auf den er sich keinen Reim machen konnte, vertraut, verboten und verdorben zugleich.

»Du hörst auch nicht wirklich zu?«, fragte Estragon und pikte Bibbo mit der Spitze seines Bleistifts in die Seite, genau da, wo sich seine Speckröllchen befanden. »Oder, Hippo?«

»Hiphop heißt das«, verbesserte Bibbo und schlug den Bleistift weg.

»Der schnellste – wenn auch stacheligste – Weg nach Mördör führt immer noch über die Igel«, sagte Estragon.

»Mit ihren feuchten Nasen und ihren spitzen Schnäbeln«, lächelte Ganjalf, während die Neffen neben ihm mit fetten Sneakers durch den Gang klapperten.

»Und wenn wir keine toten Murmeltiere haben«, Estragon starrte Bibbo im Dunkeln an, als wäre dieser persönlich für ihren Mangel an

Nagetier-Schlachtabfällen verantwortlich, »müssen wir uns eben zu Fuß zur nächsten Igel-Abflugstelle durchschlagen. Und der kürzeste Weg dahin geht nun mal da lang.« Streichler zeigte in die Dunkelheit. »Beziehungsweise da lang.« Streichler zeigte in die Dunkelheit. »Vielleicht auch da lang.« Streichler zeigte in die Dunkelheit. »Glaube ich.«

Sie waren an Treppenabsätzen und Torbögen vorbeigeeilt, an Gängen und Stollen, die sich ins Dunkel wanden, an gähnenden Öffnungen im Fels, die mit purer Schwärze gefüllt waren, und nur an einem einzigen Trinkwasserspender – bei dem diese kleinen, kegelförmigen Pappbecher natürlich schon alle gewesen waren.

»Was ist das für ein unwirtlicher Ort?«, wiederholte Bibbo seine Frage.

»Das, mein Freund, sind die Minen von Sarotti-Moria«, rief Streichler, und seine Stimme bekam ein unwirkliches Echo. »In diesen Hallen und Schächten bauten die Zwerge vor langer Zeit ihr köstlichstes Gut ab. Bevor du fragst: Nein, es handelte sich nicht um Gold, Silber oder russisches Erdgas«, verkündete er, und wieder hatte die Stimme des Waldverläufers einen gespenstischen Nachhall. »Gold und Silber waren für die Zwerge, die hier lebten und arbeiteten, nur Spielzeug. Weil sie das Metall in so Lego-8er umschmolzen, die sie ›Vermögensbausteine‹ nannten. Damit haben sie dann die Wahrzeichen von Städten nachgebaut«, echote Streichler. »Aber, wie gesagt, eigentlich suchten sie nach einem Stoff, der wertvoller war als alles Gold und Silber. Sein Name war: Kannst du Arschloch bitte mal aufhören, alles zu wiederholen, das ich sage? Das nervt wirklich tierisch, Gimolas!«, sagte Estragon, und seine Stimme verlor plötzlich ihren Hall. Gimolas, der hinter ihm gestanden und jedes seiner Worte flüsternd wiederholt hatte, brummte beleidigt und kam hinter Estragons Rücken hervor. »Besten Dank«, fuhr Streichler fort. »In Wirklichkeit schürften die Zwerge nämlich nach dem, was in der Sprache des Aualands als ›braune Gönnung‹ bezeichnet wird, wenn ich mich recht entsinne.«

»Ja. Nein. ›Braune Gönnung‹ ist was anderes«, sagte Bibbo, »ganz was anderes.«

»Oh, okay. Die Zwerge suchten nämlich nach … Schokolade.« Streichler spreizte theatralisch die Hände vor Bibbos Gesicht, als hätte er soeben ein großes Geheimnis offenbart. »Ihre Gier war grenzenlos. Damals war Schokolade noch das seltenste Metall von Durchschnittserde, musst du wissen. Die Zwerge nennen Schokolade deshalb auch nicht ›das braune Gold‹, vielmehr ist es andersrum«, hauchte er, »Gold heißt in ihrer Sprache ›die gelbe Schokolade‹.«

»Totaler Schwachsinn«, sagte Gimolas und schüttelte den Kopf, vor allem auf der Seite, auf der er ein Zwerg war.

»So reich waren diese Kakaominen«, fuhr Estragon fort und gestikulierte während des Laufens ins Dunkel, »dass man hier nur in den Boden treten musste, und schon hatte man Schokolade am Hacken. Oder Hundescheiße, denn die Mitführpflicht für Kotbeutel wurde erst im zweiten Zeitalter eingeführt. Und der Kalorienreichtum schien grenzenlos.« Streichler bliebt abrupt stehen und klopfte mit seinem Bleistift gegen die schwarzbraune Stollenwand neben sich. »Ich wette, selbst das ist noch kakaohaltiges Gestein. Würde ich in diesen Fels beißen, flösse mir – wie soll ich's sagen? – die bittersüße Zärtlichkeit brauner Gönnung über die Zunge«, fantasierte er.

»Sage bitte nicht mehr ›braune Gönnung‹«, bat Bibbo.

»Ich beweis es dir.« Streichler pulte einen Stein von der Größe eines Apfels aus der Wand und führte ihn zum Mund. »Aua! Bäh! Fuck!« Der Stein fiel zu Boden. »Scheiße! Ich hab Sand in den Zähnen.« Er spuckte mehrere Male aus, während Scam und Frolic in Gelächter ausbrachen.

»Wenn der Schokoabbau so lukrativ war, wie du behauptest«, sagte Bibbo, »warum haben die Zwerge dann damit aufgehört? Warum sieht es hier jetzt so«, er fuhrwerkte mit dem Lichtstrahl seiner Taschenlampe umher, »so übelst scheiße aus?«

Wie zum Beweis blieb das Licht seiner Lampe an einem Ölbild hängen, das jemand an der Stollenwand vergessen hatte. Es zeigte einen röhrenden Hirsch, bei dessen Anblick die Gefährten vor Schreck zusammenzuckten.

»Waren die Kakaovorräte erschöpft?«, fragte Bibbo. »Zu hohe Managerboni? Digitalschokolade verschlafen? Schlechtes Social-Media-Marketing?«

»Nein, nichts von alledem«, ließ sich jetzt Gimolas vernehmen, der bislang geschwiegen hatte, wenn er nicht gerade sprach. »Sarotti-Morias Untergang kam, als die Zwerge sich in ihrer Gier nach höheren und höheren Kakaoanteilen immer tiefer und tiefer in die Erde gruben«, fuhr der Halbzwerg fort und begann, dramatisch an der Saite aus Werwurm-Vorhaut zu zupfen, die auf seinen Kampfbogen gespannt war. Er verstand die Bogensaite zu spielen wie eine Zither, nämlich überhaupt nicht. »Dabei stießen die Zwerge auf etwas, das sie nicht hätten entdecken dürfen«, fuhr er fort.

»A-auf w-was denn?«, fragte Frolic, dem der Mund weit offen stand, weil er gerade vor Langeweile gegähnt hatte. Scam aß derweil den Stein auf, den Estragon fallen gelassen hatte.

»Als sie tiefer in die Erde vordrangen, entdeckte das Volk von Sarotti-Moria erst ein Flöz aus versteinertem Pommesfett, dann ein Endlager für unverkaufte Zehentrenner und schließlich die Karriere von Michael Wendler«, raunte Gimolas und entlockte seiner Vorhaut weitere dramatische Zwölftöne. »Aber keine dieser Warnungen konnte sie aufhalten! Und so wühlten sich weiter hinab wie Dachse, die schwere Maschinen bedienen konnten, also nicht wie Dachse«, sang der Halbzwerg/Halbelbf mehr, als er sprach.

»Du bist der geborene Erzähler«, schniefte Estragon und streichelte sich eine Träne von der Wange.

»Und dort, im alleruntersten Level, im Keller vom Keller, stießen die Zwerge schließlich auf ein Nest von Kreaturen, die sie nie hätten wecken dürfen«, fuhr Gimolas fort, »zumindest nicht vor neun Uhr morgens. Lebewesen, genährt von den Früchten des Zorns, dem Gemüse der Enttäuschung und den Hülsenfrüchten der Einsamkeit.« Sein lange weiße Haarhälfte leuchtete im Dunkel wie [hier bitte passenden Vergleich einfügen]. »Und obwohl die Zwerge schon viele Angriffe auf ihre schokoladenen Reichtümer abgewehrt hatten, waren sie doch nur für den physischen Kampf gerüstet, für den Streit von Klinge auf Klinge.« Gimolas zupfte und riss an seiner Vorhaut, um nie gehörte Töne hervorzubringen. »Doch die Kreaturen, die sie in ihrem Schlummer gestört hatten, waren mit Waffen aus Stahl, Stein, Stock oder Stoff nicht zu beeindrucken, vor allem nicht mit Letzterem. Damit war der Untergang von Sarotti-Moria besiegelt.« Er verstummte, und die Bogensaite klang mit einem nervigen Fiepsen aus.

»Gute Geschichte, strange Performance«, lobte Bibbo. »Und warum ließen sich diese Kreaturen nicht mit normalen Waffen bekämpfen? Waren es etwa auch so Geister, wie wir sie im ›Wallach‹ gesehen haben? Dämonen? Oder einfach Frauen?«

»Nein, du Sexist«, sagte Gimolas. »Es waren Trolle.«

»Was, nur Trolle?«, fragte Ganjalf und blickte von dem Versuch auf, sich eine Zigarette anzuzünden. »Diese kleinen, hässlichen, aber auch irgendwie putzigen Dingeriche mit den langen, bunten Haaren?« Der Zauberer schüttelte ungläubig den Kopf. »Die sollen ein Problem gewesen sein? Für Zwerge mit ihren großen, schweren, aber auch irgendwie tödlichen Äxten?«

»Nein, ich meine keine Zaubertrolle«, sagte der Halbelbf. »So was hätten die Zwerge der alten Zeit zu Regenbogenkotze zertreten, ohne hinzusehen. Ich meine natürlich …« – Frolic hielt den Atem an, während Gimolas sprach, weil Scam ihm von hinten die Hand auf den Mund presste – »… Internet-Trolle.«

Gimolas blickte die Gefährten erwartungsvoll an, aber in ihren Gesichtern waren nur Unverständnis, Hunger (Scam) und Zahnschmerzen (Estragon) zu lesen.

»Ah-ja?«, sagte Bibbo schließlich, »was war noch mal so schlimm an diesen … Internet-Trollen? Sind die besonders groß und stark oder wie?«

»Hiphop, du hast ja keine Ahnung!«, sagte Gimolas entsetzt. »Internet-Trolle setzen die mächtigste Waffe gegen dich ein, die es gibt.«

»Hier unten gibt's Atombomben?«

»Nein, du Idiot, deine Emotionen!« Gimolas ballte die Fäuste. »Sie setzen dir nicht mit Eisen und Feuer zu, sondern mit Finten, Phishing und Fisimatenten. Sie quälen dich mit Falschbehauptungen und Scheinargumenten. Alles, um dich aus der Reserve zu locken.« Er bleckte die Zähne. »Und jedes Mal, wenn du widersprichst, vernünftig diskutieren willst, sie auf Fehler hinweist, die sie absichtlich vor deiner Nase platziert haben wie Tellerminen, werden sie stärker und stärker«, warnte Gimolas. »Sie mästen sich an deiner Ungeduld, deinem Widerspruch, deiner Wut.« Die Neffen, die sich gerade noch spielerisch mit Steinen beworfen hatten, drückten sich jetzt an die Beine ihres Onkels. »So spielen sie mit dir, Stunde um Stunde. Müdigkeit kennen sie keine, nur Sadismus und Grausamkeit.« Ganjalf und Estragon tasteten furchtsam nach der Hand des jeweils anderen.

»Dabei warten sie nur auf den Augenblick, an dem du endlich am Ende bist«, fuhr der Halbelbf mit kalter Stimme fort, »keine Kraft mehr hast zu widersprechen, zermürbt und zermahlen von ihrer Ignoranz, ihren andauernden Themenwechseln, ihrem Aus-dem-Zusammenhang-Reißen, ihrer Pseudologik. Und dann«, seine Stimme wurde lauter und lauter, »dann fressen sie dich auf – mit einem Happs – bei lebendigem Leib!«, brüllte der Halbelbf, verzog das Gesicht zu einer Fratze, leuchtete sich mit seiner Taschenlampe von unten ins Gesicht und stürzte heulend und gurgelnd auf die Neffen zu, die sich quiekend hinter ihrem Onkel in Sicherheit brachten. Bibbo starrte Gimolas böse an, aber der Halb-halb-Elbf grinste nur.

»Wie ihr wisst, sind die Zwerge ein cholerisches Völkchen. Leicht entzündlich«, sagte Gimolas dann mit ernster Stimme. »Deshalb hatten die Internet-Trolle, einmal aufgeweckt, leichtes Spiel mit meinen Halbvorfahren.« Er senkte den Kopf. »Wer nicht verschlungen wurde, der floh. Seitdem sind diese Hallen und Höhlen verwaist«, sagte er. »So manches Schokoladenflöz liegt noch immer da unten. Es wurde nie angebrochen.« Er verstummte.

»Kopf hoch«, sagte Estragon, »du weiß doch, wie es heißt: Der Berg kennt kein Mindesthaltbarkeitsdatum.« Er streichelte seinem Freund die Schulter. »Eines Tages werden die Zwerge zurückkehren.«

»Ach, so wichtig ist das alles eigentlich gar nicht«, sagte Gimolas und schob Estragons Hand von seiner Schulter. Es schien, als hätte sich seine elbfische Seite auf einmal zurückgemeldet. »Lasst uns lieber voranmachen. Genug Zeit verloren.« Er zeigte in die Dunkelheit, dorthin, wo er den Ausgang aus dem Berg vermutete, und klapperte demonstrativ mit den Elbfen-Pfbeilen in seinem Köcher. »Schon Mittag vorbei, und ich bin immer noch nicht reich.«

Kurze Zeit später marschierten sie wieder, immer dem rot glühenden Punkt von Estragons Laserpointer hinterher, der ihnen den Weg wies, wenn sich der Waldverläufer nicht gerade den Spaß machte, ihnen in die Augen zu leuchten.

»Du, Gimolas?«, fragte Bibbo, nachdem er eine Weile stumm neben dem Halbelbf hergeschritten war.

»Hm?«

»Was du vorhin über diese Trolle gesagt hast. Diese Internet-Trolle.«

»Was's damit?«

»Ich hab noch nicht verstanden, wie das gehen soll, dass die mich so psychologisch fertigmachen«, sagte der Hiphop, während er seine Goldkette zurechtrückte, »und dann auffressen. Mich hat noch nie einer psychologisch fertiggemacht und aufgefressen. Glaube ich.«

»Schau«, fing Gimolas an. »Welches Thema liegt dir denn am Herzen?«

»Gangsta-Rap«, sagte Bibbo, ohne zu zögern.

»Gut, gut. Dann du bist also der Meinung, dass diese Rap-Musik«, Gimolas dachte kurz nach, »künstlerisch wertvoll ist – und gehört gehört.«

»Sheesh, klar!«, lächelte Bibbo.

»Und hast du Lust, dich mit mir über Rap zu unterhalten?«, fragte der Halbelbf und verengte seine Augen zu Schlitzen, was Bibbo in der Dunkelheit allerdings nicht sehen konnte.

»Klar. Cool. Schieß los.«

»Ich finde ja, der beste Rap kommt von Bob Marley«, machte Gimolas den ersten Zug.

»Bob Marley?« Bibbo blickte Gimolas verwundert an, während sie voranschritten, konnte aber dessen Gesichtsausdruck nicht erkennen. »Bist du sicher?«

»Klar«, fuhr Gimolas unbeirrt fort. »Denk nur an die Rap-Klassiker ›No Woman No Cry‹, ›I Shot the Sheriff‹, ›Blowin' in the Wind‹ …«

»›Blowin' in the Wind‹ ist doch nicht von Bob Marley«, sagte Bibbo befremdet. »Und die Songs, die du genannt hast, sind auch keine –«

»Mein Vater hat mir mal erzählt, ›Blowin' in the Wind‹ ist von Bob Marley«, redete Gimolas einfach weiter, ohne auf Bibbo einzugehen. »Und mein Vater hatte immer recht, mit allem, was er gesagt hat, sein ganzes Leben lang.« Seine Stimme nahm einen vorwurfsvollen Klang an: »Du willst doch sicher nicht sagen, dass mein Vater sein ganzes Leben lang nur gelogen und betrogen hat? Dass er uns geschlagen hat? Nach allem, was er für unser Land getan hat?«

»Was?«, fragte Bibbo, mehr verblüfft als verärgert. »Aber das hab ich doch gar nicht –«

»Ist gut, ich nehm deine Entschuldigung an.« Gimolas ließ sich keine Sekunde aus dem Konzept bringen. »Gangsta-Rap wie der von Bob Marley wurde übrigens als Musik für Kindergartenkinder erfunden, wusstest du das? Viele Hiphops, die ich kenne, wissen das nicht. Der Grund ist, dass Rapmusik von Personen mit kleineren Gehirnen leichter verstanden werden kann. Das ist Wissenschaft. Deshalb auch die infantile Sprache.«

»Schwachsinn!«, rief Bibbo, jetzt tatsächlich verärgert. »Wer behauptet denn so was?!«

»Das wusstest du nicht? Armer Bibbo. Das ist doch allgemein bekannt.«

»Das ist überhaupt nicht allgemein bekannt. Weil es auch überhaupt nicht stimmt!«

»Dann beweis doch mal das Gegenteil«, sagte Gimolas kühl.

»Wie soll ich dir denn jetzt das Gegenteil beweisen, du halbe Portion?«, wütete Bibbo. »Wir sind in einem Scheißtunnel in einem verfickten Berg oder wo. Und wer weiß wie weit vom Aualand entfernt. Ich kann dir das hier nicht beweisen!«

»Ah-ha, du hast also keinerlei Beweis für deine Behauptung, null und nichts, schau an, schau an«, sagte Gimolas seelenruhig und setzte einen Fuß vor den anderen, was in seinem Fall hieß, einen kurzen und einen langen Schritt zu machen. Eigentlich schlingerte er. »Ich hoffe, dir ist klar«, fuhr er fort, »dass du damit selbst bestätigt hast, dass Gangsta-Rap Kindergartenmusik für sehr kleine Gehirne ist.« Dann schloss er zufrieden: »Genau, wie ich gesagt habe, du hast heute einfach mit allem unrecht, das kommt schon mal vor.«

»W-Nein!« Bibbo war kurz davor, dem Halbelbf im Laufen eine reinzuhauen. »Das eine hat doch mit dem anderen überhaupt nichts zu tun, du Vollidiot!«

»Es liegt daran, dass du selbst zu viel Rap gehört hast. Bildung ist ja sehr wichtig. Ich finde, man müsste Lehrern mehr Respekt entgegenbringen. Die Schulen im Aualand sollen ja viele Pädophile einstellen.«

»ALTER, WAS LABERST DU?!«, rief Bibbo und schubste Gimolas wütend in die (Elbfen-)Seite, der ins Stolpern geriet.

Gimolas hielt abrupt inne, dreht sich zu Bibbo um und sah ihn mit großen Augen an.

»Und genau so«, schloss er seine Übung und tippte dem Hiphop auf die Brust, »macht ein Troll dich mürbe. Nur viel schneller, als ich das kann. Und irgendwann, wenn es dir schon fast egal ist, ob du noch lebst oder schon stirbst«, er simulierte mit den Armen ein zuschnappendes Maul, »macht es *Happs*!«

»Oh. Aha.« Bibbo war baff. »Dann – dann war das gerade alles nur gespielt? Die ganzen saudoofen Behauptungen?«

»Natürlich, Freund.« Gimolas reichte dem Hiphop die Hand und zwinkerte. »Weiß doch jeder, dass ›Blowin' in the Wind‹ von Abba ist.«

»Haha, genau«, machte Bibbo schwach. »Hast mich ganz schön aufs Glatteis geführt. Alter … Troll.« Er rang sich ein Lächeln ab.

»Gut erkannt«, nickte Gimolas. »Ich habe übrigens vergessen zu erwähnen, dass –« Er verstummte. »Hast du das gerade gehört?« Er fuhr herum und riss den Strahl seiner Taschenlampe erst in die eine, dann in die andere Richtung. Auch Estragon, Ganjalf und die Neffen hatten angehalten.

»Onkel?«, fragte Frolic.

»Sei still!«, zischte Bibbo, denn jetzt hörte er es auch.

Es war ein Flüstern oder Wispern, vielleicht auch ein Blubbern oder Brabbeln, das aus der Tiefe zu kommen schien und von überall zugleich, die Tunnelwände entlangkriechend wie ein haariges Insekt. Und dann erklangen auf einmal Töne.

Und eine fremde Stimme, hell und kalt.
Kein Zweifel: Sie sang.

Die Welt war jung, die Berge schief,
wir lagen hier und schliefen tief
und wachten auf und gähnten stumm
und drehten uns dann wieder um.
Die Existenz ist exzellent,
wenn man sie einfach nur verpennt,
und ging's nach uns, dann lägen wir
auch heut noch lieblich schlummernd hier,
doch ein verfickter Zwergenhauf-
en weckte uns – für immer – auf.

»Das – das Lied der Trolle«, stotterte Gimolas, die Augen weit aufgerissen. »Sie sind ganz nah.«

Da setzte die unheimliche Stimme auch schon ihren Gesang fort:

Die Welt war jung, die Gipfel weiß,
wir fragten uns: Was soll der Scheiß!?
Wir klopften Sand aus dem Gesicht
und putzten uns die Zähne nicht
und zogen uns notdürftig an.
Und der Vergeltungsschlaf begann.
Vergeltungsschlag natürlich. Puh,
das Wachsein setzt uns wirklich zu.
Flugs hauten wir uns Kaffee rein
und loggten uns bei Insta ein
und drunterkommentierten schon:
»Ey Uhrin, alter Uhrensohn!«
So weit, so gut. Genug gedisst.
Ein Troll weiß, wann er fertig ist.
Mehr Rache war nicht angebracht.

So sagten wir uns Gute Nacht
und trollten uns gen Schlafgemach –
doch eine Stimme rief uns nach:
»Ich blöd? Schaut euch mal selber an!«
Und Uhrins Untergang begann.

Der Gesang verebbte.

»Das Lied der Trolle«, flüsterte Gimolas, die Augen weit aufgerissen. »Sie – sie sind hier.«

Plötzlich erklang ein scharfes Kichern oder Winseln, schon ganz nah, direkt aus dem Stollen hinter ihnen.

Die vier Erwachsenen rissen ihre Lampen und Laserpointer herum, bis auf Ganjalf, der sich versehentlich mit der Taschenlampe in den Mund leuchtete, sodass ihm Lichtstrahlen aus Nasenlöchern und Ohren drangen.

Im flackernden Lichtschein konnten sie jetzt eine Gestalt erkennen, die – vielleicht zehn Schritt entfernt – im Tunnel hinter ihnen auf dem Boden hockte – oder lag? Eine sackartige schwarze Masse, deren Haut sich schwerfällig hob und senkte. Als hätte sie ein geheimes Kommando erhalten, begann die Kreatur jetzt, sich langsam in ihre Richtung zu wälzen.

Die Neffen quiekten ängstlich auf, und Bibbo spürte, dass ihm der Atem stockte. Ganjalf zog sich mit einem *Plop!* die Taschenlampe aus dem Mund, und aus Estragons Richtung konnte man ein »What the –?« hören.

Die Gestalt schien weder Arme noch Beine zu haben, sie sah aus wie ein rollender Müllsack aus schwarzem Leder, den jemand mit Honigmelonen gefüllt hatte – und erst jetzt leuchtete, im zuckenden Schein ihrer Taschenlampen, etwas Weißes, Grauenhaftes am oberen Ende ihres Körpers auf: Es war eine Art Gesicht und zugleich auch nicht, eine Maske oder weiße Scheibe, so groß wie ein Teller, der auf dem schwarzen Sack angewachsen war. Als die Gestalt näherrobbte, sahen sie, dass die Maske die Karikatur eines menschlichen Antlitzes zeigte, eines bleichen, breit grinsenden Antlitzes mit zusammengekniffenen Augen, zwei mächtigen, blitzenden Zahnreihen und schmalen Falten, die über Stirn, Wangen und Kinn liefen.

»Ein – ein *Trollface*«, stammelte Gimolas, blass vor Furcht, und machte einen Schritt rückwärts.

»Voll mit Microsoft Paint gezeichnet, die Fresse.« Ganjalf war verblüfft, was ihn nicht daran hinderte, nach seinem Tabak zu tasten.

»Lasst euch nicht täuschen!«, presste Gimolas hervor. »Das da ist kein echtes Gesicht. Es ist nur eine List, die diese Kreaturen hervorgebracht haben, um wie unseresgleichen zu wirken.«

Das gespenstische Giggeln und Zischen wurde lauter, während das weiße, starre Antlitz, das Gimolas ›Trollface‹ genannt hatte, langsam auf sie zuschwebte, sich mit der dunklen Körpermasse vorwärtswälzend.

»Da sind noch mehr!«, rief Frolic.

Und wirklich, jetzt wurden am Rand ihrer Lichtkegel weitere schwarze Ungestalten sichtbar, und auch an ihren Körpern waren die furchtbaren weißen Masken mit dem Trollgesicht angewachsen. Das Wispern und Zischeln schwoll an, immer weitere grinsende Scheiben tauchten aus der Dunkelheit auf und schwebten auf sie zu wie kleine, geisterhafte Monde, während sich die dunklen Trollkörper langsam in ihre Richtung schleppten.

Estragon fuhr herum. »Hier vorne auch!«, rief er, als sein Lichtstrahl auf weitere Gestalten fiel, die in dem Stollen aufgetaucht waren, der noch vor ihnen lag. »Wir sind umzingelt.«

Die Trollwesen robbten näher, feixenden Antlitzes, überall war jetzt Flüstern, von hinten wie von vorne, die Gefährten langsam einkreisend, die sich Rücken an Rücken zusammendrängten. Streichler zückte seinen Bleistift, Gimolas löste seinen Bogen vom Rücken, Ganjalf klopfte die Asche aus seinem Kampf-Didgeridoo, und Bibbo überlegte fieberhaft, welche Breakdance-Moves sich zur Selbstverteidigung einsetzen ließen. Scam hielt sich die Augen zu, und Frolic ließ die Hosen herunter.

Als die Kreaturen vielleicht noch fünf Schritte von ihnen entfernt waren, hielten sie plötzlich inne. Bibbo schnappte überrascht nach Luft, als sich aus dem Wispern und Flüstern, das den Wesen entströmte, plötzlich Wörter und Halbsätze herausschälten, die einen Sinn ergaben.

»Problem?«, zischte es, »Auf Telegram«, »Lügenpresse«, tuschelte es, »Was ist mit den Kindern?«, »Die Beweise werden ja unterdrückt«, raunte es, »Fake-News«, »9/11 war ein Inside-Job«, knisterte es, »Zwangsgebühren«, »Mördör-Versteher«, »Sieht so Redefreiheit aus?«, lispelte es aus den sackartigen Körpern.

»Sie versuchen, uns zum Sprechen zu bringen«, sagte Gimolas mit gepresster Stimme. »Lasst euch nicht darauf ein. Ihr könnt nicht gewinnen.«

»Verstanden«, Estragon nickte, »kein Problem, überhaupt kein Problem.«

»Richtige Männer kaufen keine Bartpflegeprodukte«, wisperte jetzt eine der Gestalten, die in der Nähe des Waldverläufers stand, »sagt eine Studie der Uni Klólóchrien. Wer Bartpflegeprodukte kauft, hat nur ein Ei.«

»Wie bitte?« Estragon fuhr herum und richtete seinen Bleistift auf das Trollwesen. »Was hast du grade gesagt, Freundchen? Sag das noch mal!«

»Nicht!«, rief Gimolas und versuchte, den Arm des Waldverläufers nach unten zu drücken.

»Glatt rasiert ist wieder in«, zischte die Kreatur, die von Estragon angestarrt wurde. »Schon seit Monaten. Check ma Insta.« Ihr sackartiger Körper begann zu pulsieren. »Führende Influencer haben bewiesen, dass Männer mit Bart ganz kleine Pimmel haben.« Die weiße Gesichtsmaske grinste breit und bösartig. »Vor allem die mit Dreizehntagebart.«

»Halt dein dummes Maul, du Müllsack!«, rief Estragon wütend. »Du hast doch keine Ahnung!«

»Nicht antworten«, flehte Gimolas, »das macht den Troll nur stärker.«

»Du solltest aufhören, dir die Haare selbst zu schneiden, Waldverläufer«, wisperte der Internet-Troll jetzt, »es gibt Männer, die können das.« Die schwarze Lederhaut des Wesens dehnte sich rhythmisch, als würde sie aufgepumpt. »Und es gibt Männer, die können das nicht.« Der Troll gewann an Umfang. »Und natürlich gibt es dich: Du kannst nicht Haareschneiden, bist aber auch kein Mann.«

Die umstehenden Trolle gaben anerkennende Laute von sich, der Begriff »Burn« war mehrfach zu hören.

»Ich stech dich, du Nuttenkind, ich stech dich!«, rief Estragon, das Gesicht vor Wut verzerrt, riss den Bleistift nach oben wie einen Dolch, und war im Begriff, auf den aufgeblähten Troll zuzustürzen, doch Gimolas und Bibbo fielen ihm in den Arm.

»Es sind viel zu viele«, beschwor Gimolas den Waldverläufer. »Du musst ihn ignorieren, sonst sind wir alle Trollfutter!«

Als hätte es eines Beweises bedurft, öffnete sich in diesem Moment auf dem Bauch des Trolls mit einem Schmatzen eine riesige Querfalte, breit wie ein ausgestreckter Arm. Die Falte klappte weiter auf, schaumige Schleimtropfen hervorpressend, und zwei lange Reihen winziger, nach innen gebogener Zähne wurden sichtbar, hinter denen sich eine schlangenartige Zunge wand. Dann schloss sich die Falte schmatzend wieder.

»B-Bauch«, stotterte Estragon, »M-Maul.« Er versuchte, sich weiter von der Kreatur zu entfernen. „M-m-mangelnde Z-Zahnhygiene.«

»Waldverläufer«, zischte der Troll jetzt, »deine Frau hat mir gestern erzählt, dass dein Schniedelwutz so klein ist, dass es hinten und vorne nicht reicht.« Der Körper des Trolls war jetzt prall gespannt, die Querfalte, hinter der sich das schleimige Maul verbarg, furzte und troff. »Vielleicht habe ich sie aber auch missverstanden. Sie hatte gerade den Mund voll.« Die anderen Trolle zischten erneut höhnisch auf.

»Wieso hatte sie den Mund voll?«, fragte Estragon und blickte verwirrt.

»Weil sie – weil«, der Troll stockte, »meine Worte haben impliziert, dass deine Frau gerade – dass sie gerade –«, die Gestalt begann, etwas an Umfang zu verlieren, »gerade meinen – meinen Schwanz – du verstehst?«

»Du hast einen Schwanz? Wo denn?«, fragte Estragon und beugte den Oberkörper zur Seite, als könne er so um die Kreatur herumsehen. »Hinten? So ein Ringelschwänzchen?«

»Was? Nein!« Der Troll schrumpfte weiter. »Ich wollte doch nur sagen, dass deine Frau mir gestern einen geb–«

»Ich hab doch gar keine Frau.« Estragon zuckte mit den Schultern. »Und überhaupt: Hat wer gesagt, dass ich mich als heterosexueller Mann identifiziere? ›I am no man‹, sag ich da nur.« Er sah sich um. »Wieso, kann doch sein?«

»Oh, das ist jetzt blöd. Moment«, zischte es. Die Maulfalte auf dem Bauch des Trolls hatte aufgehört zu blubbern, und auch die weiße Maske auf dem Trollkörper verlor an Spannung: Sie sank an den Seiten herab, sodass das höhnische Grinsen des weißen Gesichts langsam in ein verzweifeltes Zähneblecken überging.

»Jetzt hab ich's!« Der Troll blähte sich noch mal auf. »Du hast dir nur deshalb einen Bart wachsen lassen«, zischte die Kreatur bösartig, »damit du mit dem Perso deiner Mudder in die Disco kommst. Nimm das!«

Ein Moment gespannter Stille trat ein, und man konnte spüren, dass sogar die Internet-Trolle den Atem anhielten. Doch der Waldverläufer zuckte mit keiner seiner gezupften Wimpern, sondern verzog nur leicht den Mund, und Gimolas sagte: »Cool, meine Mudder hat auch einen Bart.« Er nickte seinem Freund zu. »Sogar auf der Stirn. Steht ihr fantastisch.«

»Krass, zeig mal Foto«, bat Estragon, und Gimolas zog ein Lichtbild einer stattlich behaarten Zwergin aus dem Portemonnaie. Estragon streichelte es liebevoll, und die anderen wollten natürlich auch mal sehen. Frolic zog dafür sogar die Hosen wieder hoch.

»Äh, hallo, ich bin auch noch da«, krächzte der Troll, dessen Stimme plötzlich ihr heimtückisches Wispern eingebüßt hatte. »McDonald's hat angerufen: Deine Mudder steckt in der Rutsche fest«, knarzte die Kreatur. »Die gute Nachricht ist: Wir haben sie rausgeholt. Die schlechte Nachricht ist: Sie will noch mal ru–«

»Das ist jetzt wirklich nur noch kindisch«, unterbrach Gimolas den Troll mit lauter Stimme. Der Halbzwerg schüttelte den Kopf, dann sagte er zu Bibbo: »Sorry, vorhin hab ich dir noch richtiges Profi-Trolling versprochen. Und jetzt das!« Er zeigte auf die schwarzen Körpersäcke, die sie umstanden. Einige der weißen Masken stierten bereits verwirrt in die Gegend. »Das ist Amateurtheater.«

»Nicht deine Schuld, hab nichts anderes erwartet«, sagte Bibbo herablassend. »Hab letzte Woche erst in den ›Finanz-Nachrichten aus Durchschnittserde‹ ein Stück darüber gelesen, dass die Trollfabriken wohl nur noch minderwertige Ware ausstoßen.« Er machte eine Pause, um seine Worte wirken zu lassen, und stellte zufrieden fest, dass die Trolle anfingen, ungläubig zu rascheln und zu flüstern. »Anscheinend keine Bauteile mehr am Markt, um noch Qualitäts-Trolle zu fertigen. Nur noch klapprige Provozierleisten, löcherige Sockenpuppen, instabile Konfliktschürhaken, schlecht sitzende Spoiler –«

»– übersteuerte Quälcomm-Chips, stumpfe Netiquettensägen, feuchte Machiavellpappe, genau, genau, hab ich auch alles gelesen«, stimmte Gimolas lautstark zu und nickte übertrieben. »Kein Wunder, dass nur noch Trollschrott vom Band rollt. Drittklassige Lügenbolde.« Er zeigte auf die schwarzen Säcke, die jetzt zischten und zuckten. »Guten Spott kann sich übrigens auch keiner mehr leisten. Die Spottpreise sind durch die Decke gegangen.«

»Die Spottpreise? Durch die Decke?« Bibbo musste kurz schmunzeln.

»Lügenpresse!«, fing es an, aus den Trollen zu fauchen, »Fake-News! Hoax-Fabriken!« Die Kreaturen warfen sich gequält hin und her. »Wir sind kein Trollschrott. Alles Verschwörungstheorien!« Ein Quäken und Quietschen war zu hören, als den Kreaturen weiter die Luft ausging. »Man darf nicht alles glauben, was im Internet steht! Wo sind die Beweiiise?« Die weißen Masken der Trolle glotzten jetzt verzerrt und leicht wahnsinnig in alle Himmelsrichtungen, während sie weiter und weiter herabsanken. »Propagaaaaaan…«, klang es noch schwach, »What abouuuuuuu…«

Aus dieser und jener Ecke machte es noch einige Sekunden lang *Pfffffff*, dann waren die Gefährten nur noch von einer Ansammlung labberiger, feuchter Abdeckplanen umgeben, die sich wimmernd und seufzend auf dem Boden wälzten, keine vollständigen Worte mehr hervorbringend.

»Die Trolle getrollt«, sagte Gimolas und verabreichte Bibbo einen Fistbump. »Nice!«

»Wer seid ihr noch mal?«, fragte Ganjalf.

»Wir sind Helden«, sagte Estragon und streichelte sich den Schweiß von der Stirn. »Jetzt aber nichts wie weg hier, bevor die sich wieder erholen. Für jeden gesperrten Troll wachsen zwei neue nach. Hast du mir doch erzählt, Gimolas, oder?« Er richtete seinen Laserpointer voraus in den Stollen. »Kommt ihr?«

Vorsichtig stiegen sie über die zuckenden, winselnden Trollsäcke hinweg, die ihnen noch im Weg lagen.

Frolic machte Anstalten, einer der Kreaturen einen Butterkeks hinzuhalten, aber Bibbo verpasste ihm einen Klapps auf den Handrücken.

»Don't feed the troll!«, sagte er streng.

»War eh schon runtergefallen«, sagte Frolic und verfütterte den Butterkeks an Scam.

Wenige Minuten später schien es, als hätten sie sich nie in Gefahr befunden. Ganjalf rauchte freihändig zwei Zigaretten gleichzeitig, Scam und Frolic versuchten, sich von ihrem Onkel Huckepack nehmen zu lassen, der seinerseits versuchte, immer im richtigen Augenblick den Ellbogen auszufahren, wenn einer der Kleinen gerade auf seinen Rücken springen wollte. Das Spiel vertrieb ihnen zumindest die Zeit, vor allem, seit Bibbo als Ziel ausgegeben hatte, möglichst viele blaue Flecken zu sammeln. Gimolas, der langsam müde wurde, driftete immer mehr in eine Richtung ab, weil sein eines Bein kürzer war als das andere, und Estragon musste ihn regelmäßig mit sanften Schubsern korrigieren, damit er nicht anfing, im Kreis zu laufen.

»Sind wir bald da?«, fragte Ganjalf.

»Wir sind irgendwann da«, sagte Estragon.

»Wo ist noch mal *da*?«, fragte der Zauberer. »Wo wir irgendwann sind?«

»*Da* ist irgendwo.«

»Wir sind also irgendwann irgendwo?«

»Irgendwie«, sagte Estragon.

»Du sagst irgendwie, dass wir irgendwann irgendwo sind – oder du sagst, dass wir irgendwann irgendwie irgendwo sind?«, bohrte der Zauberer nach.

»Herrgott, ich weiß es nicht!«

»Wir haben uns verlaufen, und du hast keine Ahnung, wo wir sind.«

»Wir haben uns nicht verlaufen! Ich hatte noch nie eine Ahnung, wo wir sind«, sagte Streichler. »Wir laufen einfach dem Laserpointer hinterher. Hat letztes Mal auch super funktioniert.«

»Wann letztes Mal?«

»Letztes Mal, als ich dem Laserpointer hinterhergelaufen bin.«

»War das auch hier unten in Sarotti-Moria?«

»Nein! Das war bei einer Power-Point-Präsentation. Bin voll in die Leinwand gerannt.« Er streichelte die Stelle, an der die Beule gewesen war.

»Du bist in die Leinwand gerannt und sagst, beim letzten Mal hat alles super geklappt?!«

»Ich renne gleich dein Gesicht in meine Faust, Gammeldore, wenn du nicht aufhörst, doofe Fragen zu stellen!«

»Ich will doch nur wissen, ob wir bald da sind!«

»Ich weiß es aber nicht!«

»Sind wir bald da-ha?«

»Keine Ahnung!«

»Ob wir ba-hald da-ha-ha-ha-ha sind?«, sang der Zauberer.

»Ja, Herrgott, wir sind bald da!«

»Dann ist doch alles prima«, sagte Ganjalf zufrieden und tastete nach seinem Tabak. »Wir sind bald da«, rief er den anderen zu, die hinter ihnen gingen.

»Keine Ahnung, wo wir hingehen«, sagte der Laserpointer.

Plötzlich verschwanden links und rechts die Wände. Sie waren durch einen Torbogen in einen weiten, dunklen Raum eingetreten. Wie groß die Höhle oder Halle war, in die sie gelangt waren, vermochten sie nicht zu sagen. Von hinten kam ein wärmerer Luftzug, während die Schwärze, die sich vor ihnen erstreckte, sich kalt auf ihre Gesichter legte. Sie hielten einen Moment inne. Estragon richtete seinen Laserpointer geradeaus, doch der Lichtpunkt verlor sich im Dunkel, das vor ihnen lag. Streichler ließ den Laserstrahl tiefer sinken und tiefer, bis wenige Meter vor seine Füße, doch das rote Licht fand keinen Ort mehr, von dem es zurückstrahlen konnte.

»Fack!«, sagte Estragon. »Hier geht's richtig fies runter.«

Jetzt sahen es die anderen auch: Der Boden vor ihren Füßen verschwand nach wenigen Schritten einfach, und vor ihnen erstreckte sich nur noch unabsehbare Schwärze, aus der sie ein kalter Hauch anwehte. Nachdem sie den Tunnel verlassen hatten, waren sie auf eine Art Plateau herausgetreten, das vielleicht sieben auf sieben Schritt maß und mehr oder weniger im leeren Raum schwebte.

»Wie tief ist das?«, fragte Frolic, der an den Rand des Abgrunds getreten war.

»Wenn du willst, schmeiß ich dich runter, kannste selber nachschauen«, schlug Gimolas vor.

Der Junge dachte kurz nach, schüttelte dann aber den Kopf. Er zeigte hinaus in die Schwärze. »Und wie weit ist es bis da drüben?«

»Vielleicht gibt es gar kein ›Drüben‹«, philosophierte Ganjalf, der neben ihm aufgetaucht war. »Vielleicht geht der Abgrund einfach immer weiter, einmal um die Welt rum, bis er wieder bei sich selbst ankommt.« Der Zauberer dachte darüber kurz nach, was er gerade überhaupt gesagt hatte, doch sein Gedanke schien plausibel.

Scam ließ derweil kleinere und größere Knochen, die er gesammelt hatte, in die Dunkelheit hinabfallen. »Alle Toten fliegen hoch«, murmelte er, wenn ein weiteres Knöchelchen ins Nichts segelte.

»Müssen wir da überhaupt rüber?«, fragte Bibbo, der sich jetzt ebenfalls an den Rand der Schlucht vorgetastet hatte.

»Warum stehen wir hier eigentlich alle genau an der Kante rum?«, fragte Estragon. »Ist das so schlau?« Er blickte hinab in die schwarze Schwärze.

»Was sagt'n der Laserpointer?« Ganjalfs Kürbisnase bohrte sich in Estragons Wange. »Einfach weiter gradeaus? Also 90 Grad bergab?« Er hob einen Fuß über den Abgrund, als wolle er einen Schritt nach vorne machen.

»Wart mal kurz«, sagte Estragon. »Ich glaub, ich sehe da was.«

Tatsächlich geschah in diesem Moment etwas Unplausibles: In der schwarzen Ferne vor ihnen tauchte auf einmal ein schwacher Lichtschimmer auf, viel zu zu weit entfernt, als dass sie hätten sagen können, wovon er ausging. Das ferne Leuchten war von grünlich-weißer Farbe und setzte immer wieder für einige Augenblicke aus, bevor es wieder aufschimmerte.

»Vielleicht ist es Galadriels Pistole«, murmelte Ganjalf.

»Wat? Du meinst Phiole, oder?«, fragte Bibbo.

»Nein, ihres ist so ne Spritzpistole. Hab selbst schon damit rumgeballert.« Er ahmte nach, wie er eine Super Soaker durch wiederholtes Pumpen nachlud. »Die Pistole enthält Earendils Stern, eingelegt in die gleiche Flüssigkeit, die Galadriel auch für ihren Spiegel benutzt.«

»Klingt … unhygienisch.«

»Na ja, sie hatte schon immer ein Faible dafür, Hamburger Nachrichtenmagazine einzuweichen. Notfalls die, die anderen Leuten gehören.« Der Zauberer schüttelte den Kopf. »Earendil hatte noch nicht mal drin geblättert.«

»Ich höre nicht hin und ich frage nicht nach. Ich höre nicht hin und ich frage nicht nach«, wiederholte Bibbo ein Mantra, das bei Ganjalf immer gute Dienste geleistet hatte. Er deutete auf das schwache Leuchten in der Dunkelheit. »Außerdem kann das da keine Pistole sein.« Er kniff die Augen zusammen. »Das ist irgendwas Rechteckiges, das seh ich doch von hier.«

»Ich schaue mir das mal genauer an«, sagte Gimolas. Der Halbelbf legte beide Fäuste aufeinander und bildete so eine Art Fernrohr, das er sich vors linke Auge hielt. Indem er die rechte Hand behutsam im Kreis drehte, versucht er, seinen Blick möglichst scharf zu stellen.

»Was sieht dein Elbfenauge?«, fragte Estragon.

»Ich sehe ein«, er stockte, »ein beleuchtetes Notausgangs-Schild. So'n grün-weißes.« Er drehte sein Hand-Fernrohr noch eine Winzigkeit schärfer. »Es flackert ein bisschen.«

»Ich kenne dieses Schild!«, rief Estragon. Begeisterung eroberte sein Gesicht. »Das hängt über dem Osttor, das nach Êregtión führt. Das ist der Ausgang, den wir suchen!«, sagte Streichler. »Die Igel-Abflugstelle befindet sich nur wenige Stunden hinter Êregtión. In der Stadt können wir auch unsere Vorräte auffüllen.« Er senkte die Stimme. »Aber ich muss euch vor diesem Ort warnen. Ich hatte mit Êregtión immer meine Schwierigkeiten. Êregtión mag klein sein, ist aber verdammt hart. Bis heute träume ich manchmal nachts von Êregtión und wache dann klitschnass auf.«

»Zielgruppe«, seufzte eine Stimme aus der Schlucht.

»Und wie kommen wir da jetzt rüber?«, fragte Bibbo und wies auf die dunkle Dunkelheit, aus der in ferner Ferne das Notausgangs-Schild schimmerte. »Zum Osttor von Êreg–? Nee, den Namen wiederhole ich nicht«, sagte er.

»Das ist jetzt ein Problem«, sagte Estragon, verfiel in Schweigen und musterte seine Schuhe, obwohl er bei der Beleuchtung nicht einmal erkennen konnte, ob er Füße hatte.

»Tschüss«, rief Frolic. »Ich geh mal vor zum Klettergarten.«

»Tschü-hüss«, rief Bibbo, der nicht recht hingehört hatte. »Halt mal, stopp!« Er drehte sich um. »Was hast du gerade gesagt?«

»Ich geh mal vor zum Klettergarten.«

»Was möchtest du mir sagen, Kind?« Er starrte den Neffen an. »Ist das ein Geheimcode von dir? Oder ein Spiel?«

Frolic schüttelte den Kopf und hielt seinem Onkel einen Flyer hin. Bibbo nahm ihn verblüfft entgegen.

»Wo – wo hast du das denn her?«

Frolic zeigte auf den Flyerständer, der neben dem Torbogen, durch den sie auf die Plattform getreten waren, an der Höhlenwand angebracht war. Bibbo richtete seine Taschenlampe auf den bunten Zettel.

»Hochseilgarten Sarotti-Moria«, las er. »Sich einmal wie Tarzan fühlen und in luftiger Höhe ›Hindernisse‹ überwinden? Unser Hochseilgarten ist für viele Kinder eine ganz besondere ›Herausforderung‹. Das Balancieren über Stahlseile, das Entlanghangeln an Autoreifen und Boxsäcken und das Springen von Plattform zu Plattform bietet Kindern eine spannende ›Abwechslung‹ zum Alltag in Schule oder Kindergarten. Gefördert werden Motorik, Selbstbewusstsein und gewaltfreie Kommunikation.« Er drehte den Flyer um. »Problemlos zu erreichen vom Osttor nach«, er murmelte widerwillig den Namen, »Êregtión. Wegbeschreibung, laber rhabarber.« Bibbo begann, vor sich hinzumurmeln, während er weiterlas.

Mittlerweile hatten sich Ganjalf, Estragon und Gimolas hinter ihm eingefunden und starrten ihm über die Schulter.

»Es gibt eine Rutsche«, freute sich der Halbelbf.

»Es gibt eine behindertengerechte Toilette«, freute sich der Zauberer.

»Es gibt so elegante Schlüsselbeine in deiner Halsgrube, kleiner Hiphop«, freute sich Streichler.

»Wenn ich das auf den Bildern hier richtig sehe, führt dieser Dings, äh, Hochseilgarten direkt über unseren Abgrund hier«, sagte Bibbo. »Und laut Wegbeschreibung«, er zeigte auf den Flyer, »müssen wir nur in den Gang zurück, wo wir hergekommen sind, die erste rechts und dann immer der Beschilderung nach.« Er wedelte mit der Hand hinter seinem Kopf herum. »Und jetzt hört auf, mir alle drei in den Nacken zu schnaufen. Voll eklig.«

»Hochseilgarten it is«, beschloss Estragon, trat einen Schritt zurück und entsicherte seinen Laserpointer.

»Ich wollte schon immer mal sehen, wo so ein Hochseil wächst«, sagte Ganjalf und holte eine Gießkanne aus dem Aktenkoffer.

Scam und Frolic, die gerade noch unruhig mit den Füßen getrippelt haben, tauschten vor Vorfreude brüderliche Küsse. Und nur Gimolas war noch uneins mit sich, weil seine elbfische Seite gerne in luftiger Höhe herumturnte, seine zwergische hingegen nicht. Schließlich zuckte die Zwergenseite mit der Schulter.

»Scheiß drauf«, sagte er.

»Wenn wir dieses dämliche Bling-Bling jemals heil nach Mördör kriegen«, murmelte Bibbo bei sich, »fress ich ein Drei-Gänge-Menü aus Straßenbesen, Handfeger und Laubrechen.«

Dann trottete er den anderen hinterher, die bereits durch den Torbogen verschwunden waren.

»Und Sie sind sicher eine Familie?«

Die Frau im Kassenhäuschen klang nicht überzeugt. Sie schob ihre Halbbrille ein wenig nach unten und ließ einen misstrauischen Blick über die Kleingruppe wandern.

»Natürlich sind wir eine Familie«, sagte Streichler und lächelte breit. »Das sehen Sie doch. Wir drei sind die gleichgeschlechtlichen Elternteile«, er zeigte auf Ganjalf, Bibbo und sich, »von denen zwei ein Kind in die Partnerschaft mitgebracht haben.« Er zeigte auf die Neffen, die brav ihre Schülerausweise hochhielten. »Und das kleine Mädchen mit dem entzückenden Bart haben wir extra adoptiert«, er wies auf Gimolas, der der Kassenfrau seine kleiner gewachsene Zwergenseite zugewandt hatte und schamhaft kicherte. »So was ist heutzutage doch völlig normal«, schloss Streichler und griff sanft nach der Hand der Kassenfrau. »Ach so, 10 Prozent Rabatt kriegen wir auch noch.« Er schob ihr ein Stück Papier hin. »Haben den Flyer dabei.«

»26 Silbereisen macht dat«, sagte die Frau schlechtgelaunt und zog ihre Hand zurück. »Einführung ist in zwanzig Minuten da drüben.« Sie zeigte nach da drüben. »Ohne Einführung: kein Klettern. Da vorne gibt's Klettergurte.« Sie zeigte nach da vorne. »Ohne Klettergurt: kein Klettern. Verstanden?« Estragon nickte brav. »Sehr gut. Der Nächste«, rief die Kassenfrau, obwohl es gar keinen Nächsten gab.

Als er die Anlage genauer in Augenschein nahm, musste Bibbo zugeben, dass er beeindruckt war. Die Flutscheinwerfer tauchten die etwa 30 hölzernen Plattformen, die über dem bodenlosen Abgrund baumelten, in ein dramatisches Licht. Die Schlucht zu ihren Füßen musste eine enorme Windung durchlaufen, dachte er, sonst hätten sie den Hochseilgarten schon von ihrem letzten Rastpunkt aus gesehen, bei dem sie den Notausgang nach … Êregtión entdeckt hatten.

Der Hiphop richtete den Blick nach oben, um die Hindernisse zwischen den Plattformen besser studieren zu können: Man konnte den schwarzen Schlund überqueren, indem man auf metallenen Seilen balancierte, über schmale Holzbrücken lief, sich von einer schwebenden Bierkiste zur nächsten hangelte, durch Röhren kroch oder gleich an einer Stahlschnur von Plattform zu Plattform glitt. Insgesamt zählte er drei verschiedene Strecken oder Pfade, die über schwebende Sockel, Brücken, Leitern, Netze, Stangen und Seile hinweg von einer Seite des Abgrunds zur anderen führten.

Bis auf ihre Kleingruppe war die Anlage leer. Die Einführung hatten sie erhalten, die Klettergurte waren festgezurrt. Bibbo zog die Mundwinkel mühsam nach oben. Wenn es ohnehin der einzige Weg über die Kluft war – warum sollten sie dabei nicht ein wenig Spaß haben?

»Wollen wir?«, rief er.

Estragon und Gimolas zeigten ein Daumen-Hoch. Sie waren bereits dabei, sich mit ihren Click-it-Karabinern in das Sicherungssystem einer Kletterstrecke einzuhängen.

Die Neffen wiederum hatten sich mit ihren Karabinern an einen Fahrradständer gekettet, weil sie dessen gebogenes Metallgerüst für einen der Kletterpfade gehalten hatten. Nun kraxelten sie lachend in der schwindelerregenden Höhe von 50 Zentimetern umher. Bibbo bugsierte sie zu den Kletterstrecken hinüber, die auch tatsächlich über die Schlucht führten.

»Welchen Parcours möchtet ihr? Anfänger, Fortgeschrittene oder«, er machte eine Spannungspause, »den Reinhold-Messner-Gedächtnissteig für Profis?«

»Rambo-Messie-Geständnis-Teig«, riefen die Kleinen unisono und meinten natürlich die schwierigste Streckte.

»Mann-o-mann, ihr traut euch vielleicht was«, gab sich Bibbo beeindruckt und hängte die Click-it-Karabiner der beiden bei der Anfängerstrecke ein. Mit den Worten »Und immer schön aufpassen, dass ihr euch nicht hart hinten reinrutscht!« schickte er sie auf den Weg.

Jetzt fehlte nur noch Ganjalf. Wo war der Zauberer schon wieder? Bibbo entdeckte die Silhouette des Thetans im Souvenirshop.

Dort war Ganjalf gerade dabei, sich einen Überblick über die Mitbringsel zu verschaffen: Es gab Schokoladentäfelchen – sie waren immer noch in Sarotti-Moria –, daneben diese Radiergummis, die nur verschmierten und nie radierten, außerdem T-Shirts mit dem Aufdruck »Hochseilgarten Sarotti-Moria: Nie war es so leicht, einen hochzukriegen« und einige Gesellschaftsspiele, die eigens mit dem Logo der Kletteranlage versehen waren. Der Zauberer nahm eine Schachtel aus dem Regal.

»Ich habe kein Memory von diesem Ort«, murmelte er und schüttelte die Packung mit dem Gedächtnisspiel fasziniert. »Und auch kein Moria-Monopoly«, blubberte er und griff nach der nächsten Schachtel – und der nächsten. »Und kein Urk-ärgere-dich-nicht! Haben-haben-haben!«, rief der Zauberer und warf die Schachteln in den Einkaufskorb, den er sich am Eingang genommen hatte.

»Ganjalf, dafür haben wir jetzt wirklich keine Zeit«, sagte Bibbo, der auf einmal neben ihm stand. Mit strengem Blick nahm er dem Zauberer den Korb ab. »Komm jetzt. Die anderen hängen schon über dem Abgrund und haben Spaß, und du denkst daran, uns noch mehr Gepäck ans Bein zu binden.« Er blickte sich um. »Und wo ist überhaupt dein Stab? Und unser Koffer?«

Der Zauberer sah sich verwirrt um, bis er den Stab im Schirmständer und den Koffer im Regal mit den Gesellschaftsspielen fand.

»Ich hab doch gesagt: Gepäck nicht unbeaufsichtigt lassen!«, schimpfte Bibbo. »Wir machen das jetzt so.« Er griff nach dem Karabiner, der an Ganjalfs Klettergurt befestigt war, und ließ ihn über dem Henkel der Aktentasche zusammenschnappen. »So. Jetzt verlierst du den Koffer nicht mehr.«

Dann führte er den Zauberer aus dem Shop und hinüber zu den Kletterstrecken über die Schlucht. Der Hiphop hängte seinen Click-it-Karabiner in das Sicherungssystem des Anfänger-Parcours ein und betrat dann die Holzrampe, die zur ersten, noch relativ niedrig hängenden Plattform hinaufführte.

»Du bleibst genau hinter mir«, befahl er dem Zauberer.

Ganjalf murmelte ein paar unverständliche Worte und begann, den Zanderstab in der Rechten und die Aktentasche in der Linken, hinter dem Hiphop die Holzrampe hinaufzusteigen. Von der ersten Plattform führte eine Hängebrücke zur nächsten. Bibbo wandte den Blick nach unten und sah plötzlich nur noch Schwärze unter sich, verrührt mit Dunkelheit. Ein Sog ging von der Tiefe aus, als wäre der Abgrund eine gigantische, auf dem Kopf stehende Dunstabzugshaube. Hinter ihm schnaufte Ganjalf über die Brücke, und als er vorausblickte, sah Bibbo, dass die Neffen bereits die Hälfte des Parcours bewältigt hatten. Estragon und Gimolas waren sogar schon fast auf der anderen Seite und durften sich noch auf eine Rutsche freuen, die von der letzten Plattform hinabführte.

»Brauche Luft.« Der Zauberer hatte zu Bibbo aufgeschlossen. »Gute, frische Luft. Erst mal rauchen.« Ganjalf lehnte den Zanderstab kurz an einen Pfosten und tastete nach seinem Tabak, aber da war gar kein Pfosten.

»Dein Stab!«, schrie Bibbo, machte einen Ausfallschritt und konnte den umfallenden Stecken des Zauberers gerade noch auffangen, bevor er im Nirgendwo verschwand.

»Haste noch mal Glück gehabt«, sagte Ganjalf, statt sich zu bedanken. »Das ist nämlich 'n Unikat. Kern aus Gummientenfeder, hat mir Harald Töpfer auf dem Sterbebett verkauft«, erinnerte sich der Zauberer und legte Feuer an seine frisch gestopfte Tabakwurst. »Aber dann bin ich zum Glück wieder gesund geworden. Erinnerst du dich an Harald? Vernarbt, John-Lennon-Brille?«

»Du musst besser aufpassen«, sagte Bibbo streng und reichte dem dampfenden Zauberer seinen Stab zurück. »Das ist kein Kindergarten!«

In diesem Moment ließ ihn ein Geräusch herumfahren. Stimmen. Viele Stimmen, winzige, aufgeregte Stimmen, die hinter ihnen, aus der Nähe des Kassenhäuschens, aufstiegen. O nein, dachte Bibbo, nicht auch das noch, als eine Schar von vielleicht 30 Kindern das Gelände stürmte. Die Kleinen mussten im Vorschulalter sein. Er konnte junge Elbfen ausmachen, kleine Menschlein und Hiphopserchen, noch kleinere Zwerglein und sogar ein paar junge Urks. Wie nett, ein inklusiver Kindergarten.

»Ganjalf, mach hinne«, rief der Hiphop und trat auf die erste Sprosse der Holzleiter, die zur nächsten Plattform führte. »Hier wird's bald ungemütlich.«

»Ein alter Mann ist doch kein Badeanzug«, murrte Ganjalf, ließ die halb abgebrannte Ziggi ins Nichts taumeln und stakste dann, immer Bibbo hinterher und nicht einmal ungeschickt, über die Leiter und dann über einen längs halbierten Baumstamm von Plattform zu Plattform.

Der Hiphop sah sich um. Die ersten Kinder steckten bereits in ihren Klettergurten und starrten neugierig zu ihnen hinauf. Er musste mit dem Zauberer noch schätzungsweise fünf oder sechs Übergänge überwinden, bevor sie sicher auf der anderen Seite waren, als Nächstes eine Art rollendes Surfbrett, das auf einem Stahlseil glitt. Während Bibbo sich zur nächsten

Plattform zog, spürte er wieder den Sog der mächtigen schwarzen Abzugshaube unter sich. Ganjalf holte das Surfbrett mit einem Seil zu sich zurück, die Neffen hatten nur noch zwei Plattformen vor sich, und der Waldverläufer und der Halbelbf waren bereits unbeschadet angelangt. Bibbo winkte ihnen zu. Es würde alles gut gehen.

Auf einmal vibrierte der Boden.

Das Plateau unter Bibbos Füßen begann, von einer Seite zur anderen zu schlingern. Ein Kreischen ertönte, wie von abgeschnittenen Fingernägeln, die über eine Schultafel gestreut wurden. Er fuhr herum.

Die ersten Kinder hatten die Kletterstrecke betreten, dicht an dicht die Holzrampe zur ersten Plattform hinauftrampelnd. Zwei der Kleinen hatten bereits den Fuß auf die Hängebrücke gesetzt.

»Ganjalf, move it!«

Es war ein rarer Anblick: Ein alter Mann, mit einem überdimensionierten Stab in der einen, einen Aktenkoffer in der anderen Hand, zog sich auf einem rollenden Surfbrett in werweißwelcher Höhe an einem Seil über eine bodenlose Schlucht. Wenigstens rauchte er gerade nicht. Bibbo nahm Ganjalfs Stab entgegen und packte den Zauberer am Arm, um ihm auf den nächsten Sockel zu helfen.

Hinter sich sah der Hiphop die Kinder immer näher kommen – und vor sich eine Holzröhre, groß wie ein Kanalrohr, die zur nächsten Plattform führte. Er duckte sich und kroch hinein.

Als er am anderen Ende aus der Röhre stieg, begann sie, zu zittern und zu schwanken. Bibbo hätte die Kleinen liebend gern vorbeigelassen, aber das Sicherungssystem erlaubte es nicht: Es war unmöglich, die Karabiner unterwegs auszuhängen, um die Reihenfolge zu ändern – zu gefährlich. Jetzt tauchte erst der Stab, dann der rote Kopf des Zauberers aus der Röhre auf. Ganjalf ließ sich neben Bibbo auf die Plattform fallen.

»Ihr müsst ohne mich fortfahren – fahrt ohne mich«, keuchte er, »am besten mit dem Reisebus, gute Umweltbilanz. Die Grauen Anfurten sollen um diese Jahreszeit sehr sonnig sein. Steinstrände.« Er atmete melodramatisch. »Aber ne Postkarte schicken.«

»Schmonsens«, sagte Bibbo und griff nach dem Arm des Zauberers.

Plötzlich poppte ein kleiner Kopf in der Röhrenmündung über Ganjalf auf. Und daneben noch einer und noch einer. Der erste Kopf gehörte zu einem Zwerglein, vielleicht 16 oder 26, aber schon mit einem schönen dichten Bart versehen, die anderen zu einem jungen Menschen und einem noch recht frisch geschlüpften Urk. Alle Kinder trugen die gleichen roten Mützen und T-Shirts, auf denen eine Art lachender Feuerteufel abgedruckt war. Darunter stand in Großbuchstaben ›GRUPPE BALROG‹. Aus der Holzröhre hinter den drei Kleinen ertönte jetzt ein Schreien und Schimpfen, was bedeutete, dass dort noch weitere Kinder steckten.

»He, hier geht's nicht weiter«, sagte der Jungzwerg. »Es soll aber weitergehen!«

Er stemmte sich mit Händen und Füßen gegen die Röhrenwände und fing an, auf- und abzuhüpfen, was das Gebilde heftig zum Schwingen brachte. Die anderen Kinder, die in der Röhre umhergeschleudert wurden, kreischten begeistert. Bibbo verlor fast den Boden unter den Füßen und musste nach Ganjalf greifen, der sich seinerseits an der Röhre festhielt, was den Vorteil hatte, dass der kleine Zwerg ihm leichter auf die Hand treten konnte.

»Los, du alter Sack, lass mich durch!«, rief er.

»Du kannst nicht vorbei, du kleiner Wixer«, pöbelte Ganjalf pädagogisch wertvoll zurück. »Weißt Du eigentlich, wer ich bin? Ich bin der Träger vom Feuerzeug! Ich bin der Typ mit dem Koffer!« Der Zauberer richtete sich zu seiner vollen Größe auf (so gut das im Sitzen ging), seine Augen blitzten, und er befahl dem Knirps mit donnernder Stimme: »Geh zurück in den Schatten! DU KANNST NICHT VORBEI!«

Das Zwerglein musterte den Zauberer mit zusammengekniffenen Augen. Augen, die plötzlich größer wurden. »He, Opa, warum bist du eigentlich nicht angeschnallt?«

»Hm?«, fragte Ganjalf und blickte über seine rechte Schulter, um nach einem Anschnallgurt Ausschau zu halten.

»Ach du Scheiße. Wo ist dein –?« Bibbo starrte erst den Zauberer an, dann dessen TÜV-geprüften Klettergurt, dann den dazugehörigen, speziell für Klettergärten entwickelten Click-it-Karabiner, der klar und deutlich und todsicher am Henkel des Aktenkoffers baumelte, statt in das Sicherungssystem eingehängt zu sein.

Bibbo gab vier Buchstaben von sich, die in minimal geänderter Reihenfolge auch für die Bekleidung von ›French Connection United Kingdom‹ warben. Dann sagte er noch mal laut »Fuck!«

Er griff nach dem Arm des Zauberers.

»Du bist nicht gesichert!«, sagte er.

»Ich bin pflichtversichert?« Ganjalf hielt sich den Stab hinters Ohr. »Das ist aber schön.«

»Dein Karabiner!« Bibbo griff nach dem Koffer. »Wir haben vergessen, dich einzuhaken.«

»Dann … machen wir das jetzt?«, schlug Ganjalf vor und blickte den Verschluss ratlos an.

»Das geht nicht«, sagte Bibbo. »Das System ist extra so konstruiert, dass man sich nur ganz am Anfang ein- und ganz am Ende wieder aushaken kann.« Schwindel erfasste ihn. Nicht noch mal nach unten sehen. »Was machen wir denn jetzt?«

»Eine rauchen?«

»Wir müssen zurück«, sagte Bibbo, griff nach der Holzröhre – und blickte direkt ins Gesicht des kleinen Zwergs.

»Nix da!« Der Kleine schüttelte den Kopf. »Weiter! Los!« Das Maskottchen auf dem T-Shirt des Jungen blitzte bösartig. Der junge Urk neben ihm lächelte mit gespitzten Zähnen. In der Röhre hinter ihnen wurden zornige Rufe laut.

»Aber«, stammelte Bibbo, »wenn mein Freund hier abstürzt, dann – dann –«

»Dann ist das nicht unser Problem. Weiter! Los! Wir sind nicht zum Spaß hier.«

»Wie bitte? Natürlich seid ihr zum Spaß hier!«

»Kannst du nicht lesen, Aualänder?«, fragte der kleine Zwerg und hielt Bibbo einen wohlbekannten Flyer vors Gesicht. »Gefördert werden Motorik, Selbstbewusstsein und gewaltfreie Kommunikation«, zitierte er, das letzte Wort besonders betonend. Der Kleine grinste. »Außerdem isses zurück genauso weit wie bis ganz durch. Weiter! Los!« Er begann, die Plattform erneut in Schwingung zu versetzen. Ganjalf quietschte und klammerte sich an Bibbos Beine. »Sonst macht dein Freund hier gleich nen Runterpurzelbaum«, rief der Kleine drohend. Die anderen Kinder johlten.

»Schon gut, schon gut!«, rief Bibbo und hob beschwichtigend die Hand, mit der er sich nicht festhielt. »In Ordnung. Wir ziehen das jetzt durch. Aber ihr müsst aufhören, so zu wackeln, okay? Und nachher möchte ich ein ernstes Wörtchen mit eurer Erzieherin sprechen.«

»Unsere Erzieherin lutscht Ed von Schleck in der Hölle«, sagte der kleine Zwerg. »Ed gefällt das.« Seine Kappe leuchtet auf wie Feuer. Dann nickte er auffordernd und wies mit der kleinen Hand voraus, in Richtung des nächsten Kletterelements.

»Komm, Ganjalf, wir schaffen das.« Bibbo half dem Zauberer auf die Beine. »Nur noch«, er zählte, »fünf Hindernisse, dann sind wir drüben, gut? Siehst du die Rutsche da vorn? Da gehen wir jetzt hin. Gemeinsam. Und ganz gemütlich.« Er griff nach dem Zanderstab und der Tasche, von der er den Zauberer losgekettet hatte. »Das trage ich jetzt mal, okay?« Dann schob er Ganjalf behutsam weiter. »Geh du vor. Ich bleibe die ganze Zeit direkt hinter dir, versprochen.«

Er drängte Ganjalf, der zu zittern begonnen hatte, in Richtung des breiten grünen Kletternetzes, das sich wie eine Hängematte zur nächsten Plattform spannte. Der Zauberer ging in die Knie und ließ sich dann, so nah wie möglich am Boden bleibend, mit ausgestreckten Armen in die Maschen fallen. Dann robbte er maulwurfgleich durch das Netz, zwei Mal aufschreiend, als er versehentlich zwischen die Maschen trat. Bibbo versuchte, so eng wie möglich hinter ihm zu bleiben und die Kinder zugleich durch Gesten davon abzuhalten, ihnen zu schnell nachzufolgen.

Auf der nächsten Plattform angekommen, zwang er sich zu einem Lächeln. Dann winkte er Scam und Frolic zu, die inzwischen neben Estragon und Gimolas standen und hinaufschauten.

»Gibt's keinen Treppenlift?«, stöhnte Ganjalf, doch Bibbo schob ihn sanft, aber bestimmt, auf das nächste Hindernis zu, eine Brücke aus Seilen. Dann eskortierte er ihn über einige Wackelbretter und verfrachtete ihn schließlich in einen riesigen Zuber, in dem der Zauberer zum nächsten Sockel glitt.

Und plötzlich stand zwischen ihnen und der letzten Plattform, von der die Rutsche zum Boden hinabführte, nur noch ein einziges Hindernis.

Die Neffen, Estragon und Gimolas waren schon ganz nah, vielleicht noch 10 Meter unter ihnen. Bibbo konnte schon ihre fröhlichen Gesichter erkennen.

Dann fiel sein Blick auf das letzte Hindernis. Er holte tief Luft.

Die letzte Hürde war nicht mehr als ein Schwebebalken, vielleicht 7 Meter lang und gerade mal fußbreit. Er würde immer nur eine Person tragen. Der Balken lag wie eine dünne weiße Linie in der Schwärze, überspannt nur von dem Stahlseil, das für die Sicherung gedacht war, die Ganjalf nicht hatte.

Hinter ihnen wurden Stimmen laut. Kleine, gemeine Stimmen.

Der Zauberer stand schon am Rand der Plattform und starrte auf den schmalen Balken, der vor seinen Füßen entsprang. Zitterten seine Hände – oder standen sie still, während der Rest der Welt hin und her vibrierte? Manchmal wusste er nicht einmal, ob seine Füße wirklich seine Füße waren oder nur seine Arme, die sich als Beine verkleidet hatten, um seinem Kopf einen Streich zu spielen. Und jetzt sollten diese ›Füße‹ ihn sicher auf die andere Seite bringen? Eine Flasche Punica Oase traf ihn am Kopf.

Bibbo trat vorsichtig an den Zauberer heran.

»Ich hab mal was Kluges gelesen, das dir helfen wird, sicher rüberzukommen«, sagte er sanft. »Es geht so: Man darf nie an die ganze Straße auf einmal denken. Man muss nur an den nächsten Schritt denken, an den nächsten Besenstrich. Und immer wieder nur an den nächsten.« Er legte dem Zauberer die Hand an die Hüfte, weil er nicht bis an die Schulter kam. »Und auf einmal merkt man, dass man Schritt für Schritt die ganze Straße gemacht hat, verstehst du, Momo?« Er blickte Ganjalf an. »Hilft dir das, mein Freund?«

»Hä, sorry, grad voll nicht zugehört«, sagte Ganjalf und sah von seinen Händen auf. Ein Gurkenstick klatschte ihm gegen die Stirn.

»Mach hinne, Runzelbunker!«, rief eine Kinderstimme.

Die Plattform unter ihren Füßen wackelte. Ganjalf zeigte auf den Schwebebalken. »Ich geh schon mal rüber zur Rutsche, ja?«, sagte er.

»Sei vorsichtig«, sagte der Hiphop und trat einen Schritt zurück.

Bilder tauchten vor Bibbos innerem Auge auf: Ganjalf, aufgebahrt in einem offenen Sarg. Ganjalf, der an einem Galgen baumelt. Ganjalf, drei Messer in der Brust. Er musste schmunzeln. Es waren Erinnerungen an letztes Halloween, als der Zauberer keine Mühen gescheut hatte, sein Ableben wieder und wieder für sie zu inszenieren. Solche fröhlichen gemeinsamen Stunden würde es nicht mehr geben, wenn der Alte tot, zerquetscht und tot auf dem Grund der Schlucht lag.

»Sei vorsichtig«, sagte er noch einmal.

Als Ganjalf den ersten Schritt machte, hörte Bibbo, wie die Kleinen Luft holten.

»Der macht das wirklich, Alter«, zischte es. »Voll Jackass!«

»Mein Opa könnte so was nicht.«

»Hoffentlich stürzt er ab.«

»Was wettest du?«

»Ich wette, ich muss einmal hart auftreten, und er fliegt.«

»Klappe jetzt«, zischte Bibbo. »Und keiner rührt sich!«

Die Kleinen verharrten tatsächlich, und gemeinsam starrten sie den Rücken des Zauberers an, während Ganjalf bereits den dritten, dann den vierten Schritt auf der schmalen Planke unternahm. Eine Umkehr war jetzt unmöglich.

Der Zauberer selbst sah nur noch eine weiße Linie vor sich, die schmaler wurde und dann noch schmaler, während er eine Birkenstock-Sandale vor die andere setzte, dann eine dritte dahinter und eine vierte. Wo hatte er auf einmal so viele Sandalen her? Egal. Große Gleichmut hatte ihn ergriffen, und die weiße Linie zog unter ihm dahin wie der Mittelstreifen der Ä17 oder eine Line Nasenzucker. Er spürte die Schwärze unter sich ebenso wenig wie die Kälte des Alls über sich, und die Planke fing jetzt an, sich sanft zu winden und dann zu schlängeln, ausladender und ausladender. Es waren naheliegende, fast zwingende Bewegungen, die das Holz unter seinen Füßen vollführte, und Ganjalfs Füße vollzogen die Schwünge so mühelos mit, als tanze er Tango. Müdigkeit spürte er keine, nur war es ihm unangenehm, dass er nicht auf dem Kopf gehen konnte.

»Nicht, Ganjalf!«, rief Bibbo, als er sah, dass der Alte in der Mitte des Balkens stehen geblieben war. »Weiter!«

Aber Ganjalf rührte sich nicht vom Fleck, erhob stattdessen das rechte Knie und den rechten Arm zu einer Art grotesker Ballettpose und begann, sich auf den linken Fuß langsam im Kreis zu drehen.

»Nicht!«, rief Bibbo, doch Ganjalf schien ihn nicht zu hören. Ein unirdisches Lächeln hatte von seinem Gesicht Besitz ergriffen, und der Umstand, dass er sein Bein erhoben hatte, während er sich drehte, gewährte den Kindern bizarre dermatologische Einblicke.

»Sieht aus wie verwelkter Salat.«

»Was macht er denn da?«

»Er stürzt gleich ab!«

»Das konnte mein Opa wiederum gut.«

»Menno, ich hab nicht mal hart aufgetreten.«

»Was ist denn los da oben?«, ertönte es von unten, und Bibbo sah, dass Scam, Frolic, Estragon und Gimolas verwundert zu Ganjalf heraufstarrten, der seine Pirouette abgeschlossen hatte und sich jetzt der Länge nach auf dem Schwebebalken niederließ. Als er auf dem Rücken lag, begann er, mit nackten Beinen in der Luft Fahrrad zu fahren, seinen gesamten Unterkörper entblößend.

»Halt durch, Ganjalf, ich komme!« Bibbo hatte sich den Zanderstab unter den rechten Arm geklemmt, als sei er eine Lanze, und trat nun, den Koffer in der Linken, auf den Schwebebalken hinaus. Gute Güte, war das schmal! Die Planke begann, zu schwingen. Er konnte hören, dass die Kinder hinter seinem Rücken so nah wie möglich an den Rand der Plattform rückten, um besser zu sehen. Schritt für Schritt näherte er sich dem Zauberer, der sich inzwischen aufgesetzt hatte und die Füße ins Nichts baumeln ließ wie ein Bauarbeiter auf einem Stahlträger.

Eine Birkenstock-Sandale löste sich von Ganjalfs Fuß und taumelte in die Leere, bevor sie von der Schwärze verschlungen wurde. Der Zauberer sah nicht einmal hin.

Bibbo schob sich näher. Und noch etwas näher. Die zitternde Spitze des Zanderstabs, den er immer noch wie eine Lanze ausstreckte, schwebte jetzt nur noch eine Handbreit neben dem Zauberer.

»Ganjalf«, zischte Bibbo. »He, Ganjalf!«

Er versuchte, den Zauberer sanft in die Schulter zu stupsen, um ihn zum Weitergehen zu bewegen, geriet aber aus dem Gleichgewicht und hämmerte Ganjalf deshalb das Ende des Stabs an die Schläfe.

»Aua, du Arsch!«, sagte der Zauberer und rieb sich den Schädel. »Siehst du nicht, dass ich hier chille?« Er blickte den Hiphop böse an und tastete nach seinem Tabak.

»Wir müssen weiter, Ganjalf«, flehte Bibbo. »Die anderen«, improvisierte er, »gehen sonst ohne uns in den Coffeeshop.«

»Coffeeshop?« Der Zauberer blickte ihn misstrauisch an, machte aber keine Anstalten, sich zu erheben. »Welchen meinst du?«

»Den netten, mit den … Stühlen, und der Auswahl«, behauptete Bibbo, der keine Ahnung hatte, was der Zauberer hören wollte. »Der, wo du immer so gerne hingehst.«

»Och, nicht schon wieder der.« Ganjalf winkte ab. »Die haben mir Hausverbot erteilt, weil die anderen Kunden immer schon high geworden sind, wenn sie nur an meinem Bart geschnuppert haben.« Er blickte auf. »Aber ich könnte ein Eis.«

»Du kannst so viel Eis, wie du willst!«, sagte Bibbo und wollte eine einladende Gebärde machen, hatte aber die Hände voll. Er schwankte. »Du musst nur aufstehen und rüber zur Rutsche gehen. Aber ganz langsam und vorsichtig.«

Der Zauberer lachte. »Wer zuletzt da ist, muss die Stiele essen«, rief er, drehte den Oberkörper nach links, griff mit beiden Händen nach dem Balken, kam erstaunlich schnell und fast zitterfrei auf die Beine, und bevor Bibbo noch etwas sagen konnte, wetzte Ganjalf auch schon – mit nur einer Sandale am Fuß – in großen Schritten den Schwebebalken entlang.

»Langsam!«, schrie Bibbo, aber Ganjalf war nicht mehr aufzuhalten.

Noch sechs Schritte bis zur Plattform.

Noch fünf.

Vier.

Fünf (Ganjalf war aus lauter guter Laune noch mal einen Schritt zurückgesprungen).

Vier.

Drei –

Bibbo presste die Augen zu – und machte sie sofort wieder auf, als er merkte, dass er dabei das Gleichgewicht verlor.

Aber da war Ganjalf schon abgestürzt.

Ich meinte natürlich: Aber da war Ganjalf schon unbeschadet auf der anderen Seite angekommen.

Jetzt haben Sie'n Schreck bekommen, was?

Bibbo atmete auf. Ein Steinbruch fiel ihm vom Herzen. Es war noch mal gut gegangen. Hinter ihm fingen die Kinder der »Gruppe Balrog« an, durcheinanderzuquasseln. Ganjalf lächelte ihm von der letzten Plattform entgegen. Der Hiphop lächelte zurück, lachte fast, so leicht fühlte er sich auf einmal. Dann brachte er selbst, fast anmutig, die letzten Schritte auf der Planke hinter sich.

Sie waren am Ziel, beide am Ziel.

Hinter Ganjalf gähnte schon die Rutsche. Sie mussten jetzt nur noch zu den anderen hinuntergleiten. Alles war gut.

»Gut gemacht, alter Freund«, sagte Bibbo, stellte behutsam den Aktenkoffer ab und legte den Zanderstab daneben. »Lass dich umarmen.« Er strahlte.

»Free hug!«, freute sich Ganjalf, strahlte ebenfalls, schloss die Augen und machte zwei stürmische Schritte auf Bibbo zu, um ihn fest in die Arme zu schließen.

Aber in dieser Richtung war gar kein Bibbo.

Die Kinder kreischten auf.

»GANJALF!«, schrie der Hiphop. »NEIN!«

»Arghfuckscheeeeeeeiiiiiße!«, rief Ganjalf und verschwand armerudernd in der Dunkelheit.

»Ist er tot?«

»Zweifellos.«

»Soll ich sicherheitshalber mit nem Stock reinpiksen?«

»Nein, das seh ich doch so. Guck nur mal, wie steif er daliegt. Und die Augen sind auch ganz glasig.«

»Soll ich sicherheitshalber mit nem Stock in die Augen piksen?«

»Wenn's dir Freude macht«, sagte Estragon und zuckte mit den Schultern, während Gimolas seinen Stock vorsichtig in das leblose Gesicht schob. »Wir schneiden ihm sowieso den Kopf ab, bevor wir ihm den Spieß hinten reinstecken.«

»Und dann übers Feuer?«, fragte Scam.

»Genau, dann übers Feuer, mein Kleiner.« Estragon tätschelte dem kleinen Hiphop den Kopf.

In diesem Moment kamen Bibbo und Frolic wieder hinter den Büschen hervor, wo der Onkel dem Neffen geholfen hatte, sein Wasser außerhalb der eigenen Hose abzuschlagen.

»Was ist denn das Ekliges?«, fragte Bibbo und zeigte auf die Leiche, die am Boden lag.

»Gar nicht eklig«, verteidigte sich Estragon. »Das wird ein Knuspersnack für zwischendurch.«

»Ein toter Hase? Wo habt ihr denn den gefunden?«

»An der Spitze von meinem Pfbeil«, sagte Gimolas und präsentierte stolz seine blutverschmierte Kombination aus Axt und Projektil.

»Na dann«, sagte Bibbo, seufzte tief und betrachtete den Zanderstab in seiner Hand. Er kam ihm auf einmal vollkommen sinnlos vor. Alles kam ihm auf einmal vollkommen sinnlos vor. Seit Ganjalf nicht mehr da war, fehlte etwas. Das donnernde Rülpsen am Morgen. Die Selbstgespräche. Der konstante Geruch nach Räucherstäbchen. Er seufzte noch einmal. Als er aufsah, stand Streichler neben ihm.

»Alles fit, mein Kleiner?«, fragte der Waldverläufer und klemmte den Hiphop väterlich unter seiner Achsel ein, wo Bibbo von 300 Tagen Schweiß begrüßt wurde. »Immer noch traurig, weil dein zauseliger Freund tot, zerquetscht und tot auf dem Grund der Schlucht liegt? Hm?« Er zog dem Hiphop in freundschaftlicher Härte die Fingerknöchel über den Kopf. »Jetzt lächel doch mal wieder. Diese Geschichte mit deinem Kumpel Gangbang – gell, so hieß er? – ist doch jetzt bestimmt schon«, Estragon dachte kurz nach, »zwei Stunden her. Mindestens. Bisschen Schwund ist immer. Hauptsache, das Wichtigste ist noch da.« Er zeigte auf den Koffer in Bibbos Hand. »Denk einfach an die köstlichen Lewonzen, die auf uns warten.« Er lachte und sabberte. Er labberte. »Und aus diesen bitteren Schoko-Minen sind wir auch endlich raus.«

Bibbo befreite sich aus Streichlers Achsel, dessen Schweiß sich auf seine Haare gelegt hatte wie Drei-Wetter-Taft. Zumindest mit der letzten Bemerkung hatte der Waldverläufer recht: Es tat gut, wieder freien Himmel über sich zu haben. Den Wind auf dem Gesicht zu spüren.

Nach Ganjalfs Absturz waren sie zunächst wie gelähmt gewesen. Doch als klar wurde, dass sie nichts tun konnten, um den Zauberer zurückzuholen, hatten sie die Klettergurte abgelegt und ihren Weg fortgesetzt, niedergeschlagen und schockiert, wie sie waren. Kurze Zeit später hatten sie das Osttor von Sarotti-Moria durchschritten. Ganjalf hätte es so gewollt.

Dass Ganjalf es so gewollt hätte, war auch der Satz, auf den sich Gimolas und Estragon sofort verständigt hatten, und deshalb wiederholten sie die Behauptung bei jeder Gelegenheit – selbst als es um die Frage ging, aus wessen Tasche der Igelflug nach Mördör bezahlt werden sollte: nämlich aus Bibbos. Ganjalf hätte es so gewollt, da waren sich Gimolas und Estragon sofort handelseinig, und der Hiphop war zu erschöpft und zu trübsinnig, um zu streiten.

Das Osttor lag jetzt vielleicht eine Wegstunde zurück. Bibbo blickte zurück, den schmalen, kaum befestigten Pfad hinauf, den sie herabgekommen waren. Der Weg wand sich zwischen aufgesprungenen Steinen durch Heidekraut und Ginster, und noch war zu sehen, dass hier vor langer Zeit einmal eine gepflasterte Straße nach Sarotti-Moria hinaufgeführt hatte.

Die mistigen Berge waren noch immer nah, und ihre Gipfel blickten höhnisch auf ihn herab, als wollten sie sagen: »Wir sind Berge, seit wann können wir sprechen, du Honk?« Er wandte sich ab.

»Ist Ganjalf jetzt im Himmel?«, ertönte eine Stimme neben ihm. Es war Frolic.

»Wie meinst du das?«, fragte Bibbo.

»Weil, ich glaube, ich habe Ganjalf im Himmel gesehen«, sagte der Junge und zeigte hinauf ins Firmament.

»Das kleine Schwarze, das flauschige Weiße oder das rote Runde?«, fragte Bibbo und kniff misstrauisch die Augen zusammen.

»Kleine Schwarze.«

»Das ist eine Krähe. Du bist wirklich ein dummes Kind«, sagte der Hiphop liebevoll und drückte den Kleinen an sich.

»Krä-hä«, wiederholte Frolic zufrieden das neue Wort, das »klein und schwarz« bedeutete, und begann, an seinen Onkel geschmiegt, in der Nase zu bohren, in der er etwas Kleines, Grünes fand.

»Wollen wir weiter, Team?«, rief Estragon und zeigte mit seinem Bleistift die schmale Straße hinunter. »Wenn wir uns ranhalten, dann schwellen uns noch vor Sonnenuntergang die ersten Anzeichen von Êregtíon entgegen. Dort finden wir ein Lager für die Nacht. Ganjalf hätte es so gewollt.« Er schüttelte sein Haar. »Wer zuerst die dicken Türme, strammen Säulen und prallen Pfeiler von Êregtíon sieht, ist ein Perversling. Die gibt's dort nämlich gar nicht.« Der Waldverläufer lachte. »Die Stadt besteht eigentlich nur aus Hütten. Einziger Slum.« Er spuckte aus, versehentlich auf Scams Kopf.

»Wenn wir morgen bei Sonnenaufgang aufbrechen, sind wir um neun bei der Igel-Abflugstelle – und pünktlich zum Mittagessen in Mördör«, sagte Gimolas und rieb sich zufrieden die ungleichen Hände. »Ganjalf hätte es so gewollt.«

»Ihr musst nicht ständig ›Ganjalf hätte es so gewollt‹ sagen«, sagte Bibbo und bemühte sich, genervt zu klingen, obwohl er nichts als Trauer verspürte.

»Du meinst, Ganjalf hätte es *nicht* so gewollt, dass wir sagen, dass Ganjalf es so gewollt hätte?«, fragte Estragon. »Was aber, wenn Ganjalf es so gewollt hätte, dass wir sagen, dass Ganjalf es so gewollt hätte?« Er sah den Hiphop an. »Ich glaube sogar, dass Ganjalf es so gewollt hätte, dass ich jetzt noch mal klipp und klar zum Ausdruck bringe, dass Ganjalf es so gewollt hätte, dass wir sagen, dass Ganjalf es so gewollt hätte.« Er pausierte. »Ganjalf hätte es so gewollt.«

»Ganjalf hätte Esso gewollt«, wiederholte Scam und befühlte die Geldscheine aus Esspapier in seiner Hosentasche, die ihm das Tankstellenunternehmen für die Schleichwerbung gegeben hatte.

»Ganjalf hätte ein heißes Vollbad gewollt, einen Spliff und genug Lewonzen, um sich anschließend einen zweiten Spliff leisten zu können«, sagte Bibbo. »Wobei ich mir mit dem Vollbad nicht ganz sicher bin. Wenn wir sein Andenken ehren wollen, sollten wir diese Mission anständig zu Ende bringen.«

Er hob den Blick zum Himmel. Ein Krähenschiss klatschte ihm gegen die Stirn. »Wir sollten sehr, sehr reich werden. Sodass wir uns all die Dinge kaufen können, die Ganjalf sich jetzt nicht mehr kaufen kann«, sagte er feierlich. »Und jeder Tag, den wir mit Konsum füllen statt mit Sinn, wird uns daran erinnern, dass wir uns noch mehr Konsum leisten können, weil wir Ganjalfs Anteil auf uns umgelegt haben.«

Bibbo fühlte, dass seine Augen feucht wurden, weil Frolic hinter seinem Rücken mit einer Dose Pfefferspray aus dem Aktenkoffer experimentierte. »Denn Reichsein ist die Kraft und die Herrlichkeit«, fuhr er fort. »In Ewigkeit. Einnahmen.« Bibbo faltete die Hände vor der Brust und presste sie kräftig zusammen – eine Übung, die er zwischendurch gerne machte, um die Finger zu stärken. »Das ist es, was Ganjalf wirklich gewollt hätte. Er hätte es natürlich für sich selbst gewollt, nicht für uns, dumm gelaufen, ällabätsch.«

Estragon und Gimolas schwiegen andächtig, und der Waldverläufer hatte sogar die Hand aufs Herz gelegt, weil er sich gerade nicht sicher war, ob er noch einen Puls hatte. »Kommt nun, meine Neffen. Komm auch du, Estragon, und du, Dings.« Bibbo zeigte auf Gimolas, lächelte den Gefährten zu, und heiße Tränen liefen ihm über die Wangen, weil Frolic jetzt versuchte, mit dem Pfefferspray ein Graffiti auf dem Rücken seines Onkels anzubringen. »Ich habe geendigt«, sprach der Hiphop und drehte sich um, um dem Neffen die Bedeutung der Redensart »Rüttle nicht am Watschenbaum, die Frucht ist reif, du merkst es kaum« näherzubringen. Gimolas und Streichler klatschten kräftig in die Hände, weil sie versuchten, eine lästige Fliege zu erwischen.

Zehn Minuten später waren sie wieder unterwegs.

Die Sonne rutschte mählich am Horizont hinab. Streichler lutschte lächelnd an seinem Bleistift und rieb zugleich den Knauf des Zanderstabs, den er an sich genommen hatte. Hin und wieder lagen Steintrümmer und geborstene Säulen am Weg, die von alten Zeiten sprachen, von untergegangenen Reichen und von mangelnder Bauaufsicht. Gimolas, der Zweigeteilte, hinkte in vorfreudigem Galopp mal voran, blieb mal zurück und war mal mittendrin. Der tote Hase baumelte von seinem Rücken wie ein haariger Knuspersnack, und hin und wieder nahm er den Bogen vom Rücken und griff in die Saite, dass die Vögel aus den Bäumen fielen.

Als sie eine Winzpause einlegten, um einen Schluck Lembas zu trinken, fiel Gimolas' Blick auf Frolic. Die rechte Wange und das rechte Ohr des Jungen glänzten in frischem, gesundem Rot, an dessen Umrissen noch die Handabdrücke von Onkel Bibbo zu sehen waren.

»Du hast ja jetzt auch zwei verschiedene Gesichtshälften«, freute sich Gimolas, »genau wie ich. Voll cool, Brudi!«

Frolic lächelte schmerzverzerrt und hielt dem Halbelbf zaghaft die Hand zum Abklatschen hin. Gimolas holte aus und gab dem Jungen ein High Five ins Gesicht.

»Da hat noch eine Stelle gefehlt«, sagte er und betrachtete zufrieden das Ergebnis.

Als sie eine weitere Stunde gegangen waren, dippte die Sonne bereits in die letzten, tiefhängenden Wolken und bemalte den Himmel zugleich in dramatischen Farben.

Bibbo dachte an Ganjalf, an den 1. FC Hiphoppingen und mal wieder kurz an seine revolutionäre Mischung aus Suppe und Torte. Surte?

Plötzlich blieb Estragon stehen, breitete die Arme aus und holte tief Luft.

»Wir sind gleich da«, sagte er. »Riecht ihr das auch?«

»Was riechen?«, fragte Bibbo, der ahnte, dass nur wieder irgendein Quatsch kommen würde.

»Den fischigen Geruch von Êregtíon.«

»Ziel-krah-gruppe«, rief eine Krähe und zog über ihnen hinweg.

Wenn man sich im Landeanflug befindet, sieht die Welt vollkommen anders aus. Die Menschen und Elbfen und Urks sehen aus wie Ameisen, die Zwerge sehen aus wie Zwergameisen, und die Ameisen selbst sind so klein, dass sie wiederum neben den Menschen, Elbfen und Urks aussehen wie Ameisen, weshalb man sie vom Landeanflug aus überhaupt nicht erkennen kann, nicht eine Mandibel sieht man, so klein sind die.

Nähert man sich dem Lande Mördör, wo die Schatten drohn, auf dem Wege der Luft, dann fällt einem auf, dass die Landschaft gar nicht so braun und so schwarz und so schwarzbraun ist, wie man vielleicht erwartet hätte. Es sind durchaus Schattierungen von Grau darunter, fünfzig vielleicht, außerdem Flecken von Gelb, wo purer Schwefel aus der Erdkruste dringt, sowie frischgrüne Inseln, Schocks in der schwarzen Landschaft, aka Sausacks zahlreiche Golf-Ressorts. Ein Braungrüngrau, das ins Bläuliche spielt, fehlt hingegen ganz.

Auch die viel beschworenen Lavaflüsse von Mördör, die man von Postkarten kennt oder aus Peter-Jackson-Filmen, sind durchaus vorhanden, spielen aber im lokalen Flößerwesen kaum mehr eine Rolle. Wobei man ergänzen sollte, dass das lokale Flößerwesen im Wesentlichen daraus bestand, erst kleine Säugetiere in die Lava zu treiben und dann den perfekten Augenblick abzupassen, um sie mit einem Stock wieder herauszuangeln, was meistens misslang.

Heute sind die Lavaströme ohnehin nur noch eine touristische Angelegenheit, besonders sehenswert von Di. bis So., 11 bis 17 Uhr, sowie am letzten Donnerstag im Monat bis 24 Uhr (»Nacht des langen Feuerscheins«). Im Landeanflug sehen Lavaflüsse übrigens aus wie heiße Himbeeren auf Lakritz.

All diese kulturell und geographisch hochwertigen Beobachtungen kann man natürlich nur machen, wenn man während des Flugs nach Mördör nicht die ganze Zeit die Augen zusammenkneift und schreit wie ein Bekloppter. Was zudem recht anstrengend ist, wenn man bedenkt, dass ein Flug von Êregtión-Hahn nach Mördör-Memmingen immerhin fast 50 Minuten in Anspruch nimmt. Außerdem sollte man meinen, dass jemand, der eine Dreiviertelstunde geschrien hat, danach nicht mehr die Kraft aufbringt, sich auch noch zu übergeben, sobald er festen Boden unter den Füßen hat.

Das ist falsch, wie wir am Beispiel Bibbo Beuteschema sehen können.

Der Hiphop göbelte leidenschaftlich. Das hatte den ernährungswissenschaftlichen Nachteil, dass er gewissermaßen rückwärts aß, aber den psychologischen Vorteil, dass er sich nicht gleichzeitig auf die Schmerzen in Schultern und Nacken konzentrieren konnte, wo ihn sein Igel während des Flugs festgehalten hatte, nämlich eher unsanft, wie er fand. Vielleicht lag es aber auch einfach an den Igelpfoten, deren Krallen nicht in erster Linie dazu gedacht waren, einen Hiphop durch halb Durchschnittserde zu schleifen, sondern dazu, nachts nach Regenwürmern zu graben und tagsüber Gämsen den Bauch aufzureißen.

»Wir hoffen, Sie genossen Ihren Flug mit uns heute«, sagte sein Igel jetzt. »Wir würden sein glücklich, zu bewillkommnen Sie an Bord erneut.« Die Igel sprachen bekanntlich Englisch, das man möglichst wörtlich ins Deutsche übersetzt hatte. Das löwengroße Tier blickte ihn an und zeigte wohl so etwas wie ein Lächeln.

»Danke Sie«, sagte Bibbo, wischte sich den Mund ab und überlegte, was er noch halbwegs Höfliches sagen konnte. »Die Im-Flug-Unterhaltung war sehr viel zu meinem Gefallen.« Das stimmte, denn es hatte keine Bordunterhaltung gegeben.

Bibbo vermied es, dem Igel ins Gesicht zu blicken, denn er konnte sich nicht entscheiden, ob er auf die feuchte Nase oder den spitzen Schnabel starren sollte, und auch die Augen befremdeten ihn, die mal klein und schwarz erschienen und mal stechend und gelb, je nachdem, aus welchem Winkel man sie betrachtete.

»Sind Sie in Mördör für das erste Mal?«, fragte der Igel jetzt höflich.

»Ja, ich bin.«

»Geschäft oder Freizeit?«

»Äh, beides«, sagte Bibbo.

»Ich sehe. Dann ich wünsche Sie ein pläsierliches Bleiben«, nickte der Igel und deutete eine Verbeugung an. »Wiedersehen.« Er setzte einige Schritt zurück, spreizte die Flügel und flatterte dann – majestätisch und pummel-putzig, wie er war, zugleich – zu seinen Artgenossen hinüber, die sich bereits für den Rückflug versammelten.

Der Hiphop wankte zu seinen Gefährten hinüber, die sich ihrerseits am Rand des Rollfelds zusammengefunden hatten. Die anderen schienen den Flug besser überstanden zu haben als er. Estragon wirkte geradezu erfrischt, seine langen Haare waren durch den Fahrtwind nach hinten geweht worden, und das haareigene Fett hielt sie immer noch fast in der Waagrechten. Die Neffen diskutierten lautstark, ob der Klettergarten geiler gewesen war oder der Igelflug, verständigten sich dann aber darauf, dass ein fliegender Klettergarten das Geilste gewesen wäre. Gimolas schien wie so oft zwiegespalten. Sein elbfischer Mundwinkel zeigte zufrieden nach oben, während seine bärtige Gesichtshälfte grimmig dreinstarrte: das perfekte Schweppes-Gesicht.

»Tut es nicht gut, wenn man sich mal so richtig auskotzen kann?«, fragte Streichler lächelnd und kreiste mit der Spitze seines Bleistifts die Magensaftflecken auf Bibbos XXL-Trikot ein.

»Freue mich auch«, sagte der Hiphop und stieß noch mal auf, »dass ihr gut gelandet seid.«

»Na ja, meine Landung war ein wenig holperig«, sagte Streichler und zeigte seine aufgeschürften Knie, »aber ich hätte dem Igel vielleicht nicht ins Gesicht sagen sollen, dass mein Bart stacheliger ist als sein Rücken.«

»Wohin geht's jetzt?«, fragte Gimolas und blickte sich auf dem Rollfeld um, das im Wesentlichen ein karges Steinplateau war, dessen einzige Landebahn von zwei schmalen Lavastreifen beleuchtet wurde. Ein richtiges Terminal hatte Mördör-Memmingen nicht, nur eine Art Geräteschuppen, in dem sich der Duty-Free-Shop befand, dessen Besuch allerdings verpflichtend war, wenn man das Gelände verlassen wollte. Im Shop gab es die gleichen Waren wie zu Hause, nur mit mehr Verpackung und doppelt so teuer. Sie kauften drei Flaschen mördörsches Mineralwasser mit Kohlensalzsäure, denn die Sicherheitsbeamten in Êregtión-Hahn hatten allen Fluggästen die Wasserbeutel zerstochen, bevor man sie zum Abflug aufs Rollfeld gelassen hatte.

»Warum war das bitte nötig?«, hatte Estragon gefragt und anklagend auf den traurigen, tropfenden Sack gezeigt, der an seiner Hüfte baumelte.

»Weil wir den Gedanken superlustig finden, dass ihr Durst kriegt, aber nix mehr zu trinken habt«, hatte der Sicherheitsbeamte gesagt, fröhlich mit seinem Brieföffner gewinkt und einen tiefen Schluck aus seinem Almdudler Zero genommen. Der nächste Beamte hatte auch noch Streichlers Bartshampoo kassiert, angeblich, weil mehr als 200 Milliliter in der Tube waren.

Immerhin waren sie nun da.

»Wohin geht's jetzt?«, fragte Gimolas erneut, als sie vor dem Duty-Free-Shop standen. Er starrte missmutig in die zerklüftete, langeweilefarbene Landschaft hinab, die sich vor ihnen ausbreitete. Dort gab es nur verdorrte oder verbrannte Bäume zu sehen, Dornengestrüpp, ein Rudel Erdmännchen, die mit schrillem Schrei nach Osten huschten, sowie eine einsame Foto-AG, die irgendwelche »unheimlich ausdrucksstarken« Steine fotografieren musste, wie ihr Kunstlehrer behauptete, und – als wäre das nicht schon scheiße genug – auch noch in Schwarz-Weiß.

»Voll Lausitz hier«, murmelte der Halbelbf. Dann entdeckte er doch noch etwas Ungewöhnliches. »Was ist denn das?« Gimolas streckte den Finger aus.

»Was'n?« Estragon sah auf.

»Da drüben, gar nicht so weit weg. So ne Art riesige, äh, Schüssel in der Landschaft. Ein Krater. Ein tiefer Steinkrater.« Er tastet sich langsam an die richtige Beschreibung heran. »Mit einem See drin, wenn ich das richtig sehe. Stausee oder so. Also mit Wasser gefüllt. Eine riesige, tiefe Schüssel, mit Wasser gefüllt.« Er hielt inne. »Ist das ein gigantischer Spülkasten?«

»Du meint das halb verfallene Steinriesen-Klo aus grauer, mythischer Vorzeit?«, fragte Estragon und zeigte auf das halb verfallene Steinriesen-Klo aus grauer, mythischer Vorzeit.

»Meine ich das?« Der Halbelbf sah ihn an. »Aber sind Steinriesen nicht viel zu klein für so was? Ich meine«, er gestikulierte wirr, »sie sind schon ziemlich groß und das alles, aber da ertrinken die doch. Schau dir das doch mal an.« Er zeigte auf den Steinkrater, der einen Durchmesser von bestimmt 30 Metern hatte.

»Ah, Missverständnis. Du denkst an Stein*trolle*«, korrigierte Estragon. »Gemeint sind aber Stein*riesen*.«

»Ist das was anderes?«

»Du musst deinen Tolkien genau lesen! Die Trolle sind etwa so groß«, Streichler deutete eine sehr große Größe an, »und werden zu Stein, wenn die Sonne draufscheint. Die Riesen dagegen sind so groß«, er deutete eine sehr, sehr, sehr große Größe an, »und bleiben, wie sie sind, wenn die Sonne draufscheint, also Stein. Ausgestorben, soweit ich weiß. Oder machen grade Nickerchen.«

»Ah-ja«, nickte Gimolas zögerlich. »Und zu denen hat diese – diese –«, er deutete mit dem Kinn auf den gigantischen Steinkrater, »Installation gehört?«

»Klo-rrekt«, sagte Streichler und versuchte mit seinem Bleistift, eine hartnäckige Schuppe von seinem Hinterkopf zu radieren.

»Alle mal herhören«, rief Bibbo jetzt. »Ich weiß jetzt, wo wir hinmüssen. Und zwar gehen wir ...«, der Hiphop schwang seine ausgestreckte Hand gefährlich im Kreis, als wäre sein Zeigefinger eine durchdrehende Kompassnadel, »... hier rüber zum Taxistand.« Sein Zeigefinger war an einem gelb lackierten Bollerwagen hängen geblieben, der einige Schritte weiter unter einem Schild stand, das die Aufschrift »DAGSI« trug.

»Schnafte«, sagte Estragon nickend.

Der Taxifahrer, ein greisenhafter Urk, hatte sich an seinen Wagen gelehnt. Als der Hiphop nähertrat, sah er ihn aus müden, rot unterlaufenen Augen an. Bibbo hatte die Zeitungsanzeige, auf der die Adresse stand, an der sie das Bling-Bling abliefern sollten, bereits aus dem Koffer genommen. Er las dem Taxifahrer die Anschrift vor, der nur nickte und stumm auf die Ladefläche seines Bollerwagens wies. Der Wagen bot gerade genug Platz für fünf Personen – vorausgesetzt, man lud das dicke, fette, kotverschmierte Warzenschwein aus, das die Fremden von der Ladefläche aus böse anzischte.

Keine Minute später hatte sich der alte Urk das Joch auf die Schultern gelegt und war langsam losgetrabt.

»Irgendwie hatte ich gedacht, dass er das Warzenschwein vorher auslädt«, sagte Streichler schwer atmend, obwohl er noch Glück gehabt hatte. Gimolas hatte eine sabbernde Schnauze in der einen, eine verkrustete Pfote in der anderen Gesichtshälfte. Bibbo hatte auf einmal Warzen im ganzen Gesicht und am ganzen Körper: die Warzen des Schweins nämlich, das ihn gegen die Wagenwand presste. Scam war in irgendeiner Falte verschwunden, und nur Frolic hatte klugerweise gleich entschieden, hinterherzulaufen.

Eine befestigte Straße gab es nicht. Der Bollerwagen stolperte über Stock und Stein, Schnecke und Schlagloch, machte bald eine scharfe Rechtskurve, um wenige Minuten später scharf nach rechts abzubiegen. Die Gefährten hätten jetzt Zeit gehabt, die nahe Vulkanlandschaft in ihrer Trümmerwüstenschönheit zu bewundern, waren aber zu sehr mit der noch viel näheren Warzenlandschaft beschäftigt, die jetzt begonnen hatte, Gimolas Halbbart mit ihrer riesigen gelben Zunge abzulecken. Nur Estragon kraulte dem Schwein versonnen den Bauch, indem er seine Zehen bewegte.

Der Taxifahrer machte plötzlich eine weitere 90-Gradkurve nach rechts und bog kurze Zeit später ins Gegenteil von links ab.

Zwei Minuten später kamen sie unter einem Schild zum Halt, das die vertraute Aufschrift »DAGSI« trug. Nur wenige Meter weiter war ein Duty-Free-Shop, und da, eingebettet in die Landschaft zu ihren Füßen, konnten sie ein gigantisches Steinriesen-Klo bestaunen. Kein Zweifel: Sie hatten das Rollfeld genau einmal umrundet.

»Wow, noch'n Flughafen«, sagte Gimolas. »Und er sieht exakt aus wie Mördör-Memmingen.«

»He, was soll denn das?«, fragte Bibbo und befreite seinen Oberkörper, damit er sich dem Taxifahrer zuwenden konnte. »Wir hatten doch gesagt, zu welcher Adresse wir wollen.«

Der alte Urk sah ihn aus müden, rotunterlaufenen Augen an und wies mit dem Arm hinab in die Kraterlandschaft. Und richtig, dort stand, halb verdeckt von einem hakenkreuzförmigen Kaktus, so was wie, wie … ein Wohnwagen. Bibbo schaute noch mal hin. Tatsächlich und wirklich ein alter, schon recht ramponierter Wohnwagen, mitten im Nichts- und Niemandsland, als hätte ihn Walter White persönlich hier vergessen. Ganjalf hätte der letzte Gedanke gefreut, dachte Bibbo, und spürte einen Stich in der Brust.

»Das ist die Adresse?«, fragte er. »Das soll es sein? Der Campingwagen da?«

Der alte Urk nickte langsam vertikal.

»Und das hätten Sie uns nicht gleich sagen können?«

Der alte Urk nickte langsam horizontal, das heißt, er schüttelte den Kopf. Dann hielt er die Hand auf.

Nachdem Bibbo bezahlt hatte, machten sie sich an den Abstieg in die Ebene. Einen Pfad gab es nicht, und so rutschten und fielen sie den Abhang zwischen Geröll, Stachelbeeren und alten Paulaner-Spezi-Dosen mehr hinab, als hinunter- oder gar abzusteigen. Scam ließ sich einfach rollen wie eine Flipperkugel, und allein Gimolas sammelte Stylecredits, indem er den Hang auf einer alten Yogamatte hinunterglitt wie auf einem Bob. Unten angekommen, klopften sie sich den Lavasand von den Hosenbeinen und zogen sich die Stachelbeerstacheln aus den Fingern.

Das Wohnmobil war jetzt vielleicht noch 300 Meter entfernt.

Auf einmal war es still.

Zu still.

Als hätte eine unheimliche Macht alle Geräusche verschluckt.

Bibbo, die Finger feste in die Ohren gesteckt, atmete tief durch. Manchmal war ein Moment der Ruhe einfach nötig, vor allem in Stresssituationen wie dieser.

Als er die Finger wieder herausnahm, war alles wie zuvor. Während er geistesabwesend seine Fingerspitzen ablutschte, hörte Bibbo das Quorren einer Kackstelze im Gras und die gedämpften, abgehackten Töne, die von Gimolas' Sehne kamen. Der Halbelbf hatte den Bogen vom Rücken genommen und zupfte in unregelmäßigen Abständen an seiner Werwurm-Vorhaut, als wolle er die Spannung durch ein Pizzicato erhöhen.

»Was meinst du, was uns erwartet?«, flüsterte Estragon, während sie sich Schritt für Schritt dem Wohnwagen näherten. Der Camper lag unbewegt da wie eine dicke, staubverkrustete Schnecke, nur mit Rädern, Fenstern und einer Tür dran, also überhaupt nicht wie eine Schnecke.

»Warum flüsterst du?«, flüsterte Bibbo.

»Scheint mir grade irgendwie angemessen«, flüsterte Streichler und wünschte sich auf einmal, er hätte einen Patronengurt für seinen Bleistift, »Alles fühlt sich so ... *final* an. Moment der Wahrheit und das alles.« Er schwieg einen Moment. »Und warum flüsterst du?«

»Während des Flugs zu viel geschrien«, krächzte Bibbo mehr, als er flüsterte.

»Hustenbollo ist schon ein lustiges Wort irgendwie«, sagte der Waldverläufer, der einen Gedanken übersprungen hatte, und lachte in sich hinein. Sie waren dem Camper jetzt schon so nah, dass sie die ersten ironischen Aufkleber an der Tür erkennen konnten. »Und glaubst du wirklich, dass da drin jemand auf uns wartet?«, fragte Streichler. »Mit nem Berg Geld? Die ganze Zeit über?«

»Ich hoffe es tonnenschwer«, krächzte Bibbo entschlossen und machte einen weiteren Schritt auf den Wohnwagen zu. »Sonst müsste ich Ganjalf noch mal umbringen, nachdem ich ihn schon mal umgebracht habe, gewissermaßen.«

»So was darfst du gar nicht erst denken«, hakte Gimolas ein, der zu ihnen aufgeschlossen hatte, und legte Bibbo im Gehen die Elbfenhand auf die Schulter. »Es ist nicht deine Schuld, dass der Zauberer abgestürzt ist und jetzt tot, zermatscht und tot in einer einsamen, lichtlosen Schlucht liegt, wo niemand seine Leiche finden wird, sodass er nie ein würdiges Begräbnis erhält.« Er drückte dem Hiphop die Schulter. »In diesem Moment legt wahrscheinlich gerade eine haarige Spinne ihre schleimigen Eier in seinem verfaulenden Mund ab. Wenn das ein Trost für dich ist. Live goes on und so.« Er ließ Bibbos Schulter wieder los. »Es war nicht deine Schuld, dass Ganjalf abgestürzt ist.«

»Glaubt du das wirklich?«, fragte Bibbo erleichtert. »Ich mache mir nämlich immer noch schreckliche Vorw–«

»Nein, das war nicht deine Schuld«, unterbrach ihn Gimolas. »Deine Schuld war es natürlich, dass der Alte gar nicht erst angeleint war!« Er nickte entschieden. »Dass er dann abgestürzt ist, war einfach nur die direkte Folge davon.« Er blickte Bibbo an und lächelte breit. »Ich hoffe, das hilft dir ein bisschen?«

»Vielen … Dank«, sagte der Hiphop zögerlich. »Das wäre wirklich nicht nötig gewesen.«

»Immer gern.«

»Wirklich überhaupt nicht nötig gewesen«, wiederholte Bibbo, »wirklich nicht.«

»He, Jungs, seht ihr das nicht?«, zischte Estragon plötzlich.

»Was denn?«

»Ob ihr das nicht seht? Was ganz gut wäre! Weil: Ich seh das nämlich auch nicht.« Er fuhr durch seinen Bart, natürlich gegen den Strich. »Da rührt sich einfach überhaupt nichts in dem verdammten Wohnwagen.«

Sie waren inzwischen bis auf wenige Meter an die fahrbare Behausung herangekommen, die immer noch unbelebt dalag. Scam hatte sich auf dem steinigen Boden niedergelassen und Frolic auf Scam. Eine Kackstelze quorrte.

»Meint ihr nicht, dass da jetzt langsam irgendein Twist oder Turn oder ne Überraschung kommen sollte?«, fragte Streichler.

»Vielleicht müssen wir erst reingehen«, sagte Gimolas. »Ich finde, Bibbo soll vorgehen, der hat den Koffer.«

»Das ist gut, sehr gut sogar. Bibbo geht vor«, sagte Estragon und ließ den Bleistift zwischen den Zähnen rollen. »Ganjalf hätte es so gewollt.«

»Also gut«, sagte der Hiphop. »Ich mag nur ein Background-Beatboxer sein. Aber ein Schisser bin ich nicht.«

Mit diesen Worten packte er den Griff des Aktenkoffers, machte vier entschiedene Schritte und stieß die Wohnwagen-Tür auf.

Er steckte die Beretta weg und zog seine Stiftleuchte hervor. Hier, auf den Stufen, potenzierte sich der Gestank noch weiter, und nach wenigen Schritten entdeckte er die erste Leiche.

Das Gesicht des Mannes war von Verwesungsflecken übersät, die Augen eingefallen, und am Hals entdeckte er eine schreckliche Wunde. Angesichts der Kleidung ging er davon aus, dass es sich bei der Leiche um den Imam der Moschee handelte. John tastete nach seinem Kreuz.

Das, liebe Zuleserinnen und Zuleser, war ein Ausschnitt aus »John Sinclair 2284: Wüstentod« (Bastei Lübbe, 2,10 Euro).

In unserem Programm geht es jetzt weiter mit dem »Herr des Cringe« und den Abenteuern von Bibbo und seinen Freunden – gleich nach dem nächsten Zaubererhut.

Bibbo stieß die Wohnwagen-Tür auf, jetzt zum zweiten Mal. Diesmal ging er sogar hindurch, den Griff des Koffers umklammernd. Er war kein Schisser. Er spürte die Blicke der anderen im Nacken: Sie kribbelten, als hätte eine Ameise ihren Weg unter sein Trikot gefunden. Er wischte das Insekt weg.

Im Inneren des Campers war es düster. Bibbo schlug der Verwesungsgeruch von Bratapfel in die Nase. Zwei Birnen flackerten, grell und unregelmäßig, denn der schmale Raum wurde nur von einem Feuer erhellt, das in der Obstschale brannte.

»Flambierte Früchte?«, fragte plötzlich eine Stimme. Sie kam von weither, nämlich aus der U-förmigen Sitzgruppe, die sich direkt hinter der Küchenzeile befand.

Bibbo fuhr herum.

An der Stirnseite der Sitzgruppe hockte eine Gestalt, mehr Schemen als Körper. Sie blickte ihn an und blickte ihn zugleich nicht an, was daran lag, dass die Gestalt mächtig schielte. Und daran, dass ihr Gesicht halb von einer langen weißen Lockenperücke verdeckt war.

»Warten Sie, ich mach mal Licht an und Fenster auf«, sagte die Stimme. »Sieht ja keine Sau was.«

Neonlicht flammte auf, mit diesem Klick-Klick-Geräusch, und ein Schiebefenster wurde quietschend aufgerissen. Auf dem Tisch der Sitzgruppe konnte Bibbo jetzt eine Schreibunterlage aus schwarzem Kunstleder erkennen, daneben einen Taschenrechner und einen rosa Textmarker. Der Camper wirkte auf einmal wie ein sehr kleines Großraumbüro.

Als sein Blick wieder auf die Gestalt fiel, taumelte er zurück.

Er hatte viel Entsetzliches erwartet.

Aber nicht das.

Die Robe und Perücke, das dezente Make-up, die Perlenohrringe und die schmale schwarze Brille: Am Tisch saß nichts anderes als: eine Konzernanwältin.

Sie lächelte tot, erhob sich halb aus der Sitznische und streckte Bibbo die Hand entgegen, bemüht, beide Augen auf ihn auszurichten.

»Herr Beuteschema, nehme ich an?«, fragte sie, nicht freundlich, nicht unfreundlich, und ließ sich wieder auf ihren Sitz sinken.

»J-ja«, sagte Bibbo. Seine rechte Hand, die sich um den Griff des Koffers geschlossen hatte, begann zu zittern.

»Nehmen Sie doch Platz.«

»Das ist kein Stuhl.«

»Dann bleiben Sie doch einfach stehen. Dauert auch nicht lange.«

Die Obstschale war jetzt fast ausgebrannt, und ein herber Geruch nach Douglas-Filiale, der von der Konzernanwältin ausging, mischte sich in die Fruchtnoten. Bibbo wünschte sich, Ganjalf wäre hier. Nicht, weil er ihm bei dem hätte helfen können, was gleich passieren würde, sondern einfach, weil der Alte als Erstes einen Löffel in die flambierten Früchte gesteckt und sich dann mampfend neben der Anwältin in die Sitzgruppe gedrängelt hätte.

»Haben Sie das Artefakt dabei?«, fragte sie jetzt.

Bibbo hielt stumm den Aktenkoffer hoch.

»Sehr gut. Darf ich es sehen?«

Sie schob Taschenrechner und Textmarker beiseite, damit Bibbo den Koffer auf der Schreibunterlage ablegen konnte. Er ließ ihn aufschnappen und drehte ihr das Innere zu. Wortlos nahm sie einen schmalen silbernen

Kugelschreiber und begann, den Inhalt des Koffers damit zu untersuchen. Bibbo hörte das Klappern von Pillendöschen und das Rascheln von Plastikbeuteln. Warum hatte er Ganjalfs High-Supply eigentlich die ganze Zeit mit sich rumgeschleppt? Es war auch egal.

Er vernahm ein vertrautes Klirren und Klappern, und im gleichen Moment erschien auch schon das Bling-Bling vor seinen Augen, schwebend an der Spitze des silbernen Kugelschreibers. Die Swarovski-Kristalle funkelten in den Brillengläsern der Konzernanwältin, während sie es mit einem Auge betrachtete und mit dem anderen an die Decke starrte.

»Das ist es also.«

Sie zögerte einen Moment.

»Wenn ich etwas Persönliches sagen darf?«

»Bitte«, sagte Bibbo.

»Boah, ist das hässlich.«

Behutsam legte sie das Schmuckstück neben sich ab und hakte dann einige Punkte auf einem Blatt Papier ab. Bibbo war sich sicher, dass gleich der schlimme Teil kam. Er wusste noch nicht, was der schlimme Teil war. Aber er würde kommen. Ihr Auge blickte ihn an.

»Jetzt fehlt eigentlich nur noch das Geld«, sagte sie, und ihre Stimme war sachlich wie ein befristeter Arbeitsvertrag.

Bibbo nickte.

»Haben Sie es denn gleich dabei?«, fragte sie.

»Wie jetzt – dabei?«, fragte er intelligent und war fast erleichtert, dass jetzt der schlimme Teil begonnen hatte.

»Das Geld. Die Summe. Die Lewonzen«, sagte sie. »Die Sie bei Abgabe zu zahlen haben.«

»Ich dachte – also, wir dachten –«, er kam sich schon beim Sprechen vor wie ein Idiot, »also, eigentlich haben wir gedacht, dass *wir* das Geld bekommen. Wenn wir das Bling bringen. Nach Mördör bringen. Also, die Lewonzen. Weil, der weite Weg.«

»Was hat sie denn zu dieser Annahme verleitet?«, sagte sie, und ihre Lockenperücke bewegte sich keinen Millimeter.

»Weil«, er stotterte, »die Anzeige.«

»Diese Anzeige?« Sie zog eine Fotokopie aus dem Stapel neben sich und schob sie zu Bibbo hinüber. Auf der Kopie war die Zeitungsanzeige zu sehen. Die Konzernanwältin zeigte auf eine Stelle im Text, die mit rosa Textmarker unterstrichen war. Ihr Fingernagel war so weiß wie ihre Ohrringe. »Sie sehen, was da steht?«, fragte sie, ohne die Stimme zu erheben.

»Bei Abgabe zu zahlen«, las Bibbo vor.

»Bei Abgabe zu zahlen«, wiederholte sie. Eine Pause entstand. »Haben Sie es denn gleich dabei?«

»Das ist jetzt … schlecht«, sagte Bibbo nur und traf eine Entscheidung, oder eine Entscheidung traf ihn.

Jetzt geschahen mehrere Dinge so gut wie gleichzeitig, was gar nicht leicht zu beschreiben ist, weil Buch ist halt Buch und nicht Film, und da hat man immer nur einen Satz nach dem anderen, aber das wissen Sie ja vermutlich.

Also, was jetzt geschah, war Folgendes: Bibbo, der Hiphop, machte einen Ausfallschritt, riss mit der Rechten das Bling-Bling von der Schreibtischunterlage aus Kunstleder und warf gleichzeitig oder so gut wie gleichzeitig mit der Linken den Aktenkoffer zu.

Und im selben Augenblick, als Bibbo sich schon, Koffer und Schmuck in Händen, herumgeworfen hatte und in Richtung Türe stürzte, schmolz die Konzernanwältin hinter seinem Rücken zu weißem Schlomps zusammen. Ihre Perücke zerfiel wie Vienetta in der Mikrowelle, und dazu ertönte ein garstiges Gurgeln, wie es Wasser macht, das mit Unterdruck in einen Abfluss gesaugt wird. Und als Bibbo schon die Türklinke in der Hand hatte, setzte sich der weiße Schlomps wie von Geisterhand zu einer neuen Gestalt zusammen, der Gestalt eines dreizehnjährigen Mädchens nämlich, doch das konnte Bibbo schon nicht mehr sehen, da er bereits aus der Tür gefallen war. Das Mädchen verzog den Mund zu einer Maske der Miesepetrigkeit.

»Der hat unser Bliiiiing!«, schrie die maulige Myrrhe.

Und schon schossen die anderen Geister gleichzeitig oder so gut wie gleichzeitig aus den Vorratsschränken hervor, kamen unter dem Bett hervorgeflattert und aus dem Backofen, und der Pacman-Geist kroch sogar aus dem Klo des Wohnwagens, weil er sich in der Röhre heimisch gefühlt hatte.

»WO IST ER FRAGEZEICHEN«

»Na raus, du Blechkasten! Hinterher!«

Es wirkt übrigens besser, wenn man sich vorstellt, dass die neun Geister jetzt nicht nur gleichzeitig, sondern auch *in Zeitlupe* durch die Wand des Wohnwagens ins Freie brachen: Myrrhe mit Merkel-Mundwinkeln, der Weihnachtsgeist mit ausgefahrener T-Shirt-Kanone, Glibber mit propellerartig rotierender Zunge, der Himbeergeist wie diese kugeligen Super-Mario-Gespenster, der Schnapplaber-Geist mit dem Handy in der Hand, der Pacman-Geist blau-weiß blinkend, Kraspar versehentlich mit dem Kopf nach hinten und nur Hamlets Vater mit keiner Miene zuckend.

Estragon fand als Erster die angemessenen Worte.

»Ihr schon wieder?«, fragte er mit sich überschlagender Stimme und zeigte mit seinem Bleistift auf den Geisterchor, der jetzt zwischen den Gefährten und dem Wohnwagen schwebte.

»Das wollte ich gerade sagen«, sagte Kraspar gerade und glotzte erst Streichler an und dann Gimolas, der ihm anzüglich zuzwinkerte.

»WIR WOLLEN DAS BLING«, sagte der Weihnachtsgeist.

»Und wenn nicht?«, wollte Bibbo wissen.

Der Weihnachtsgeist richtete seine T-Shirt-Kanone auf den Hiphop und bündelte den Blick seiner Laseraugen. Auf Bibbos Brust erschien ein roter Lichtpunkt. »DANN FROHE FEIERABENDTAGE«, sagte er.

»Wir wollen unsere Lewonzen!«, rief Bibbo und ballte die Fäuste. »Wir sind extra hergekommen. Wir haben unterwegs sogar unseren Freund verloren.«

»Es gibt keine Lewonzen«, kreischte Myrrhe. »Her mit dem Bling!«

»Wie, es gibt keine Lewonzen?«, kreischte Streichler.

»Es gab nie irgendwelche Lewonzen«, kreischte Bibbo. »Es war eine Falle! Ein juristischer Winkelzug! Eine Gemeinheit!«

»Ist ja gut, du brauchst nicht so zu kreischen«, kreischte Streichler.

»HER MIT DEM BLING«, wiederholte der Weihnachtsgeist. »SONST GIBT'S GLEICH OBERBEKLEIDUNG MIT SCHLAG PUNKT« Der

Lichtpunkt auf Bibbos Brust war jetzt so intensiv, dass er spürte, wie sich seine Brustwarzenpiercings aufheizten.

»Ich kenn nur Obers mit Schlag«, knurrte Bibbo sowie: »Lass das, du Arschloch!«, was allerdings an Streichler gerichtet war, der seinen Laserpointer ebenfalls auf Bibbos Oberkörper gerichtet hatte.

Der Arm des Weihnachtsgeists gab jetzt das vertraute Surren einer kybernetischen T-Shirt-Kanone von sich, die sich auflädt, um zu feuern.

»ICH ZAEHLE BIS FUENF«, drohte er.

»Immer diese Countdowns«, sagte Gimolas.

»FUENF PUNKT VIER PUNKT DREI PUNKT –«

»Sagt er jedes Mal ›Punkt‹, wenn ein Punkt kommt?«, fragte Bibbo, drehte den Kopf weg und hielt sich den Aktenkoffer vors Gesicht.

»Jedes verfickte Mal«, sagte Myrrhe.

»ZWEI P–« Der Weihnachtsgeist brach ab. »NEE KOMMA LIEBER VON UNTEN NACH OBEN«, murmelte er, »SONST ZAEHLE ICH JA NICHT BIS FÜNF KOMMA SONDERN BIS NULL PUNKT« Er holte Luft.

In diesem Moment geschah schon wieder etwas Außergewöhnliches an diesem Nachmittag.

Plötzlich flog nämlich ein Zwerg mit wehenden Zöpfen quer über die Seite und schlug auf dem felsigen Boden auf. Alle zuckten zusammen – vor Schreck, und weil die Landung schmerzhaft gewesen sein musste. Da klatschte auch schon ein zweiter Zwerg auf, nur wenige Schritte entfernt – und da ein dritter und ein vierter. Zwergenhagel setzte ein.

Die Neffen suchten Schutz unter dem Aktenkoffer ihres Onkels, Estragon fuchtelte mit seinem Bleistift herum und schrie »Ha!« und »He!«, wenn wieder ein kleiner Mann mit Bart neben ihm auf die Schnauze krachte, und Gimolas hatte seinen Bogen gezogen, allerdings falsch herum, sodass der Pfbeil auf sein Gesicht zeigte. Die Geister schienen den ungewöhnlichen Schauer mit amüsierter Anteilnahme zu betrachten – was sicher damit zu tun hatte, dass sie nicht getroffen werden konnten.

Nach vielleicht einer Minute prallte der letzte Zwerg auf den Vulkansteinboden: Es war Tom Cruise, und dem berühmten Kleindarsteller

(1,35 m) gelang es natürlich, sich so abzurollen, dass er sofort wieder auf die Füße kam. Er hatte sogar seine Sonnenbrille von Calvin Extraklein anbehalten. Um ihn herum sah es hingegen aus, als hätte jemand eine Fliegerbombe in die Werkstatt des Weihnachtsmanns gedroppt: überall stöhnende und jammernde Wichte, Hinze und Murkel. Ein Mainzelmännchen stolperte mit geschwollenem Auge durch den Hintergrund, aber das war egal, denn mit dem Zweiten sah man besser.

»Uhrin?«, rief Tom Cruise und sah sich um. Als er die Geister erblickte, zuckte er nicht mal zusammen, so cool war er.

»Aua«, rief eine Stimme, die nur einem gehören konnte. »Ich hab doch gesagt, dass es funktioniert. Physik rules. The universe, that is.« Eine kurze Pause trat ein, gefüllt mit Husten und Stöhnen. »Ich glaube, ich hab mir das Zwergfell verstaucht.«

»Wer seid *ihr* denn jetzt bitte?«, fragte Myrrhe schlechtgelaunt.

»Heiho, heiho, wir sind vergnügt und froh«, knurrte Uhrin Eichelschlemmer und kam mühsam auf die Füße. »Und wir sind hier, um …« Er rieb sich den Kopf, auf dem eine frische Beule glänzte. »Warum sind wir noch mal hier, Tom?«

»Wir sind hier, um die Welt zu retten«, sagte Tom Cruise entschlossen.

»Nee, das war's nicht.« Der Zwergenkönig griff in seinen Bart. »Ah, ich weiß wieder. Wir sind hier, um denen da«, er zeigte auf Bibbo und die Gefährten, »eine Falle zu stellen, wenn sie hier mit dem Dingsda-da aufkreuzen.« Er blickte die Geister an, den Wohnwagen, Tom, noch mal die Gefährten, einen hakenkreuzförmigen Kaktus und noch mal die Geister. »Gut, hat sich ja wohl erledigt, behaupte ich mal. Wie weit seid ihr denn schon?«

»WIR WAREN GERADE HIER«, sagte der Geist d.z.W. und hob erneut den Arm mit der T-Shirt-Kanone, die ein vertrautes Wurren und Sirren von sich gab. »DANN SIND WIR IRGENDWIE UNTERBROCHEN WORDEN PUNKT«

»Und wer hat jetzt das Bling-Ding?«, wollte Uhrin wissen.

Alle Blicke richteten sich auf Bibbo, und Bibbos Blicke richteten sich auf seine rechte Hand, die immer noch das Schmuckstück umklammert hielt.

»Hatte fast vergessen, wie hässlich das ist, igitt!«, sagte der Zwergenkönig. Dann schüttelte er den Kopf. »Wurscht jetzt. Und wo sind die güldnen Penunzen? Die köstlichen Florentiner? Die süffigen Silbereisen? Die süße Marie?«

»Gibt kein Geld«, sagte Bibbo. »Gab nie Geld.«

»Hä? Und das hier?« Uhrin hielt die Zeitungsanzeige hoch, die er aus seiner Kunstlederrüstung gezogen hatte.

»Tja«, sagte Bibbo. »Fake-News.«

»Was bitte?«, fragte Uhrin Eichelschlemmer, und eine Ader an seinem Hals begann, zu pochen. »*Kein Geld?*« Es waren nur zwei Worte (plus ein Fragezeichen), aber für einen Zwerg hatten sie das Gewicht von zweihundert (plus sehr viele Ausrufezeichen).

»Speziell zur letztgenannten Frage wendest du dich bitte vertrauensvoll an die Herrschaften da drüben«, sagte Bibbo und zeigte auf die Blinggeister.

»In der Anzeige stand klipp und klar ›Bei Abgabe zu zahlen‹«, maulte Myrrhe, verschränkte die durchscheinenden Arme und ließ einen Perlenohrring blitzen. »Juristisch ist das so was von wasserdicht.«

Uhrin spannte seine Halsmuskeln an in der Erwartung, wieder mal brüllen zu müssen, entschied sich dann aber – für sich selbst überraschend – anders.

»Wir kürzen das jetzt einfach mal ab«, sagte der Zwergenkönig nämlich. »Zum einen hab ich Kopfschmerzen, und zum anderen«, er warf einen Blick nach links und rechts, »bin ich hier mit 150 Mann –«

»115 Mann«, korrigierte Tom Cruise, der bereits gezählt hatte, »bisschen was danebengegangen.«

»– bin ich hier mit 115 Mann eher in der besseren Situation, nicht wahr?«, fuhr Uhrin fort.

Niemand widersprach.

»Und zwar machen wir das so.« Der Zwergenkönig zeigte auf Bibbos Hand. »Ich krieg jetzt erst mal das Ding.« Dann zeigte er auf die Geister. »Und ihr wollt das doch haben letzten Endes, korrekt?«

Kraspar blickte die anderen Gespenster unsicher an. Dann nickte der Kindergeist vorsichtig.

»Hervorragend«, fuhr Uhrin fort, »das heißt, ihr werdet mir sicher zeitnah ein freundliches Angebot für dieses, tja, Karfunkelkarbunkel unterbreiten. Ein Angebot, über das wir dann in Ruhe sprechen können. Ich hab sogar schon jemanden, der meinen Anwalt spielt.« Er wies auf Tom Cruise. »Müssen auch nicht ne Million Lewonzen sein.« Er machte eine Pause. »Ein- oder zweihundert weniger sind völlig ausreichend.« Uhrin nickte zufrieden. »Gut, dann wäre das ja geklärt.« Er lächelte und klopfte sich die Hände ab, als seien sie staubig gewesen. »Ent nau: Se Bling pliehs«, sagte der Zwergenkönig schließlich und streckte den Arm in Bibbos Richtung aus.

»DAS SCHMUCKSTUECK BITTE«, sagte der Weihnachtsgeist und richtete seine Kanone auf Bibbo.

Der Hiphop blickte die beiden mit großen Augen an.

Inzwischen war ein mächtiges Rauschen, Schnaufen und Kreischen aus der Luft zu hören, und riesige schwarze Schatten rasten über die drei Parteien hinweg.

»Das sind doch –«, fing Gimolas an und legte den Kopf in den Nacken, aber da ließen sich auch schon zehn mächtige Igel mit ausgebreiteten Schwingen zwischen ihnen nieder. Ihre Stacheln, Federn, Nasen, Schnäbel und Augen glänzten (also eigentlich alles an ihnen). 114 Zwerge, neun Nashgûlash und fünf Gefährten glotzten und schwiegen, nur Ignoring sah nicht hin. Ein besonders majestätischer Igel, vielleicht der Anführer der fliegenden Stacheltiere, war genau zwischen Bibbo, Uhrin und dem Weihnachtsgeist zum Stehen gekommen.

»Es ist gekommen zu unserer Aufmerksamkeit, dass es gibt einen Konflikt von Interessen«, sagte der prächtige Igel. »Wir sind hier zum Helfen.« Er blickte sich um. »Als ihr wisst, wir immer liebten hereinzufegen bei der letzten Minuten zu retten den Tag.« Er wandte sich kurz ab, um mit seiner Zunge eine abstehende Feder geradezuschlecken.

»Hä?«, machte Gimolas.

»Wir haben immer gerne *deus ex machina* gespielt«, übersetzte Bibbo.

»Als für heute, wir haben eine einfache Lösung, welche wird lassen euch alle mit dem gleichen Quantum von Geld«, fuhr der Igel fort und ließ seinen würdevollen Blick schweifen. »Das ist keines.«

»Was sagt er da?«, fragte Uhrin, obwohl er ziemlich gut verstanden hatte.

Der Igel richtete seinen schwarz-gelben Blick auf Bibbo.

»Gibt uns den Artefakt«, sagte das Tier. »Wir werden nehmen es und zerstören es.« Er nickte dem Hiphop zu, und Würde und Weisheit sprachen aus seiner Stimme. Dann würgte der Igel etwas hoch, das halb verdaute Regenwürmer waren oder die Darmschlingen eines Murmeltiers, und fuhr fort: »So alle von euch können gehen nach Hause in Frieden.«

»Ein Scheiß!«, rief Uhrin. »Ich krieg das Bling-Bling. Ich krieg das Geld.«

»INKORREKT PUNKT«

»Ich würde nicht konsiderieren dieses zu sein sehr weise«, sagte der Igel. »Wir offerieren allen von dich eine friedliche Erlösung.«

»Also mir isses langsam egal«, sagte Bibbo jetzt. Er hatte beschlossen, dass es für ihn nichts mehr zu holen gab, höchstens Stress und blaue Flecken, und von beidem hatte er schon genug. »Von mir aus kann das Ding haben, wer will.« Er hielt das Bling hoch. »Nur den Koffer will ich behalten. Ist ein Andenken.«

Estragon biss missmutig auf seinem Bleistift herum und sah Gimolas an, und Gimolas sah Estragon an, wies mit dem Kinn auf die Zwergenarmee, die sich um sie verteilte, verzog das Gesicht und deutete ein Kopfschütteln an. Streichler nickte dem Gefährten zu.

»Wir sind auch raus«, sagte Estragon laut und hob die Hände. »Kein Interesse mehr. Bedient euch.«

»So isses«, sagte Gimolas, »wir chillen jetzt hier.« Er ließ sich auf einem Stein neben den Neffen nieder, die schon vor einer Weile Platz genommen hatten. »Nur Zuschauer.«

»Prima«, knurrte Uhrin, »zwei weniger. Und jetzt w–«

Der Zwergenkönig wurde unterbrochen, denn auf einmal geschah – wer hätte das geahnt? – erneut etwas Unerwartetes.

Die Ebene, auf der die Kontrahenten sich gegenüberstanden, stieg in Richtung Moria-Memmingen steil an, und über der Kante war auf einmal eine Gestalt aufgetaucht. Das Licht, das praktischerweise in ihrem Rücken stand, machte es unmöglich, ihr Gesicht zu erkennen, aber sie war etwa menschengroß. Und auch aus der Entfernung, die vielleicht 500 Meter betrug, war zu sehen, dass sie ein Schwert gezückt hatte.

»G-Ganjalf?«, murmelte Bibbo, doch dann fiel ihm ein, dass der Alte ja tot, zerquetscht und tot war und auch gar kein Schwert hatte.

»Oh, tat ich vergessen zu erwähnen, dass eine kleine Armee von Menschen ist auf seinem Weg unten hier?«, meldete sich wieder der Igel zu Wort. »Sie hatten verkleidet sich selbst als eine Fotografieren-Arbeiten-Gruppe.«

Wie aufs Stichwort tauchten neben der Silhouette über dem Abhang die Umrisse weiterer Frauen und Männer auf, und auch sie hatten ihre Schwerter gezogen.

»Menschen?«, spuckte der Zwergenkönig.

»Ist dies schon Tollheit, hat es doch Methode«, lispelte der alte Hamlet mit seinem Ikea-Akzent.

»Langsam wird's unübersichtlich«, sagte Estragon, der sich neben Gimolas niedergelassen hatte.

»Das sagst du jetzt erst?«, meinte der Halbzwerg und strich seine seidige Haarhälfte hinters Elbfenohr, um besser sehen zu können. »Schade, dass wir kein Popcorn dabeihaben.« Streichler bot ihm seinen Bleistift an, aber Gimolas schüttelte nur den Kopf.

Bibbo wechselte das Bling-Bling zur Abwechslung in die andere Hand und überlegte, ob er sich zwischendrin zum Ausruhen auf den Aktenkoffer setzen sollte, entschied sich aber dagegen.

Die Menschen hatten jetzt mit dem Abstieg begonnen, was hieß, dass sie den Hang herunterfielen wie Lemminge. Es waren vielleicht dreißig Personen, und als sie sich aufgerappelt hatten und näher kamen, waren sie zugleich schrecklich und schön anzusehen: Groß und langbeinig waren sie, mit strengen Gesichtern und langem Haar, Halteverbots-Schilden auf dem Rücken und Fahrradkettenhemden, die auf die Knie herabfielen. Die Schwerter hatten sie erhoben, und ihre Scheiden hingen rot, schlank und kräftig an ihren Hüften.

»Hihi, er hat Scheiden gesagt«, kicherte Frolic.

Ganz vorne ging ein Mann von durchschimmernder Größe und Anmut. Ohne zu zögern, trat er vor den majestätischen, löwengroßen Igel – und damit genau in die Mitte des Geschehens. Er blickte die Anwesenden an, einen nach dem anderen. Sein Gesicht war ernst und unbewegt.

»Mein Name ist«, sagte er mit lauter Stimme, »Borosilikatglasimir. Und ich bin der Anführer der Menschen.«

»Dein Name ist«, sagte Myrrhe, »unnötig lang, oh Anführer der Menschen. Was dagegen, wenn wir dich anders nennen? B-Silly zum Beispiel?«

»Ja, was dagegen«, sagte Borosilikatglasimir ernst und männlich.

»Borschtsch?«

»Nein.«

»Bärle?«

»Nie im Leben.«

»Pepsi-Carola?«

»Das scheidet völlig aus.«

»Wie du meinst, B-Silly«, sagte Myrrhe, aber Borosilikatglasimir ging nicht mehr auf sie ein.

»Warum tatest du kommen hier?«, fragte der Igel.

»Also, wir haben nämlich gehört«, der Recke kratzte sich mit dem Schwert an der Nasenspitze, »dass es hier so'n unheimlich fetten Schatz abzuholen gibt. Und da wollten wir natürlich mit von der Partie sein. Der Schornstein muss roochen, vastehste?« Er blickte sich um, schnäuzte sich ausführlich und hatte mit den letzten Sätzen viel von seiner herben männlichen Attraktivität verloren. »Was ist denn hier jetzt der Stand?«

Der Igel seufzte und verdrehte die Augen.

»Wem tatest du hören das von?«, fragte das königliche Tier. »Über der Schatz?«

»Na, vom Autor persönlich«, sagte Borosilikatglasimir, streckte den Arm aus und zeigte durch den Bildschirm hindurch auf den schlecht frisierten Mann mit der Funktionsjacke, der gerade einen Schluck aus seiner Tasse nehmen wollte. »Der verteilt doch hier die Infos.«

Der Igel warf einen missbilligenden Blick auf den Autor, der sich die Nasenwurzel rieb und »Das ist alles nur in meinem Kopf« murmelte.

»Ich unterstehe«, nickte der Igel und sah wieder Borosilikatglasimir an. »Du hast gewesen missinformiert. Dort ist kein Schatz. Dort ist nur jenes.« Er blickte hinüber zu Bibbo, der das Bling-Bling hochhielt, damit der Krieger es sehen konnte.

B-Silly zuckte zusammen, als ihn das Glitzern der Swarovski-Kristalle traf.

»Bäh, ist das hässlich«, sagte er.

»Wir haben bereits gemacht eine sensible Suggestion«, sagte der Igel. »Es muss sein zerstört. So wir können alle gehen in Frieden.«

»Ein Scheiß!«, wiederholte Uhrin.

»Aber wir sind extra hergekommen«, sagte Borosilikatglasimir und zeigte auf seine Frauen und Männer, die ihre Schwerter hatten sinken lassen, um ihre Scheiden auf Hochglanz zu polieren – was Frolic, der zur Zielgruppe gehörte, abermals zum Schießen fand.

»DAS BLING GEHOERT UNS PUNKT«

»Sie checken's nicht«, sagte Estragon zu Gimolas. »Mach doch mal'n bisschen Musik«, schlug er unüberlegt vor und blickte sich nach einem zweiten Stein um, an den er sich anlehnen konnte. »Das kann hier noch'n bisschen dauern.«

»Bonne idée!«, freute sich Gimolas, griff nach seinem Bogen und rief: »Was dagegen, wenn ich die Diskussion ein wenig musikalisch akzentuiere? Impro-Style?«

Und bevor einer der rund 150 Anwesenden lauthals »Ja!« oder »AUF KEINEN FALL« rufen konnte, hatte der Halbelbf auch schon schwungvoll in die Werwurm-Vorhaut gegriffen und ihr einen Laut entlockt, der nicht zum guten Ton gehörte.

Im gleichen Moment ertönte ein Schrei.

Borosilikatglasimir starrte auf seine Brust, in der ein Pfbeil steckte.

»Upsi«, sagte Gimolas und ließ den Bogen sinken.

»Kein … Problem«, stöhnte der Krieger mit schmerzverzerrtem Gesicht. »Scheiße passiert.« Er griff nach dem Pfbeilschaft, der in seinem Körper steckte. »Sicher nur … eine … Schürfwunde.«

Da rief eine Stimme: »Fang!«, und Borosilikatglasimir konnte gerade noch den Kopf heben, als auch schon eine silberne Zwergenaxt in seinem Oberschenkel einschlug. Er schrie ein zweites Mal auf.

»Ich hab doch ›Fang‹ gesagt«, beschwerte sich Boring. »Langweiler!«

Der Krieger sank stöhnend in die Knie. Blut quoll aus seinem Mund. »Hat jemand … vielleicht ein … Kinderpflaster?«, presste er hervor.

»MOMENT«, sagte der Weihnachtsgeist und hob den Arm, um nachzusehen, wie es um den Notfallkoffer in seiner Brust bestellt war.

Auf einmal ertönte ein Knall. Ein zusammengerolltes T-Shirt traf Borosilikatglasimir mit voller Wucht im Gesicht und schleuderte ihn rücklings auf den felsigen Boden.

»HOPPALA PUNKT«

Ein Rudel Skorpione krabbelte unter dem Körper des Menschenkriegers hervor, und die Tiere ließen ihre glänzenden Stacheln in Borosilikatglasimirs Arme und Beine schnellen.

»Das ist bekommend ridikulös«, sagte der Igel.

»Er ist genau auf einem Nest gelandet«, erläuterte Estragon den Neffen fachkundig. »Skorpione leben vorwiegend in sandigen oder steinigen Böden und lauern ihrer Beute in der Nähe ihrer Höhle auf. Einige Skorpione sind sogar in der Lage, auch fliegende Insekten zu fangen.« Die Neffen staunten.

»Sehr interessant«, fand auch Gimolas und beugte sich vor, um besser sehen zu können. »Ist er jetzt ganz kaputt?«

»L-lebe … noch«, sagte Borosilikatglasimir mit schwacher Stimme und bäumte sich vor Schmerzen. Er hustete grauenhaft, gab Gurgel- und Gargelgeräusche von sich und hob zitternd einen blutverschmierten Arm. »Ruft … No-Notarzt«, hauchte er.

Da fiel ein Klavier mit unfassbar lautem *Plönk!* auf die Stelle, an der Borosilikatglasimirs Kopf gewesen war, bis zu dem Moment, an dem ein Klavier auf die Stelle gefallen war (siehe Anfang des Satzes). Seine Beine zuckten. Dann zuckten sie nicht mehr. Die Menschen sahen von ihren Scheiden auf und hoben ihre Schwerter.

»Verzeihung, ich hatte die Impression, wir übereinkamen zu enden sein Leid?«, sagte eine Stimme aus der Luft, und ein Igel landete neben Borosilikatglasimirs Leiche.

Alle glotzten den Igel an.

Dann machte es *Wämmatsch!*, und Smog, der Abgasfarbene, landete auf dem Igel.

Alle glotzten den Drachen an.

Bibbo holte Schwung und warf das Bling-Bling so hoch in die Luft, wie er nur konnte.

Alle glotzten das Schmuckstück an.

Die Zeit verlangsamte sich.

Ein Sonnenstrahl durchglühte das Bling.

Die Swarovski-Kristalle glitzerten irr.

Die Nuten, Muffen und Punzen glänzten in Schwerelosigkeit.

Der silberne Einkaufs-Chip sprang aus seinem Halter und drehte sich spiegelnd im Fall.

Hello Kitty starrte mit toten Augen von ihrer Abdeckung.

Damit war zugleich der Moment erreicht, ab dem sich die Dinge bedeutend dynamisierten.

»Mein Rücken ist zu alt für so was«, sagte Bibbo. Er legte den Aktenkoffer ab, wischte sich eine Mischung aus Schweiß und Schleim von der Stirn und ließ sich neben die Neffen fallen.

Der Hiphop hatte sich nach hinten werfen müssen, um unter einem Schwertstreich hindurchzutauchen wie unter einer Limbostange, ein brennendes Geister-T-Shirt war über seine Halbglatze hinweggezischt, und eine Igelklaue hatte nur knapp seinen Arm verfehlt. Er stank nach Exkretoplasma, aber sonst fehlte ihm nichts.

Streichler, Gimolas und die Neffen hatten sich rund 30 Meter weiter auf eine kleine Anhöhe zurückgezogen, um das Kampfgeschehen aus sicherem Abstand verfolgen zu können, und natürlich, um einen besseren Blick zu haben. Bibbo schob die Sonnenbrille auf die Stirn, denn die gelben Gläser waren beim Zuschauen eher hinderlich.

»Das muss wehtun«, sagte Gimolas und zeigte auf einen Zwerg, der mit Igelstacheln gespickt war wie eine Käseplatte mit Zahnstochern.

»Und das erst«, sagte Estragon und wies auf einen Menschenkrieger, in dessen Hintern die spitzen, bogenförmigen Zähne eines Giftzwergs steckten. »Wisst ihr, wie das brennt, wenn man nicht gleich ne Zwiebel drauflegt?«

Durch ein Megafon verstärkt drang der Schrei »Ich reiß euch entzwei wie Rumpelstilzchen« zu ihnen herauf.

»Das war definitiv Uhrin«, sagte Bibbo und sah mit Schaudern, wie drei Zwerge den voll aufgeladenen Taschen-Grond seitlich in einen Igel rammten, dass die Federn spritzten. Ein Menschenkrieger kniete auf Whorings Brust und drückte ihn stöhnend seine Scheide auf die Nase. Der Drache Smog hielt sich ein Stabfeuerzeug vor den Rachen, um seinen Feueratem in Gang zu bringen, während Kraspar vor seinem Gesicht herumschwirrte wie eine lästige Fliege und ihm beide Mittelfinger zeigte. Ein Igel hatte sich zu einer Kugel zusammengerollt, aus der seitlich zwei Flügelspitzen ragten, und kugelte nun als grausige Abomination übers Schlachtfeld, alles auf seinem Weg aufspießend wie ein perverses Katamari. Der Schnapplaber-Geist streamte alles live auf BoohTube. Hermanngoring hatte eine Brigade Schlümpfe aufmarschieren lassen und ließ gerade einen Riegel Panzerschokolade herumgehen, doch Smog benötigte nur einen gezielten Schwanz-Swipe, und die Blauen fegten davon wie Kegel. Lediglich Überraschungsschlumpf war es noch gelungen, eines seiner Geschenke zu schleudern wie eine Handgranate, das jetzt mit Konfettiregen auf Smogs Rücken explodierte.

Die Explosion ließ Gimolas schon wieder an einen Eimer mit explodiertem Mais denken. Sein Blick fiel auf Scam und Frolic, die sich genüsslich bunte Linsen in den Hals schoben.

»Wo habt ihr denn auf einmal die Smarties her?«, fragte der Halbelbf neidisch.

Kauend zeigten die beiden auf Ganjalfs offen stehenden Aktenkoffer, in dem eine aufgerissene Pillen-Packung lag. Gimolas rückte sicherheitshalber etwas von den Neffen weg.

Bibbo studierte derweil beeindruckt den Anführer der Igel, der sich jetzt auf die Hinterpfoten erhoben hatte, während er mit den Vorderkrallen einen Zwerg und einen Menschen umklammert hielt. Dann rammte er beide mit Schmackes gegeneinander, als seien es Playmobil-Figuren. Tom

Cruise war am Rand des Schlachtfelds damit beschäftigt, mit seinem Motorrad Donuts im Lavasand zu drehen, und irgendwo schoss ein Feuerstrahl senkrecht in den Himmel. Nebel legte sich über die Szene, vielleicht wegen Smog, vielleicht war der Effekt aber auch nachträglich am Computer hinzugefügt worden, weil das Lektorat die Assoziation von Pulverdampf heraufbeschwören wollte, obwohl das keinen Sinn ergab.

Gimolas zählte, wie viele kampfunfähige Gestalten er bereits erkennen konnte. Sein Zwergenauge scannte die eine Hälfte des Schlachtfelds, sein Elbfenauge die andere.

»Zwei hab ich schon«, murmelte sein zwergenhafter Mundwinkel.

»Ich bin bei 17«, lächelte seine andere Gesichtshälfte, denn mit dem Elbfenauge sah er besser, »macht zusammen 19.«

»Was ich noch nicht so ganz verstanden habe«, sagte Bibbo und drehte sich halb in Estragons Richtung, »kann man so Geister jetzt eigentlich anfassen oder nicht?« Er zeigte aufs Schlachtfeld, wo Glibber gerade im Begriff war, einen Fruchtzwerg hinunterzuwürgen, als sei er eine Riesenschlange. Ein Pygmäe wollte seinem Kameraden zu Hilfe kommen, aber die Stöße seines Holzspeers gingen einfach durch Glibber hindurch.

»Gespenster anfassen? Kommt auf den Film an, aber normalerweise nicht«, erklärte Streichler, ohne den Hiphop anzusehen, denn der Waldverläufer starrte gerade auf einen menschlichen Krieger, der mit seinem Schwert einen spektakulären Abwehrkampf gegen drei Zwerge führte, die ihn mit einem Schneebesen, einem Pastaheber und einem scharfkantigen Vorlegelöffel bedrängten.

Estragon vollzog jede Finte des Kämpfers aus der Ferne nach, indem er mit seinem Bleistift vor sich in der Luft herumfuchtelte. Als der Krieger schließlich einen Schneebesen in den Bauch gebohrt bekam und zu Boden ging, ließ Streichler enttäuscht den Bleistift sinken.

»Ja, aber umgekehrt gilt das nicht, oder wie?«, griff Bibbo das Thema noch mal auf. »Weil die Geister können *mir* ja offensichtlich wehtun.«

Er zeigte ins Schlachtgewühl, wo der Geist der zukünftigen Weihnacht wie zum Beweis gerade einen auf »Robot Wars« machte. Seiner Shirt-Kanone war die Munition ausgegangen, aber dafür schwang der unheilige

Nikolaus jetzt eine Mischung aus schwerer Lichterkette und Stacheldraht über dem Kopf, während ein Granatwerfer, der auf seinem Rücken befestigt war, Christbaumkugeln und Mandarinen ins Gefecht feuerte.

»Kommt auch auf den Film an«, sagte Streichler. »Wenn es Action-Szenen gibt wie jetzt, dann können Geister dir natürlich wehtun. Sonst hätte man ja einen Fight, wo niemand den anderen erwischen kann.« Der Waldverläufer simulierte ein paar Boxhiebe in der leeren Luft. »Siehst du? Boring.«

»Ja, bitte?«, fragte eine Stimme vom Schlachtfeld.

»Scheint mir ziemlich random«, sagte Bibbo, »das mit den Geistern und ihren Kräften.«

»Manchmal hab ich den Eindruck, du warst noch nie im Kino«, lachte Streichler und schlug Bibbo auf den Rücken.

»47«, vermeldete Gimolas einen neuen Zwischenstand an kampfunfähigen Gefechtsteilnehmern – dabei nahm das Scharmützel jetzt noch mal so richtig Fahrt auf.

In einer Art Kampf der Könige hämmerte Hamlets Vater mit seinem Szepter eine Delle nach der anderen in Uhrin Eichelschlemmers Helm, der ergebnislos versuchte, dem alten Schweden mit seiner Streitaxt zu erwischen. Kraspar, Myrrhe, Glibber und der Pacman-Geist hatten ihre Körper zu einem Gesamtschlonzwerk verschmolzen und sich als eine Art überdimensionales Spannbettlaken um einen Igel gelegt. Das Stacheltier trat verzweifelt mit den Pfoten in die weiße Geisterhülle, die ihm gleichzeitig tüchtig Knüppelsuppe einschenkte. Im Gegenzug hatte sich ein anderer Igel den kreischenden Himbeergeist auf den Rücken gespießt, als sei er eine Cocktailkirsche. Adoring machte etwas wenig Entzückendes mit dem Handy des Schnapplaber-Geists. Die Menschenkrieger hatten sich um den abgasfarbenen Drachen versammelt und drohten damit, ihm ein Bauchnabelpiercing aus Echtpfeil zu verpassen, wenn er die vielen Jungfrauen nicht wieder rausrückte – eine Unterstellung, die wiederum Smog zur Weißglut brachte, der sich ausschließlich für selbst gemachten Schmuck interessierte. Dann explodierte auch noch der Wohnwagen. Ein Wilhelmsschrei ertönte.

»Die Schlacht der sechs Heere«, sagte Estragon und hob den Arm vors Gesicht, um sich vor der Hitze der Explosion zu schützen. »Irre, was rauskommt, wenn man versucht, immer noch einen draufzulegen.«

Gimolas zählte an den Fingern ab: »Geister, Menschen, Zwerge, Igel –«, er stockte, »zählst du den Drachen als eigenes Heer?«

»Von der Größe her schon.«

»Dann sind's trotzdem nur fünf«, sagte Gimolas. »Fünf Heere.«

»Wieso? Zählen wir etwa nicht mit?« Estragon erhob sich, griff nach einem Stein, holte aus und warf ihn schwungvoll in die Menge. Tom Cruise spielte, dass er am Kopf getroffen wurde, von seinem rasenden Motorrad stürzte, sich spektakulär abrollte und bewusstlos liegen blieb. »Jetzt sind's sechs«, sagte Streichler zufrieden.

»Jetzt sind's sechs«, bestätigte der Halbelbf. »Schon 81 außer Gefecht«, vermeldete er einen neuen Krankenstand. »Lange halten sie's nicht mehr aus.«

Und richtig: Der Schlachtenlärm hatte bereits nachgelassen, und bei einigen Beteiligten entstand der Eindruck, sie polierten sich nur noch die Fresse, wenn gerade jemand hinsah.

»Wo ist denn jetzt überhaupt das Bling-Bling?«, fragte Bibbo und versuchte, etwas zu erkennen. »Ich dachte, darum geht's die ganze Zeit?«

»Ja, wo ist denn jetzt überhaupt das Bling-Bling?«

Der dunkle Fürst hatte die Fingerspitzen aufeinandergelegt und sah die Blinggeister, die vor ihm schwebten, erwartungsvoll an. »Und wer hat überhaupt gewonnen?«

Die Geister sahen abgekämpft aus, und zwar wortwörtlich. Glibber hatte sich den Kiefer ausgerenkt und sabberte Exkretoplasma, auch der Himbeergeist leckte, und der Weihnachtsgeist hatte es irgendwie geschafft, einen Teil seines Gesichts einzubüßen, sodass Drähte, Metall und sein linkes Laserauge bloßlagen. Der Pacman-Geist sah aus wie gefressen und wieder ausgespuckt. Myrrhe hatte jetzt vier blaue Augen: Zwei hatte sie schon aufgrund ihrer Augenfarbe gehabt, zwei waren erst hinzugekommen, als Ori sie festgehalten hatte, damit Ori und Ori – vormals Nori und Dori – ihr eins auf die Nuss geben konnten. Der Hexenkönig von Asthma fehlte mal wieder, diesmal angeblich wegen Corona.

»Also, das war so.« Kraspar hatte sich erneut in die Erzählerrolle geworfen. Er sah gealtert aus, mindestens wie elf. »Eigentlich sah alles ganz super aus, und wir hatten die Sache auch voll unter Kontrolle, weil wir waren total stark und strategisch und alles, und die meisten lagen auch schon rum wie kaputt, Menschen und Zwerge undsoweiter, nur wir haben noch ausgeteilt, was ging«, er boxte einige Mal demonstrativ in die Luft, »und natürlich haben wir die ganze Zeit das Bling-Bling keine Sekunde aus den Augen verloren, aber das war gar nicht leicht, weil, zuerst hat es einer der Igel aus der Luft gefischt, aber dann hat der Igel ein T-Shirt an den Schnabel bekommen, und ein Gartenzwerg hat das Bling in seiner Schubkarre aufgefangen, aber dann hat Smog den Gartenzwerg umgegraben, und das Bling ist zum Drachen gewandert, aber nicht für lange, weil dann haben ihn drei Menschen am Schwanz festgehalten, und das mögen Drachen ja so gar nicht, also hat Smog das Bling-Bling wieder fallen lassen, um …«

Sausack hatte beschlossen, dass es am schnellsten gehen würde, wenn er Kraspar möglichst wenig unterbrach. Deshalb hatte er die Hände gefaltet und nickte nur immer wieder stumm mit seinem Riesenhelm. Er sah aus wie eine Wackelkopffigur.

»… hat der Schnapplaber-Geist sich mit dem Bling für Insta fotografiert, aber als er grade nach dem richtigen Filter gesucht hat«, sagte Kraspar inzwischen, »kam der eitle Schlumpf mit seinem Gänseblümchen anner Mütze und seinem Spiegel und hat so ganz unschuldig gefragt, ob er mit aufs Bild darf, und der Schnapplaber-Geist hat noch gefragt, ob er ihn taggen soll, aber dann war alles nur ein Trick, und plötzlich hatten die Zwerge den Schmuck, auf jeden Fall, ich skippe vielleicht mal'n bisschen …«

Sausack nickte noch eifriger. Das mit dem Überspringen gefiel ihm!

»… dann hat der eine Igel, also der mit dem blauen Vogelring, sich das Bling gekrallt mit seinen Krallen, einer von den Kristallen war da übrigens schon ab, und ist plötzlich voll damit weggeflogen, und wir natürlich sofort hinterher, Luftverfolgung einleiten, aber der Drache hat das natürlich auch gecheckt und nur noch'n paar Zwerge abgeschüttelt, als wären's bärtige Blattläuse, und hat auch abgehoben, und die anderen, die nicht fliegen konnten, haben natürlich doof aus der Schmutzwäsche geschaut, nur Tom Cruise, der war schon wieder am Start und ist gleich auf sein Motorrad gesprungen und los ...«

Der dunkle Fürst nickte immer eifriger. Das klang doch schon sehr vielversprechend, fast so, als wäre der Höhepunkt der Geschichte nicht mehr weit entfernt.

»... und, haste nicht gesehen, sind wir alle über so'nem großen Krater geschwebt oder geflogen, also alle, die fliegen konnten, natürlich nur, wobei der Krater komischerweise mit Wasser gefüllt war, ich hab sogar gedacht, ich seh nen gigantischen Spülkasten ...«

»Ah, ein altes Steinriesenklo«, nickte Sausack kennerhaft und ärgerte sich, dass er Kraspar um ein Haar unterbrochen hätte.

»... auf jeden Fall zieht der Igel jetzt an einer Krokodilklemme vom Bling, und der Weihnachtsgeist und ich und Myrrhe ziehen an einer anderen Krokodilklemme vom Bling, und Glibber zieht versehentlich an seiner Zunge, und jetzt kommt auch noch der Drache von oben angeflogen und schlägt mit seinen Riesenschwingen, dass das Klowasser fast überschwappt, und greift mit seinen dicken, fetten Klauen nach einer Muffe und verkratzt dabei die Abdeckung von Hello Kitty, aber dann wurde es plötzlich noch mal voll fast und furious, weil es hat ganz laut *Wroomm-wroomm* gemacht, und Tom Cruise ist auf seiner Sonnenbrille angefahren gekommen ...«

Das konnte natürlich nicht stimmen, aber Sausack wusste, was Kraspar meinte.

»... und rast damit den Kraterrand mit full speed hoch wie so'ne Halfpipe, weil der war so gebogen, sodass er voll in die Luft gejumpt ist wie Evel Knievel, genau auf uns zu, und wir dachten schon, krass, was Tom Cruise alles spielen kann, und jetzt spielt er bestimmt gleich, dass er uns im Fliegen das Bling-Bling aus den Händen reißt, während er auf seinem Motorrad steht oder so, und wir schauen dann aus wie die Honks, aber dann hat Tom Cruise nur gespielt, dass er plötzlich die Kontrolle verliert über seine Sonnenbrille –«

Sausack schüttelte den Kopf. Irgendwas stimmte mit dem Jungen nicht, wenn er eine Sonnenbrille und ein Motorrad nicht auseinanderhalten konnte.

»– und dann ist Tom Cruise krass durch die Luft gesegelt und hat sein Gesicht verzogen, als hätte er Todesangst, voll authentisch, und ist dann auf der anderen Seite vom Krater auf den Rand geknallt und sein Motorrad ist auf ihn draufgeknallt, und er ist erst mal voll oscarverdächtig liegen geblieben. Da hat Myrrhe plötzlich das Bling losgelassen, weil sie nach Tom Cruise sehen wollte, und in dem Moment hat es *Bäng!* gemacht und *Klirr!* und so, und das Bling ist voll auseinandergefetzt, weil zu viele dran gezogen haben, und alles ist runtergefallen, die Muffen und die Punzen und das Klimbim, alles voll ins Klo geregnet.« Er machte eine winzige Pause. »Und wir dachten noch, wenn wir das wieder rausfischen, können wir das vielleicht noch mal kleben, aber dann – dann –« Er brach ab.

»Was war dann?«, fragte Sausack.

»Dann – dann – ist auf einmal der Himmel schwarz geworden«, sagte Kraspar. Seine Stimme hatte sich verändert.

»Hä? Wieso?«

»Weil – also, weil sich doch der Steinriese erhoben hat, während wir am Streiten waren die ganze Zeit.« Kraspar versuchte mehr schlecht als recht, ein gewaltiges Knirschen zu imitieren, und breitete die Hände aus. »Der war richtig groß.« Er versuchte, die Hände noch weiter auszubreiten. »Richtig, richtig groß. Haste nicht gesehen, so groß war der.«

»Größer als der Drache?«

»Viel größer!«

»Oha. Und dann?«

»Dann – dann hat der Steinriese gemacht, was man morgens … halt so … macht.«

»Was man morgens –?«, fragte Sausack und brach ab. Er hatte verstanden. »Groß oder klein?«, fragte er zögerlich.

»Auf jeden Fall hat er sich dazu hingesetzt«, sagte Kraspar. »Würde sagen, er war länger nicht auf der Schüssel gewesen. Paar Jahrzehnte vielleicht?«

»Und ihr?«

»Wir mussten nicht aufs Klo.«

»Nein, du Depp, ich meine doch, was ihr dann gemacht habt?«

»Ach so!« Kraspar lächelte debil. »Wir sind rechtzeitig unter seinem Hintern rausgeflogen. Zum Glück. Der hätte uns einfach weggespült.«

»Und danach? Als der Steinriese … fertig war?«

»Wie soll ich sagen«, Kraspar hielt sich die Nase zu, »ein Lufterfrischer in der Größe muss erst noch erfunden werden?«

»Nein, du Trottel, ich will wissen, was dann mit dem Bling-Bling war!«

»Ach so. Das war natürlich weg.«

»Natürlich.«

»Halt, stimmt gar nicht!«

»Nicht?«

»Nein, den Einkaufs-Chip haben wir nämlich wiedergefunden!« Kraspar strahlte und legte eine kleine silberne Münze auf die Thronstufen. »Voll cool, oder?«

»Nicht cool«, sagte Sausack, aber seine Stimme war kraftlos.

Dass die Geister mit leeren Händen von ihrer Mission zurückgekommen waren, hatte er natürlich schon vor fünfzehn Minuten gewusst, und zwar in dem Moment, als die Geister mit leeren Händen von ihrer Mission zurückgekommen waren. In diesem Augenblick war etwas in ihm zerbrochen, wie ein Keramikhund, der mit einem Vorschlaghammer schmust. Jetzt fühlte er sich nur noch sinnlos, alt und leer. Ein Helm ohne Inhalt. Nur für ein einziges kleines Gefühl war noch Platz in ihm, nämlich für Angst. Aber zu Zorn, zum Wüten und Verwüsten konnte er sich nicht mehr aufraffen.

Sausack ließ sich noch tiefer in seinen Thron sinken und wünschte, er hätte ihn wenigstens mit Menschenhaut auspolstern lassen. Eine Decke aus Wargfell wäre jetzt auch nett gewesen. Und vielleicht doch noch ein bisschen von der Gutenacht-Geschichte, die der kleine, dicke, tote Junge ihm gerade erzählt hatte?

»Und dann?«, fragte Sausack. »Wie isses dann weitergegangen?«

»Wie, weiter?«, fragte Kraspar.

»Na, danach. Als das Bling weg war. War's dann aus und vorbei? Sind dann alle zu McTolkien's gegangen oder haben Schach gespielt oder wie?«

»Ach so, danach.« Kraspar kratzte sich an seinem kahlen Kopf. »Also, alle haben erst mal ihre Knochen eingesammelt, klar, Sprühpflaster auf die offenen Brüche und so, bisschen auf die Platzwunden pusten, heile heile, und dann haben die Igel noch ein paar unschöne Dinge im Allgemeinen gesagt –«

»Abschaumtüte«, half Myrrhe aus. »Peniskopf. Stück von Scheiße. Eselhengst.«

»– genau, aber dann sind die Stacheltierchen auch schon ab zu ihrem Horst, und die Zwerge wollten, glaube ich, erst mal was essen, soweit sie noch Zähne hatten, auf jeden Fall was trinken, also haben sie sich weggeschmissen, wer fehlt jetzt noch?, ach ja, Borosilikatglasimir hat einen borosilikatgläsernen Sarg hingeschrieben bekommen, echt schön, aber die Menschen sind trotzdem zum Autor durch den Bildschirm gestiegen, um ihm die Meinung zu geigen …«

»Gut, gut!« Sausack, dem nur noch eine Tasse heiße Gülle zum Glück fehlte, nickte. »Sprich weiter.«

»… der Drache Smog hat sich mal wieder entschuldigt und gesagt, dass Windows 11 ihn einfach wahnsinnig macht, und wir haben noch mit ein paar Leuten Handynummern ausgetauscht, aber wir melden uns bestimmt nie wieder und die sich natürlich auch nicht –«

»Und der Hiphop? Wo war dieser Onkel Bingo eigentlich die ganze Zeit?«

»Ach, der.« Kraspar winkte ab. »Die waren eh schon raus. Als ich kurz vor Schluss noch mal in ihre Richtung geschaut hab, hatten sie sich schon aus dem Staub gemacht.«

»Gut, gut«, nickte Sausack, der jetzt die Augen geschlossen hatte, »sehr schön.«

Dann trat ein Moment Schweigen ein.

»Was ist denn jetzt mit der Strafe?«, sagte Kraspar schließlich. Er klang ein wenig besorgt.

»Hm?«, fragte Sausack und schlug wieder ein Auge auf.

»Weil, wir haben doch den Auftrag vergeigt gewissermaßen. Das Bling-Bling ist doch weg«, sagte der kleine Geist, »jetzt halt für immer.«

»Das ist natürlich richtig«, sagte Sausack langsam, aber allein der Gedanke, sich eine Strafe ausdenken zu müssen, strengte ihn an. »Was fändet ihr denn so richtig schlimm?«, fragte er deshalb.

»Wie, schlimm?«

»Na, als Strafe.« Der dunkle Fürst lächelte unter seinem Helm. »Spuckt mal'n paar Vorschläge aus.« Eine gute Idee. Er würde nur noch aussuchen müssen.

»Äh, okay.« Kraspar sah die anderen Geister mit großen Augen an. Damit hatten sie nicht gerechnet. »Ich mag ja keine, also«, er zögerte, »ich mag ja keine Klagen wegen Urheberrechtsverletzung.«

»Langweilige Strafe«, winkte Sausack ab. »Bessere Vorschläge, bitte!«

»Der Zeiten Spott und Geißel, des Mächtigen Druck, des Stolzen Misshandlungen, verschmähter Liebe Pein, des Rechtes Aufschub, den Übermut der Ämter«, schlug Papa Hamlet vor.

»Zu viel auf einmal«, beschwerte sich Sausack, »weiter!«

»In meinen Träumen verfolgt mich eine gelbe Pizza mit auf- und zuschnappendem Maul durch ein Labyrinth, während ich blau-weiß blinke«, sagte der Pacman-Geist.

»Ich hab Angst vor der Prohibition«, sagte der Himbeergeist.

»Ich hasse gute Laune«, maulte Myrrhe.

»STEIGENDE CHIPPREISE PUNKT«

»Alles zu speziell«, fand Sausack.

»Argblblbrgfrmmbllpf«, sagte Glibber, und sofort verstummten alle.

Sausack spürte, dass der Schleimgeist einen Nerv getroffen hatte. Myrrhe war rot angelaufen, der Schnapplaber-Geist starrte demonstrativ auf sein Handy, der Weihnachtsgeist hatte den Kopf zur Wand gedreht, und die anderen Gespenster blickten zu Boden, als hielten sie Ausschau nach einem ulkig geformten Erdnussflip.

»Was war das grade?«, fragte Sausack lauernd und erhob sich ein wenig von seinem Thron.

»Er hat vorgeschlagen«, sagte Kraspar schließlich, »dass ihr uns fünf Tage in ein Dampfbad einsperrt, oh Quästor der Qualen.«

»Dampfbad, hm? Und was soll daran so schlimm sein?«

»Weil, also«, fing Kraspar wieder an, »Glibber meint ein richtig *heißes* Dampfbad natürlich, 50 Grad, mindestens, aua, aua«, sagte er leicht debil und schüttelte sich die Hand, als hätte er sie verbrannt. »Und das Schlimme ist, man verliert da als Geist ja gleich die Orientierung. Oben ist unten ist von vorne ist von hinten. Das ist voll … verwirrend. Mindfuck.« Kraspar versuchte, das Atombombe-explodiert-in-halb-offenem-Schädel-mit-aufgerissenen-Augen-Emoji nachzumachen.

»Grlmindfucklpf«, tropfte Glibber und verzog genüsslich den Mund.

»ICH BIN SCHON STEIF«, sagte der Weihnachtsgeist, »VOR FURCHT PUNKT«

»Ich versteeehe«, sagte Sausack langsam und beobachtete dabei die übrigen Geister, die immer noch angestrengt versuchten, keine Reaktion zu zeigen. Sie mussten wirklich Angst vor dieser Dampfsauna haben. Geister – kennst du unheimlich viele, kennst du doch noch nicht alle.

»Dann nehmen wir das!«, beschloss der dunkle Fürst, »wenn ihr das alle so furchtbar findet. Habt ihr auch verdient, ihr Vollpfosten! Schlimme, schlimme Strafe, echt. Aua, aua.« Er wackelte mit dem Riesenhelm. »Einer organisiert das, ja?« Einer trat aus dem Schatten und nickte. »Prima. Und jetzt: Macht nen Abflug!«, befahl Sausack, froh, die Sache so schnell erledigt zu haben.

Die Geister blickten sich unsicher an, dann setzten sie sich, einer nach dem anderen, zögerlich in Bewegung, zähflüssig wie Softeis, ihrer Vergeltung entgegen.

»Der Rest ist Schweigen«, hörte Sausack noch, kaum vernehmbar, dann waren die Gespenster fort.

Natürlich wäre ein Moment der Ruhe jetzt hervorragend gewesen, aber einer stand schon vor Sausacks Thron und blickte ihn besorgt an.

»Wie lange hab ich noch?«, fragte Sausack.

»Die Schwiegermutter hat sich für fünfzehn Uhr angekündigt.« Einer nestelte an dem alten Spüllappen herum, der seine Blößen bedeckte. »Jetzt ist zwei.«

»Shit.«

»Die guten Nachrichten: Der Kaffee ist kalt, der Kuchen ist angebrannt –«

»Gut. Das wird sie mögen.«

»– dazu reichen wir frisch gelegtes Schnabeltierei, natürlich roh, der Eierschalensollbruchstellenverursacher steht schon auf dem Tisch, daneben ihre Vase, in allen Herzkammern mit frischen fleischfressenden Pflanzen gefüllt, der Schokospringbrunnen im Garten sprudelt –«

»Fein, fein. Einer hat hervorragend gearbeitet. Bleibt nur noch …«

»Bleibt nur noch?«

»Das pièce de résistance. Das Kronjuwel vom rotierenden Präsentierteller. Das Bling-Bling.« Sausack legte den Helm in die Hände. »Futsch und fort und verloren.« Er stöhnte. »Genau wie ich.«

»Wenn ihr erlaubt, oh Chevalier der Schimmelschäden, hätte ich da vielleicht eine Idee.«

»Her damit!«, rief Sausack und riss den Kopf hoch.

»Sehr wohl.« Einer machte einen Kniefall. »Ich hatte mir doch frecherweise die Freiheit genommen, im Werkzeugkeller die Bohrspitzen vom Blut zu befreien –«

»Und?«

»– und bin dabei über diese Kleinigkeiten gestolpert.«

Einer hielt plötzlich ein Säckchen in der Hand und schüttete dann auch schon den Inhalt auf dem Rohbeton-Boden aus. Es klirrte, und etwas rollte ein paar Zentimeter und blieb liegen. Sausack sah genauer hin.

»Muffen«, brachte er hervor, »Basteldraht. Eine Heißklebepistole. Drei P-Punzen. Plakafarbe. Ne Kombizange. Und ist das … ein Einkaufs-Chip-Halter? Meinst du etwa …?«

Einer schwieg bedeutungsvoll.

»Merkt sie das nicht?«, fragte der dunkle Fürst. Sein Herz, das die letzten Tage ausgesetzt hatte, tat mal wieder einen Schlag. »Ich meine, sie muss den Unterschied doch erkennen? Wir kriegen das doch nie genauso hin wie das alte, oder?« Er ließ den Helm gefährlich hin und her schwanken.

»Weiß man's, wenn man's nicht probiert hat?«, fragte einer.

»Ich weiß schon gar nicht mehr, wie's ausgesehen hat!«, jammerte Sausack.

»Ich hätte hier noch ein altes Foto als Vorlage«, lockte einer und hielt ein Polaroid hoch, auf dem das Bling-Bling zu sehen war, als es noch nicht auf dem Grund einer Steinriesenkanalisation geruht hatte.

»Wie viel Zeit haben wir noch?«, fragte Sausack.

»50 Minuten?«

»Erster!«, rief der dunkle Fürst, sprang auf und stürzte sich auf die Heißklebepistole.

Ihr Nahen kündigte sich an mit wirbelndem fahlweißen Dampf, der sich verdichtete und wieder zerfloss, und natürlich war da dieser Geruch, der von Sekunde zu Sekunde unerträglicher wurde – als hätte man eine Douglas-Filiale geöffnet und wäre nicht schreiend herumgefahren, sondern würde tiefer und tiefer hinabsteigen in dieses Nasenloch des Wahnsinns.

Die Stunde war gekommen.

Und mit ihr jener nervenzerfetzende Laut, der einem hohen Pfeifen ähnelte, aber auch dem Keuchen eines Sterbenden, der allerdings nur Sausacks Türklingel war, die jetzt läutete.

Sie war erschienen.

»Schwieeeemu«, rief der dunkle Fürst und riss die Eingangstüre auf. »Wie schön, dass du hier bist!« Er vermied es, ihr ins Gesicht zu sehen. »Lass mich dir mit dem Koffer helfen.« Sausack griff nach dem Hartschalenkoffer und versuchte, sie dabei nicht zu berühren. »Hattest du eine gute Fahrt?«

Sausacks Schwiegermutter antwortete nicht, sondern quetschte sich nur wortlos an ihm vorbei in den Flur, eine Albtraumsäule protoplasmatischer Blasen, schwarzgrün schillernd, mit Myriaden flüchtiger Augen bedeckt, die wie Eiterblasen aufblühten und zerplatzten – zumindest waren das die Assoziationen, die Sausack in den Sinn kamen, als er der großen Alten aus der beigefarbenen Funktionsjacke half.

»Immer rein in die gute Stube, der Kaffee ist schon kalt.« Der dunkle Fürst wies durch den Flur ins Wohnzimmer. »Ich hab dir schon ein Stück Donautsunami auf den Teller gelegt. Die magst du doch so gerne, oder?« Die Alte bewegte sich nicht. »Oder lieber Hohn-Käse-Sahne? Frankfurter Beileidskranz? Sucker-Punschtorte? Alles da, alles frisch«, krächzte Sausack inzwischen mehr, als er sprach.

Er deutete weiterhin verzweifelt den Flur hinunter, aber die Alte schien keine Notiz von ihm zu nehmen. Und statt sich ins Wohnzimmer zu bewegen, um ihre Tochter zu begrüßen, blickte sie sich misstrauisch um. Da! Sie hatte die Vitrine gegenüber der Eingangstür erspäht, nur 1 Meter entfernt, und wälzte sich mit zwei Schritten hinüber.

Sausack trat Schweiß auf die Stirn.

Er meinte jetzt, dünne, glänzende Tentakel zu sehen, die sich um die Vitrinentür ringelten.

Und als sie sprach, glaubte er, die nekronomischen Worte »Ph'nglui mglw'nafh R'lyeh wgah'nagl fhtagn« zu vernehmen, die aus nichts als dunkel leuchtendem Irrsinn bestanden, aber dann hörten seine Ohren auf zu rauschen, und er verstand, was sie gefragt hatte. Nämlich das:

»Hasch du des alde Glomb emmr no?«

Vorwurfsvoll zeigte sie auf die Vitrine, und als Sausack nähertrat, konnte er den Gegenstand erkennen, auf den sie zeigte.

Er sah die glänzenden milchigen Punkte, die die Heißklebepistole hinterlassen hatte, die Plakafarbe, die noch nicht einmal getrocknet war, die lieblos eingefädelten Muffen. Der alte Einkaufs-Chip hatte nicht in die neue Halterung gepasst, und die Abdeckung im Hello-Kitty-Design fehlte sogar vollkommen. Der rotierende Präsentierteller hatte sich aufgehängt und wiederholte jetzt die immer gleiche ruckende Bewegung, ein Sinnbild der Existenz.

»I häd des ja scho lang nausgschmissa.«

Kein Zweifel: Sie meinte das neue, nein, das neu-alte Bling-Bling.

»Nägschdes Mol bring i eich ebbes Neis mid. I lern nemmlich grad Schkreppbuka.«

»Was bitte?«

»Na, Schkreppbuka, du woisch scho. Mid so Schnipfl ond Schdembel ond Scher ond Babier.«

»Ach, Scrapbooking!«

»Sag i doch. Mr miseed nachhr glei alde Foddos raussucha.«

»Bitte nicht«, flüsterte Sausack mit der einen Gehirnhälfte, während seine andere Gehirnhälfte anfing, vor Glück zu schreien. Er konnte hören, wie ihm einzelne Endorphine gegen die Schädeldecke knallten. *Sie hatte es nicht gemerkt.* Mehr noch: Das Bling war ihr egal gewesen, total egal! Und dafür hatte er sich den ganzen Stress gemacht, die vielen Sorgen gewälzt. Un-fucking-fassbar!

Die Alte wandte sich von der Vitrine ab und dem Wohnzimmer zu.

»I frei mi so, mai Serwies widdrzuseha«, sagte sie jetzt.

»Dein … was?« Sausack erstarrte.

»Na, mei Hochzichs-Serwies, frog ned so bleed.« Ihre Stimme hob sich. »Fenfezwanzich Deile hedd's ghabt. Echdes Silbr un Borzellan.«

Sausack wurde heiß und kalt und dann sofort wieder heiß und kalt, wie jemand, der aus zwei Feuerwehrschläuchen abwechselnd mit Hühnerbrühe und Sorbet bespritzt wird.

Er wollte etwas sagen – nein, schreien! –, aber die Alte hatte sich schon an ihm vorbeigedrängelt.

»Na, wo isch's noh, des Serwies?«, hörte er noch ihre Stimme aus dem Wohnzimmer. »Hasch du des edwa weggeba?«

Es bestand überhaupt kein Zweifel.

Es würde ein ganz fürchterliches Wochenende werden.

Es würde ein schönes Wochenende werden – auch wenn die Höhle natürlich immer noch aussah wie Sau. Bibbo versuchte gerade, auf dem Boden des Wohnzimmers hockend, etwas zusammenzustecken, das einmal zwei

Stühle gewesen waren, hatte aber erst ein Gebilde zusammengebracht, das man auch in die Mitte eines Kreisverkehrs stellen konnte. Frolic wollte den Flur mit einem feuchten Mob wischen, aber sein Onkel hatte die tropfende, aufgebrachte Menschenmenge gar nicht erst ins Haus gelassen. Scam trug seinen Teil zu den Aufräumarbeiten bei, indem er alles aufaß, was nicht an seinem gewohnten Platz war.

»Wo soll das Kay-One-Porträt hin?«, fragte Gimolas gerade und hielt das verschmutzte und zerknickte Foto des regional bekannten Rapstars in die Höhe.

»In die Gästetoilette«, sagte Bibbo, ohne hinzusehen.

Gimolas nickte und riss das Foto mit einem befriedigenden *Ratsch!* mittendurch. Der Halbelbf und der Waldverläufer hatten angeboten, zwei, drei Tage im Auland zu bleiben und beim Aufräumen zu helfen, und Bibbo hatte sie gerne eingeladen.

Jetzt war es früher Abend. Im Kamin brannte die »Flammenzauber«-DVD und verbreitete behagliche elektromagnetische Wellen, auf dem Tisch dampfte eine frisch aufgebrühte Kanne Eistee, und die Zwergenaxt hatten sie einfach im Fliesentisch stecken lassen, weil sie einen guten Bananenaufhänger ergab.

Frolic kniete rechts von Gimolas auf dem Sofa und war darin vertieft, kleine, bunte Perlen in dessen rötlichen Halbbart zu flechten, während Scam sich von links an den Halbelbf kuschelte und träumerisch seine fettigen Hände an dessen weißem Haar abschmierte – zwei Prozeduren, die der Recke geduldig über sich ergehen ließ. Estragon hatte auf dem Freischwinger-Sessel Platz genommen und die Füße auf den Fliesentisch gelegt. Er kaute nachdenklich auf dem Radiergummi seines Bleistifts, wenn er nicht gerade einen Schluck von seinem Watermelon Vodkarita nahm oder einen Finger in den Tiegel mit der Hand-und-Nagelcreme dippte.

Bibbo saß gegenüber in einem evolutionären Irrtum aus Chromstahl, wippte hin und her und überlegte, ob er die Shisha an den Start bringen sollte. Aber alles, was er tat, erinnerte ihn an Ganjalf.

Ob sein Blick auf die Spesenabrechnung an der Pinnwand fiel, ob er die Toilette sauberkratzte oder einfach nur ein hochauflösendes Porträtfoto von Ganjalf studierte: Jedes Mal musste er unweigerlich an den Zauberer denken, mit seinem zerknautschten Zylinder und seiner kreativen Auslegung des Konzepts Körperhygiene. Ganjalf fehlte. Er wünschte, er könnte sein Gesicht noch mal sehen.

Seine Stimme noch einmal hören.

»Hallo? Jemand zu Hause?«, rief plötzlich jemand vom Eingang her.

Bibbo horchte auf. Da die Zwerge die Schallplattentür zersplittert hatten, funktionierte die Klingel nicht mehr.

»Hallo?«, rief es noch mal.

Wessen Stimme war das? Täuschte Bibbo sich, oder …?

Der Hiphop sprang auf, rannte in den Flur und schlug hastig die Plastikplane zurück, mit der sie die Türöffnung provisorisch abgedeckt hatten. Und da stand niemand anderes als –

– ein müde aussehender Hiphop mit Latzhose und einem fettigen Klemmbrett, der ihm ein Paket entgegenhielt. Ein Paket, auf dem ein bekanntes Logo lächelte.

»Einmal das DVD-Box-Set ›Der Herr der Ringe: Die Ringe der Macht‹, alle 5 Staffeln«, sagte der Postbote und gähnte, »inklusive Bonus-DVD ›Ring-Ring-Ring-geh-doch-endlich-ans-verfickte-Telefon‹. Mit Audiokommentar.« Er gähnte noch einmal. »Hier unterschreiben, bitte.« Er hielt Bibbo das Klemmbrett hin.

»Hab ich das bestellt?«, fragte der Hiphop verwundert.

»Das müssen Sie nicht bestellen. Das kriegt jeder Haushalt, der'n Amazon-Konto hat, jetzt automatisch geliefert.«

»Wie? Als Geschenk?«

»Quatsch!« Der Paketbote tippte sich an den Kopf. »Die Kohle hat Amazon schon gestern bei Ihnen abgebucht.«

»Aber ich hab das doch gar nicht bestellt«, sagte Bibbo.

»Haben Sie nicht zugehört? Sie müssen nichts mehr bestellen«, sagte der Paketbote und gähnte. »Amazon schickt Ihnen ab sofort jeden Tag ein Paket, und Sie müssen nur noch zurückschicken, was Sie nicht behalten wollen. Innerhalb der nächsten«, er sah auf die Uhr, »14 Stunden. In Ihrer DPD-Filiale. Am anderen Ende der Stadt. Heute jedoch nicht.« Er gähnte.

»Ist viel praktischer.« Er machte eine Pause, um sich den schmerzenden Rücken zu reiben. »Für Amazon.«

»Und wenn ich das nicht will?«

»Zu spät.« Er zuckte mit den Schultern. »Lesen Sie etwa nie die geänderten AGB, wenn Sie eine E-Mail dazu auffordert, und legen dann sofort Widerspruch gegen den räuberkapitalistischen Monopolismus-Quatsch ein, der Ihnen untergeschoben werden soll?«

Bibbo schüttelte den Kopf.

»Na, sehen Sie.« Der Paketbote drückte Bibbo das Paket in die Hand.

»Und wenn ich mich beschweren will?«

»Dann nicht bei mir. Hab nichts mit Amazon zu tun.«

»Wie jetzt?«

»Bin nur'n soloselbstständiger Sub-Unternehmer, der für'n anderen soloselbstständigen Sub-Unternehmer Lieferdienste erbringt.« Er gähnte. »Also Amazon-Pakete vom Amazon-Lager zum Amazon-Kunden fährt.«

»Klingt … scheinselbstständig. Und verdient man da wenigstens gut?«

»Lassen Sie's mich so sagen: Wenn ich mich nicht, wie jetzt, zum Quatschen aufhalte, verdient der soloselbstständige Sub-Unternehmer, für den der Sub-Unternehmer arbeitet, für den ich arbeite, Mindestlohn«, sagte der Paketbote ~~und erschoss sich~~ und verschwand.

Bibbo drehte sich um und stellte das Paket auf dem Schuhregal ab.

Als er zurück ins Wohnzimmer kam, sah Bibbo, dass ein Mann im Garten stand. Er hatte sich vor dem halb verspiegelten Panoramafenster positioniert und schnitt sich selbst Grimassen.

»Ganjalf!«, rief Bibbo verblüfft.

Und tatsächlich: Der Mann, der jetzt von außen die Spiegelscheibe ableckte, sah genauso aus wie der Thetan, der im Hochseilgarten von Sarotti-Moria in den Abgrund gestürzt war – wären da nicht ein paar befremdliche Unterschiede gewesen. Statt eines Zylinders trug der Mann eine röhrenförmige Kopfbedeckung. Statt eines psychedelisch gebatikten Gewands war er in eine chromatisch gefärbte Tracht gewandet, über die er keinen schmutzigen Mantel, sondern einen fleckigen Umhang geworfen hatte. Statt eines Barts hatte er Haare im Gesicht. Bibbo sah genauer hin. Eigentlich – war alles exakt wie immer.

Aber da hatte er auch schon die Terrassentür aufgerissen.

»Ganjalf«, rief er. »Du lebst!«

Der alte Mann befreite seine Zunge mit einem Schmatzen von der Scheibe und fuhr herum.

»Bingo«, rief er. »Wie schön, dass du mich wiedersiehst!«

Dann griff er Bibbo erst mal so tüchtig an die Nüsse, dass der Hiphop gackernd zusammenfuhr.

Eine Stunde später saßen sie um den Esstisch.

Ganjalf schnitt gerade sorgsam den Fettrand vom einem Stück Speck, warf den Schinken auf den Boden und biss dann spritzend in die weiche, weiße Schwarte.

»Hat mich auch überrascht, dass unten alles mit alten DDR-Turnmatten ausgelegt war«, sagte er kauend. »Wobei: Im Nachhinein ganz praktisch eigentlich. Sonst hätte ich mir böse wehtun können.« Er spießte noch ein Speckstück auf, um es zu bearbeiten. »Hab dann nur ewig gebraucht, um nen Aufzug zu finden, der mich wieder nach oben bringt. Sonst war Klettergarten eigentlich ganz geil.« Er nahm einen Schluck K.-o.-Tropfen. »Gehen wir nächste Woche wieder?«

»Und wir dachten schon, du bist tot«, sagte Bibbo und schüttelte den Kopf.

»Nee, ich bin doch viel zu wichtig, um einfach so zu verschwinden«, beruhigte ihn der Zauberer. »Ihr wisst doch, dass ich zwischendrin nur weg bin, um genau im richtigen Moment wieder aufzutauchen. Ich bin ein Igel in Thetansgestalt.« Er grinste, ließ die Gabel fallen und tastete nach seinem Tabak. »Apropos«, fragte er, »vor welcher Gefahr hat euch mein plötzliches Erscheinen eigentlich jetzt gerade gerettet? Also hier so?« Er blickte sich um, konnte aber nichts Gefährlicheres entdecken als eine Eisbombe, mit der Scam gerade aus der Küche hereinrollte.

»Du hast natürlich den Abend gerettet«, sagte Streichler und hob seinen Vodkarita-Humpen. »Das ist doch auch ne Leistung.«

»Was er sagt«, sagte Gimolas, dem nichts Eigenes einfiel, und hob sogar zwei Gefäße: mit der Zwergenhand ein Pilsglas und mit der Elbfenhand einen Erlenmeyerkolben, der eine Mische aus Miruvor und Champagner enthielt.

»Wusst ich's doch«, freute sich Ganjalf und machte Anstalten, der Kerzenflamme seine frisch gerollte Zigarette zuzuführen, als er das Tabakstäbchen plötzlich zurückriss und mit einer entschiedenen Geste zerbrach.

»Du hast doch nicht aufgehört, zu rauchen?«, fragte Bibbo überrascht.

»Als ich unten in der Dunkelheit minutenlang nach dem Leuchten eines Aufzugknopfs suchen musste, ist mir klargeworden, dass sich etwas ändern muss«, sagte der Zauberer mit ernster Stimme. »Die vielen billigen Zigaretten bekommen mir nicht mehr.« Er hielt einen schlanken, weißen Gegenstand in die Höhe. »Deshalb hab ich angefangen, viel und billig zu vapen«, sagte er stolz und ließ seine E-Zigarette herumgehen. Als der Tabak-Inhalator wieder bei ihm angekommen war, führte Ganjalf die Spitze der Elektro-Zigarette langsam in die Kerzenflamme, furchtbarer Gestank verbreitete sich, und der Zauberer atmete genüsslich den krebsschwarzen Rauch ein, den das verbrannte Plastik verströmte.

»Köstlich, köstlich«, schmauchte Ganjalf und gab das kokelnde Elektrogerät dann zum Nikotindownload an Frolic und Scam weiter. Bibbo erhob sich, um schon mal die Shisha aufzuwärmen, und Streichler steckte sich den Bleistift zwischen die Lippen und zog mehrere Male kraftvoll daran.

»Ach so«, fuhr Ganjalf fort, »meinen werten Namen hab ich übrigens auch geändert. Ganjalf der Gilbe ist fürderhin Vergangenheit«, verkündete er und zeigte seine vergilbten Zähne. »Rebranding nennt sich das.« Er zwinkerte.

»Rebranding?«, fragte Bibbo und sah von der Shisha auf. »Also Insolvenzverfahren und Vaterschaftsklage?«

»Du hast Versicherungsbetrug vergessen«, freute sich Ganjalf. »Erinnerst du mich dran, dass ich die Lebensversicherung für Ganjalf den Gilben beantrage, wenn ich wieder nüchtern bin?« Er pausierte. »Nein, das dauert zu lange. Erinner mich einfach morgen, okay?«

Bibbo nickte. »Und … wie heißt du jetzt?«, fragte er.

»Ganjalf der Blauschwarze oder Weißgoldene«, verkündete der Zauberer nicht ohne Stolz. »Je nachdem, ob euer Gehirn glaubt, dass ich gerade im Schatten stehe oder im Sonnenlicht.«

»›Ganjalf der Blauschwarze oder Weißgoldene, je nachdem, ob euer Gehirn glaubt, dass ich gerade im Schatten stehe oder im Sonnenlicht‹ ist jetzt dein Name? Ist das nicht'n bisschen lang?«

»Nein, nicht alles davon. Nur Ganjalf der Blauschwarze *oder* Ganjalf der Weißgoldene.«

»Ach so. Und welcher von beiden bist du gerade?«

»Na, je nachdem, ob dein Gehirn glaubt, dass ich gerade im Schatten stehe oder im Sonnenlicht.«

»Du sitzt gerade … mehr … im Schatten«, sagte Bibbo zögerlich.

»Aber glaubt das *auch dein Gehirn*?«

»Ich denke schon?«

»Dann der Weißgoldene.«

»Verstehe«, sagte Bibbo, der die Sache mit dem Namen albern fand.

»Ganjalf der Schwarze wäre mal interessant gewesen«, sagte Gimolas jetzt. »Hätte mal'n bisschen Diversity reingebracht in die Tolkien-Chose. Arg weiß und heteronormativ, das ganze Mittelerde, wenn ihr mich fragt.«

Die anderen gaben zustimmende Laute von sich.

»Öh, okay«, sagte Ganjalf und kratzte sich mit der E-Zigarette am Kopf. »Ist jetzt noch nicht total final, die Sache mit dem neuen Namen.« Er blickte sich um. »Habt ihr denn noch Vorschläge?«

»Ganjalf der Ungraue«, schlug Estragon vor, aber da riefen schon alle durcheinander, sich gegenseitig ins Wort fallend: »Ganjalf der Intransparente« – »Unsinn!« – »Ganjalf der Nationalfarbene« – »Buh!« – »Ganjalf der die Farbe wechselt, wenn man ihn ins Wasser legt« – »Zu lang!« – »Ganjalf der alte Vollidiot« – »Das ist doch keine Farbe« – »Ich weiß, ich wollte es nur mal sagen« – »Ganjalf der bei Schwarzlicht leuchtet« – »Ganjalf, einfach nur Ganjalf, ohne was dazu« – »Ganjalf der Weißrusse« – »Выдатная ідэя!« – »Ganjalf Kramp-Karrenbauer« – »Ganjalf der alte Vollidiot« – »Immer noch keine Farbe!« – »Ich weiß, ich wollte es nur noch mal sagen« – »Ganjalf der Goldige« – »Ganjalf der Ganjalf« – »Ganjalf der alte Vollidiot«.

Irgendwann gingen dem vorherigen Absatz die Zeichen aus, und deshalb einigten sie sich – mit dem Einverständnis des Zauberers natürlich – auf den Namen ›Ganjalf der Weißgewaschene‹: Das war zwar nicht der kreativste unter ihren Einfällen, aber er kam dem Sinn der ganzen Umbenennung – Stichworte: Insolvenzverfahren, Vaterschaftsklage, Versicherungsbetrug – am nächsten und eröffnete zum anderen interessante Möglichkeiten bei der Suche nach Sponsoren aus der Waschmittelindustrie (Interessierte schreiben bitte an: Riva Verlag, Türkenstr. 89, 80799 München).

Als die Smart Watch an Bibbos Handgelenk halb zwölf schlug, gähnte er.

»Habt ihr eigentlich irgendwas gelernt auf unserer Reise?«, fragte er in die Runde. »Irgendwelche Erkenntnisse, die ihr teilen möchtet? So kurz vor Schluss?«

Er blickte die anderen nacheinander an. Gimolas lag mit dem Kopf auf dem Tisch, Estragon lag mit dem Tisch auf dem Kopf, was ihn aber nicht zu stören schien, und Ganjalf antwortete einfach nicht, sondern starrte nur an die Wand, als liefe dort ein unheimlich spannender Film, was – wenn man die Perspektive des Zauberers einnahm – wahrscheinlich sogar der Fall war. Die Neffen waren verschwunden.

Also antwortete Bibbo sich selbst.

»Ob wir was gelernt haben?«, sagte er mit verstellter Stimme. »Nein, nüschte, keen Fatz, immer noch hell wie'n Tunnel, me stupid.«

Er lächelte.

»Super, ich auch nicht«, sagte er dann mit seiner eigenen Stimme. »Bin kein Faktoid schlauer als zuvor.«

Dann rüttelte er die anderen wach, soweit sie schliefen, und sie gingen zu Bett oder krochen, in Ganjalfs Fall, in den Schuhschrank.

Als die Digitalanzeige an der Mikrowelle drei Uhr nachts schlug, stand auf einmal Scam im dunklen Wohnzimmer. Der Kleine hatte sich die letzten Stunden im Biomülleimer versteckt, warum, wusste nur er selbst. Im Haus war es totenstill.

»Ich bin wieder da«, sagte Scam und strahlte in die nächtliche Stille, aber niemand gab, wie man in Albion sagt, einen Fick.

Ende des ersten und einzigen Kapitels. Für mehr Witze, Anspielungen und Plotlöcher lesen Sie das Buch bitte noch mal.

Weitere Tolkien-Parodien in deutscher Sprache:

A. R. R. R. Roberts: *»Der Hobbnix«*. Heyne Verlag, 2012, auch unter dem Titel: *»Der kleine Hobbnix«*, Heyne Verlag, 2004.
A. R. R. R. Roberts: *»Der Hobbnix 2«*. Heyne Verlag, 2013.
A. R. R. R. Roberts: *»Das Stiehlnemillion«*. Heyne Verlag, 2005.
Boris B. B. B. Koch: *»Die Anderen«*. Heyne Verlag, 2009.
D. S. Eick: *»Der Pott des Grauens«*. Rowohlt Verlag, 2012.
J. R. R. Tollkühn: *»Der Herr der Augenringe«*. Yes Verlag, 2022.
Myk Jung: *»Der Herr der Ohrringe«*. Plöttner Verlag, 2012.
Myk Jung: *»Der Hobbknick«*. Plöttner Verlag, 2012.
Paul Erickson: *»Der Herr der Ringel. Die Bewährten.«* Piper Verlag, 2013.
Paul Erickson: *»Der Wobbit: Oder Einmal Hin- und Rückfahrt, bitte!«*. Piper Verlag, 2012.

Die meisten Titel sind leider nur noch antiquarisch erhältlich. Der Autor empfiehlt eurobuch.com als erste Anlaufstelle.

Über den Autor

L. O. L. Wirag ist ein Pseudonym von Lino Wirag. Der promovierte Literaturwissenschaftler lebt als eierlegende Wollmilchsau in München. Vom Autor außerdem bei riva erschienen: Der Spieleblock »Crazy Yatzi« sowie der Unterhaltungsroman »Du hast mir den Kopf fairtrade: Wie ich mich in eine Ökoaktivistin verliebte und mein Leben nachhaltig verändern musste« (als Co-Autor), beide 2021. Mehr unter linowirag.de.

Das Trollgedicht stammt von Philip Saß, der 2019 den Preis „der kleine dinggang« für komische Lyrik gewann. Er lebt bei Kiel. Mehr unter dasgedichtderherrschendenklasse.de